Licenciamento Zero

CB126153

Licenciamento Zero

REGIME JURÍDICO COMENTADO

Maria Manuel Leitão Marques

Fernanda Paula Oliveira

Ana Cláudia Guedes

Mariana Maia Rafeiro

ALMEDINA

LICENCIAMENTO ZERO
REGIME JURÍDICO COMENTADO
AUTORES
Maria Manuel Leitão Marques
Fernanda Paula Oliveira
Ana Cláudia Guedes
Mariana Maia Rafeiro
EDITOR
EDIÇÕES ALMEDINA, S.A.
Rua Fernandes Tomás, nºs 76-80
3000-167 Coimbra
Tel.: 239 851 904 · Fax: 239 851 901
www.almedina.net · editora@almedina.net
DESIGN DE CAPA
FBA.
PRÉ-IMPRESSÃO
EDIÇÕES ALMEDINA, S.A.
IMPRESSÃO E ACABAMENTO
DPS - DIGITAL PRINTING SERVICES, LDA

Novembro, 2014
DEPÓSITO LEGAL
384017/14

Apesar do cuidado e rigor colocados na elaboração da presente obra, devem os diplomas legais dela constantes ser sempre objeto de confirmação com as publicações oficiais.
Toda a legislação contida na presente obra encontra-se atualizada de acordo com os diplomas publicados em Diário da República, independentemente de terem já iniciado a sua vigência ou não.
Toda a reprodução desta obra, por fotocópia ou outro qualquer processo, sem prévia autorização escrita do Editor, é ilícita e passível de procedimento judicial contra o infrator.

ALMEDINA | GRUPOALMEDINA

BIBLIOTECA NACIONAL DE PORTUGAL – CATALOGAÇÃO NA PUBLICAÇÃO
LICENCIAMENTO ZERO – Regime jurídico comentado
Maria Manuel Leitão Marques... [et al.]
ISBN 978-972-40-5842-9
I – MARQUES, Maria Manuel Leitão
CDU 349

NOTA DAS AUTORAS

Quando nos propusemos organizar este comentário foi a pensar em todos aqueles que vão ter de aplicar o regime do Licenciamento Zero ou dele vão beneficiar.

Pensámos nos técnicos das câmaras municipais, nos seus dirigentes, nos órgãos eleitos que têm, em primeiro lugar, de adaptar os respetivos regulamentos e, a seguir, os seus procedimentos, a sua forma de atendimento e mesmo de decisão; e nos técnicos e dirigentes da Administração central que de algum modo intervêm nos processos abrangidos pelo regime do Licenciamento Zero.

Pensámos igualmente em todos os empresários e nas suas associações, os principais destinatários deste novo regime, aqueles cuja iniciativa se pretendeu favorecer, aliviando-a da burocracia excessiva a que tinham de sujeitar-se.

Para todos eles, estejam de um lado ou do outro, o regime do Licenciamento Zero é portador de um novo paradigma assente na simplificação dos procedimentos administrativos; no recurso a novas formas de atividade administrativa, em que a dimensão da "autorização" ou "permissão administrativa" é menos evidente; na substituição do enfoque na apreciação casuística do processo individual pela definição de condições gerais e abstratas do exercício da atividade; na promoção de uma maior responsabilização dos privados e na qualificação dos técnicos pelo privilégio dado à fiscalização em detrimento do controlo prévio; na colaboração entre diferentes níveis de Administração pública, local e central, para a organização dos procedimentos num ponto único de contacto.

Para que desse paradigma possam efetivamente resultar as vantagens esperadas é importante que o regime seja conhecido, percebido, interiorizado e futuramente corrigido, se a sua aplicação o vier a aconselhar. Para já, contudo, é sobretudo indispensável que seja corretamente aplicado, respeitando os princípios que o informaram e não "baralhando as cartas" de modo a que fique tudo como estava, como tantas vezes acontece!

Preparar este comentário a oito mãos em tempo curto, que propositadamente assim definimos, foi uma opção com algum risco, mas que se revelou uma decisão avisada. Beneficiou é certo das tecnologias que nos permitem estar próximas, estando fisicamente distantes, na verdade, as mesmas que suportam a simplificação levada a cabo por este regime. As diferentes experiências profissionais de cada uma de nós geraram discussões interessantes, ajudaram a resolver algumas dúvidas e seguramente contribuíram muito para enriquecer os comentários.

Foi, além do mais, com enorme gosto pessoal que desenvolvemos e concluímos este trabalho, esperando que o sentido de utilidade que sempre nos inspirou venha a ser confirmado pelas nossas leitoras e leitores. Os nossos mails estarão sempre abertos para as suas críticas e sugestões. Como muitas outras, esta é uma obra em progresso que a experiência que for sendo adquirida com a aplicação do regime do Licenciamento Zero seguramente virá a enriquecer.

Resta registar os nossos agradecimentos à nossa família, aos nossos amigos e colegas pela ajuda e estímulo prestados na elaboração deste Comentário, bem como a todos aqueles que, de forma empenhada colaboraram, colocando dúvidas, suscitando questões e ajudando na sua resolução, em especial, à Sónia Lascasas, Rute Alves Machado, Luísa Andias Gonçalves e Sofia Carvalho.

Coimbra, 1 de Abril de 2012

As Autoras

A todas as Senhoras e Senhores Simplex que contra ventos e marés provaram que a Administração pública não é irreformável.

MARIA MANUEL LEITÃO MARQUES

Ao António Vieira Conde, com saudade.

FERNANDA PAULA OLIVEIRA
ANA CLÁUDIA GUEDES

Aos meus pais. Sempre.

MARIANA MAIA RAFEIRO

Presidência do Conselho de Ministros

Decreto-Lei nº 48/2011, de 1 de abril

O Programa do XVIII Governo Constitucional estabelece como prioridade a continuação das reformas de modernização do Estado, com o objetivo de simplificar a vida aos cidadãos e às empresas. A iniciativa «Licenciamento zero» visa dar cumprimento a esta prioridade e é um compromisso do Programa SIMPLEX de 2010 e uma das medidas emblemáticas da «Agenda Digital 2015».

Ao longo de quatro anos, o Programa SIMPLEX demonstrou que é possível melhorar a capacidade de resposta da Administração Pública, satisfazendo as necessidades dos cidadãos e das empresas de forma mais célere, eficaz e com menos custos, sem com isso desproteger outros valores, como a segurança dos negócios ou a proteção dos consumidores.

Entre muitas medidas que reduziram custos de contexto para as empresas, destacam-se: *i*) a agilização do processo de constituição de sociedades comerciais, designadamente através dos serviços «Empresa na hora» e «Empresa *online*»; *ii*) a simplificação do regime de exercício da atividade industrial (REAI), compreendendo o sistema de informação que permite saber antecipadamente custos e prazos para o exercício de uma atividade, enviar o pedido de forma eletrónica e acompanhar o procedimento; *iii*) a concentração do cumprimento das obrigações de informação num ponto único, através da «Informação empresarial simplificada (IES)»; ou *iv*) a desmaterialização do registo da propriedade industrial. Por sua vez, serviços como a «Casa pronta» – que, segundo o relatório *Doing Business* 2011, do Banco Mundial, permitiu a Portugal tornar-se o país do mundo onde é mais rápido registar a propriedade de um bem imóvel –, o «Nascer cidadão», a «Segurança social direta», o «NetEmprego» ou o «eAgenda», entre outros, permitiram facilitar aos cidadãos o exercício de direitos e o cumprimento de obrigações.

Algumas das iniciativas do Programa SIMPLEX resultaram, aliás, da contribuição de cidadãos, através de comentários à consulta pública, propostas enviadas para a caixa de sugestões, ideias de funcionários públicos que concorreram ao prémio Ideia.Simplex ou opiniões registadas em estudos de avaliação, consubstanciando no seu conjunto um processo de co-produção deste Programa. É neste contexto que se insere a iniciativa «Licenciamento zero», destinada a reduzir encargos administrativos sobre os cidadãos e as empresas, por via da eliminação de licenças, autorizações, vistorias e condicionamentos prévios para atividades específicas, substituindo-os por ações sistemáticas de fiscalização *a posteriori* e mecanismos de responsabilização efetiva dos promotores.

Com a iniciativa «Licenciamento zero» visa-se também desmaterializar procedimentos administrativos e modernizar a forma de relacionamento da Administração com os cidadãos e empresas, concretizando desse modo as obrigações decorrentes da Diretiva nº 2006/123/CE, do Parlamento Europeu e do Conselho, de 12 de dezembro, relativa aos serviços no mercado interno, que foi transposta para a ordem jurídica interna pelo Decreto-Lei nº 92/2010, de 26 de julho.

Por um lado, contribui-se para a adaptação do regime jurídico das atividades de prestação de serviços aos princípios e regras previstos na diretiva e, por outro, concretiza-se o princípio do balcão único eletrónico, de forma que seja possível num só ponto cumprir todos os atos e formalidades necessários para aceder e exercer uma atividade de serviços, incluindo a disponibilização de meios de pagamento eletrónico. Esse balcão vai estar disponível em três línguas e acessível a todas as autoridades administrativas competentes. Para dar cumprimento a estes objetivos, o presente decreto-lei cria, em primeiro lugar, um regime simplificado para a instalação e a modificação de estabelecimentos de restauração ou de bebidas, de comércio de bens, de prestação de serviços ou de armazenagem. Assim, é substituída a permissão administrativa destes estabelecimentos por uma mera comunicação prévia, num balcão único eletrónico, da informação necessária à verificação do cumprimento dos requisitos legais. A informação registada é partilhada por todas as autoridades com interesse relevante no seu conhecimento, nomeadamente para efeitos de fiscalização ou de cadastro.

Em segundo lugar, simplificam-se ou eliminam-se licenciamentos habitualmente conexos com aquele tipo de atividades económicas e fundamentais ao seu exercício – concentrando eventuais obrigações de mera comunicação prévia no mesmo balcão eletrónico – tais como os relativos a: 1) utilização privativa do domínio público municipal para determinados fins (nomeadamente, a instalação de um toldo, de um expositor ou de outro suporte informativo, a colocação de uma floreira ou de um contentor para resíduos); 2) horário de funcionamento, suas alterações e respetivo mapa; e 3) afixação e inscrição de mensagens publicitárias de natureza comercial, em determinados casos relacionados com a atividade do estabelecimento, sem prejuízo das regras sobre ocupação do domínio público.

A utilização privativa do espaço público é regulamentada por critérios a fixar pelos municípios, que visam assegurar a conveniente utilização pelos cidadãos e empresas daquele espaço, no âmbito da sua atividade comercial ou de prestação de serviços. É ainda reforçada a fiscalização da utilização privativa destes bens dominiais, nomeadamente através do poder concedido aos municípios para remover, destruir ou por qualquer forma inutilizar os elementos que ocupem o domínio público ilicitamente, a expensas do infrator.

Em terceiro lugar, o presente decreto-lei elimina o regime de licenciamento de exercício de outras atividades económicas, para as quais não se mostra necessário um regime de controlo prévio, tais como a venda de bilhetes para espetáculos públicos em estabelecimentos comerciais e o exercício da atividade de realização de leilões em lugares públicos.

Finalmente, em todos os regimes acima mencionados, aumenta-se a responsabilização dos agentes económicos, reforçando-se para o efeito a fiscalização e agravando-se o regime sancionatório. Elevam-se os montantes das coimas e prevê-se a aplicação de sanções acessórias que podem ser de interdição do exercício da atividade ou de encerramento do estabelecimento por um período até dois anos.

Foram ouvidas as seguintes entidades: a Associação da Hotelaria, Restauração e Similares de Portugal (AHRESP), a Associação dos Profissionais e Empresas de Mediação

Imobiliária de Portugal (APEMIP), a Associação Industrial Portuguesa – Câmara de Comércio e Indústria (AIP-CCI), a Associação Nacional de Municípios Portugueses (ANMP), a Associação Portuguesa de Bancos (APB), a Associação Portuguesa de Casinos, a Associação Portuguesa de Hotelaria, Restauração e Turismo (APHORT), a Câmara de Comércio e Indústria Luso-Chinesa, a Câmara de Comércio e Indústria Luso-Espanhola, a Câmara de Comércio e Indústria Luso-Mexicana, a Câmara de Comércio e Indústria Portugal-Angola, a Câmara Municipal de Lisboa, a Câmara Municipal do Porto, a Comissão Nacional de Proteção de Dados (CNPD), a Confederação do Turismo Português (CTP), a Confederação Empresarial de Portugal (CIP), a Confederação Portuguesa da Construção e do Imobiliário (CPCI), a COTEC Portugal – Associação Empresarial para a Inovação, a DECO – Associação Portuguesa para a Defesa do Consumidor e a União Geral de Trabalhadores (UGT).

Foi promovida a audição das seguintes entidades: a Associação das Micro, Pequenas e Médias Empresas (PME Portugal), a Associação Empresarial de Portugal, Câmara de Comércio e Indústria (AEP), a Associação Nacional de Freguesias (ANAFRE), a Associação Nacional de Jovens Empresários (ANJE), a Associação Portuguesa de Empresas de Distribuição (APED), a Associação Portuguesa de Mulheres Empresárias (APME), a Associação Portuguesa de Seguradores (APS), a Câmara de Comércio Americana, a Câmara de Comércio e Indústria Árabe-Portuguesa, a Câmara de Comércio e Indústria Luso-Alemã, a Câmara de Comércio e Indústria Luso-Brasileira, a Câmara de Comércio e Indústria Luso-Britânica, a Câmara de Comércio e Indústria Luso-Francesa, a Câmara de Comércio e Indústria Luso-Japonesa, a Câmara de Comércio e Indústria Luso-Marroquina, a Câmara de Comércio e Indústria Portugal-Holanda, a Câmara de Comércio Italiana em Portugal, a Câmara de Comércio Luso-Sueca, a Câmara de Comércio Portugal-Moçambique, a Câmara de Comércio, Indústria e Turismo Portugal Cabo Verde, a Confederação do Comércio e Serviços de Portugal (CCP), a Confederação dos Agricultores de Portugal (CAP) e a Confederação-Geral dos Trabalhadores Portugueses-Intersindical Nacional (CGTP-IN).

Assim:

No uso das autorizações legislativas concedidas pela Lei nº 49/2010, de 12 de novembro, e pelo artigo 147º da Lei nº 55-A/2010, de 31 de dezembro, e nos termos da alínea *b*) do nº 1 do artigo 198º da Constituição, o Governo decreta o seguinte:

CAPÍTULO I – Disposições iniciais

Artigo 1º – Objeto

1 – O presente decreto-lei simplifica o regime de exercício de diversas atividades económicas no âmbito da iniciativa «Licenciamento zero», destinada a reduzir encargos administrativos sobre os cidadãos e as empresas, mediante a eliminação de licenças, autorizações, validações, autenticações, certificações, atos emitidos na sequência de comunicações prévias com prazo, registos e outros atos permissivos, substituindo-os por um reforço da fiscalização sobre essas atividades.

2 – Para o efeito do número anterior são adotadas as seguintes medidas:

a) É aprovado o novo regime de instalação e de modificação de estabelecimentos de restauração ou de bebidas de comércio de bens, de prestação de serviços ou de armazenagem, baseado numa mera comunicação prévia efetuada num balcão único eletrónico;

b) É simplificado o regime da ocupação do espaço público, substituindo-se o licenciamento por uma mera comunicação prévia para determinados fins habitualmente conexos com estabelecimentos de restauração ou de bebidas, de comércio de bens, de prestação de serviços ou de armazenagem;

c) É simplificado o regime da afixação e da inscrição de mensagens publicitárias de natureza comercial, designadamente mediante a eliminação do licenciamento da afixação e da inscrição de mensagens publicitárias de natureza comercial em determinadas situações;

d) É eliminado o licenciamento da atividade das agências de venda de bilhetes para espetáculos públicos;

e) É eliminado o licenciamento do exercício da atividade de realização de leilões, sem prejuízo da legislação especial que regula determinados leilões;

f) É proibida a sujeição do horário de funcionamento e do respetivo mapa a licenciamento, a autorização, a autenticação, a validação, a certificação, a atos emitidos na sequência de comunicações prévias com prazo, a registo ou a qualquer outro ato permissivo;

g) É simplificado o procedimento de inscrição no cadastro dos estabelecimentos comerciais, passando a consistir numa comunicação efetuada num balcão único eletrónico.

3 – O presente decreto-lei visa ainda adequar o regime de acesso e de exercício de atividades económicas com o Decreto-Lei nº 92/2010, de 26 de junho, que transpôs a Diretiva nº 2006/123/CE, do Parlamento Europeu e do Conselho, de 12 de dezembro, relativa aos serviços no mercado interno, a qual estabelece os princípios e as regras necessários para simplificar o livre acesso e exercício das atividades de serviços.

COMENTÁRIO

1. **Objetivo principal do regime do Licenciamento Zero: redução dos encargos administrativos sobre os cidadãos e as empresas**
2. **Princípios de simplificação administrativa no regime do Licenciamento Zero**
3. **Âmbito do regime do Licenciamento Zero**
4. **A Diretiva de Serviços e o regime do Licenciamento Zero**

1. O presente artigo sintetiza o conteúdo essencial do Decreto-Lei nº 48/ /2011, de 1 de abril, designado por *Licenciamento Zero*. No nº 1, apresenta-se o objetivo do regime do Licenciamento Zero e no nº 2 enumeram-se as medidas utilizadas para o atingir.

A agregação de medidas distintas num mesmo diploma justifica-se pelo facto de com elas se prosseguir o mesmo objetivo, que subjaz a esta intervenção legislativa: o de *eliminar ou reduzir encargos administrativos dispensáveis para o acesso e exercício de diferentes atividades económicas*. Tal ocorre, nomeadamente, através da simplificação e da agilização do respetivo regime; do preenchimento de todas as formalidades previstas num balcão único, com partilha de informação entre diferentes entidades (na verdade, concentração dos procedimentos a que estão sujeitas atividades distintas relacionadas entre si, como é o caso da instalação de um restaurante e da ocupação do espaço público com uma esplanada); ou da desregulamentação e da liberalização do acesso a certas atividades.

Antes do Licenciamento Zero, abrir um estabelecimento, como por exemplo, um restaurante, instalar um toldo, colocar um tripé à porta com o menu, um vaso com uma oliveira e cinco mesas para uma esplanada podia tornar-se num verdadeiro "pesadelo burocrático". Seria necessário, além da declaração prévia para a instalação do restaurante, obter várias licenças com um tempo de espera quase sempre longo: para o horário de funcionamento, para o toldo, para a publicidade nele inscrita, para o tripé, para a floreira e para a esplanada, todas elas devidamente acompanhadas de vários documentos instrutórios, em parte, repetindo a mesma informação.

Como acontece com grande frequência, *muita burocracia*, associada a alguma "opacidade" dos regimes jurídicos, à dispersão da informação, à dificuldade em a entender e logo em saber como fazer, à imprevisibilidade quanto ao custo final e ao tempo que se vai esperar pela resposta *desmobilizam a iniciativa económica* e incentivam a desistência; ou, então, *favorecem o incumprimento*, a tentativa de passar impune, conduzindo, na prática, à existência de inúmeras situações não licenciadas.

Do lado de quem licencia, nas situações abrangidas pelo diploma, quase sempre os municípios, muitos documentos requeridos e muito papel acumulado levam, frequentemente, a que *o controlo seja meramente burocrático*, para além da *ineficiência administrativa* em que se traduz o processamento do excesso de burocracia, incluindo o seu arquivamento.

Foi este tipo de razões, bem como os seus impactos negativos na iniciativa económica, na competitividade e na eficiência e eficácia da Administração pública, que justificaram a intervenção legislativa aqui em análise, no âmbito do Programa Simplex, com a qual pretendeu simplificar-se o exercício de atividades económicas, sem, contudo, descurar o interesse público em matéria de ordenamento do território, saúde e segurança. Efetivamente, eliminam-se, em regra, licenças, autorizações, vistorias e outras permissões que antes eram necessárias para o acesso e o exercício de diversas atividades e, em contrapartida, responsabilizam-se os empresários pelo cumprimento das suas obrigações e agravam-se as sanções em caso de incumprimento. Está, pois, aqui em causa uma verdadeira mudança de paradigma: em vez de um controlo preventivo reforçado, passa-se para um controlo sucessivo; em vez da desconfiança sistemática por parte da Administração em relação ao cidadão, a confiança passa a ser a regra.

Este novo paradigma assenta, entre outros aspetos:

i) Na simplificação, celeridade e desmaterialização dos procedimentos administrativos;

ii) No recurso a novas formas de atividade administrativa, em que a dimensão da "autorização" ou da "permissão administrativa" é menos evidente (se bem que em certas situações continue a estar em causa a prática de verdadeiros atos administrativos, ainda que simplificados);

iii) Na definição de condições gerais e abstratas do exercício da atividade (reforçando o relevo da atividade regulamentar da Administração) em detrimento do enfoque sobre a apreciação casuística do processo individual;

iv) Na promoção de uma maior responsabilização dos privados e na qualificação dos técnicos (privados e do município) pelo privilégio dado à fiscalização em detrimento do controlo prévio.

Neste sentido cfr. Dulce Lopes, «A Comunicação Prévia e os Novos Paradigmas de Controlo Administrativo da Atividade Privada», in *Revista de Direito Regional e Local, Nº 14*, abril/junho de 2011, p. 7 e ss.

2. São vários os *princípios de simplificação administrativa* tidos em conta neste diploma: o princípio da concentração num *ponto único de contacto (balcão único eletrónico)* dos procedimentos e de outras interações com a Administração pública central e local necessários para o acesso e exercício de uma dada atividade, seja qual for o município onde ela vai desenvolver-se, de modo a que aí possam ser cumpridas todas as formalidades legais e regulamentares (cfr. anotação ao artigo 3º); o princípio de *partilha de informação* entre as entidades públicas que a ela tenham de aceder no âmbito da aplicação deste regime em detrimento de pedir ao cidadão a mesma informação mais do que uma vez (cfr. anotação ao artigo 14º); o princípio da *administração aberta*, ou seja da natureza pública da informação comunicada no balcão único para que possa ser reutilizada, sem prejuízo da proteção dos dados pessoais (cfr. anotação ao artigo 21º); o princípio de utilização de *linguagem simples e clara* na forma como a informação é disponibilizada (cfr. anotação ao artigo 37º).

Particularmente relevante no desenho das soluções contidas neste diploma e inspirador da sua própria designação como «Licenciamento Zero», é o princípio de *proporcionalidade entre o tipo de restrições introduzidas* ao livre acesso e exercício de uma determinada atividade *e o risco que se pretende evitar*, isto é, aquele que pode decorrer da atividade em questão para outros interesses e valores que merecem ser protegidos (ambiente, ordenamento do território, segurança, saúde pública, etc.). De acordo com o artigo 61º da Constituição da República Portuguesa (doravante CRP), as restrições à liberdade de iniciativa económica devem ser apenas as necessárias e adequadas para proteger outros interesses relevantes e não mais do que isso. Tal como a abertura de uma pequena indústria de compotas não comporta o mesmo risco ambiental que um estabelecimento industrial no setor da petroquímica, colocar uma floreira à porta de um restaurante é diferente de abrir uma esplanada no meio de uma rua pedonal, do ponto de vista das suas implicações para ordenamento do território e para o ambiente urbano. Trata-se de um princípio muito importante a ter em conta quando se olha para a regulamentação de uma qualquer atividade económica privada, seja quando essa regulamentação é pensada de raiz ou "redesenhada" com vista à sua simplificação.

Traduzir o princípio acima referido na simplificação de um regime regulatório e dos procedimentos administrativos nele previstos implica *desgraduar o tipo de controlo público sobre o* exercício de determinadas atividades, naturalmente as de menor risco. Essa desgraduação pode conduzir a que o seu exercício seja completamente *liberalizado* (cfr. anotações aos artigos 31º e 32º sobre as a eliminação do licenciamento de mensagens publicitárias de natureza comercial em determinadas situações); ou passe a ficar sujeito a *mera comunicação prévia*, em vez de depender de uma licença ou de outro tipo de permissão administrativa, o que não significa, em qualquer dos casos, como mostraremos mais à frente, a inexistência de regras que seja necessário observar (cfr. anotações aos artigos 10º a 13º, sobre a substituição de licenças por meras comunicações prévias em matéria de ocupação do espaço público para determinados fins). Dá-se, assim, corpo à tendência, já antes referida, de substituição do enfoque na apreciação casuística do processo individual, pela definição de condições gerais e abstratas do acesso e exercício da atividade através de regulamentos administrativos.

A referida desgraduação do tipo de controlo pode, igualmente, conduzir à substituição de vistorias prévias obrigatórias por verificações aleatórias posteriores, acompanhada, como mencionámos, de maior responsabilização dos agentes económicos.

3. No nº 2 do artigo 1º aqui em anotação, enumeram-se as *medidas em que se concretiza o objetivo principal* do regime *do Licenciamento Zero*. Corresponde, assim, à delimitação do âmbito do presente diploma (ou seja, à delimitação do âmbito do Licenciamento Zero):

a) Aprovação *do regime simplificado para a instalação, a modificação e o encerramento de estabelecimentos de restauração ou de bebidas, de comércio de bens, de prestação de serviços ou de armazenagem,* através de comunicações prévias, efetuadas num balcão único eletrónico («Balcão do empreendedor») – alínea a) do nº 2. No artigo 2º, é delimitado o âmbito de aplicação deste regime e enumerados os estabelecimentos e secções acessórias a que se aplica, de acordo com as Listas constantes do anexo I. Sobre o conceito de cada um dos tipos de estabelecimentos aqui referido, cfr. anexo II.

b) Aprovação de um *regime simplificado para a ocupação do espaço público para fins habitualmente conexos com a exploração de um estabelecimento*, eliminando licenças e substituindo-as, em determinadas situações, por comunicações prévias. Esse regime é ulteriormente desenvolvido nos artigos 10º a 13º, constituindo um dos aspetos mais inovadores do regime do Licenciamento Zero e, por certo, um dos que mais contribuirá para agilizar o processo de abertura de certos estabelecimentos – alínea b) do nº 2.

c) Aprovação do *regime da afixação e da inscrição de mensagens publicitárias de natureza comercial*, eliminando o seu licenciamento em determinadas situações e nas condições referidas nos artigos 31º e 32º. Trata-se de casos de verdadeira liberalização de mensagens publicitárias de natureza comercial e não apenas de uma desgraduação da forma como essa atividade é controlada [alínea c) do nº 2], o que, contudo, não implica a inexistência de regras, decorrentes do regime geral da publicidade ou de regulamentação municipal, que seja obrigatório observar na afixação ou na inscrição das mensagens, sob pena de tais mensagens cairem no regime geral da sujeição da publicidade a licenciamento, tal como determina o artigo 31º.

d) *Eliminação do licenciamento da atividade das agências de venda de bilhetes para espetáculos públicos*, nos termos referidos no artigo 35º [alínea d) do nº 2]. Tal como na situação anterior, trata-se de uma completa liberalização da atividade e não de uma mera desgraduação da forma como ela é previamente controlada.

e) *Eliminação do licenciamento do exercício da atividade de realização de leilões*, sem prejuízo da legislação especial que regula determinados leilões, correspondendo, igualmente, a uma liberalização da atividade [alínea e) do nº 2].

f) Aprovação de um *regime de isenção de controlo preventivo* do *horário de funcionamento dos estabelecimentos* quando se compreendam nos limites de abertura e de encerramento definidos nos regulamentos municipais [alínea f) do nº 2]. Como melhor se verá mais adiante, o município não está impedido de fixar, através de regulamento, horários de funcionamento dentro dos limites de abertura e de encerramento estabelecidos na lei (artigo 4º do Decreto-Lei nº 48/96, de 15 de maio), aos quais os estabelecimentos terão de conformar o seu horário caso desejem beneficiar deste regime mais simplificado. Fora destas situações, isto é, sempre que os titulares da exploração dos estabelecimentos pretendam praticar um horário de funcionamento mais alargado ou restringido do que o fixado no regulamento, necessitarão de uma permissão administrativa para o efeito. Não obstante este facto, mantém-se a obrigação de afixação do mapa de horário de funcionamento em local visível do exterior, protegendo-se, deste modo, os interesses dos consumidores e facilitando a fiscalização do cumprimento da lei.

g) Simplificação do procedimento de *inscrição no cadastro dos estabelecimentos comerciais* nos termos referidos no artigo 14º, deixando de existir um formulário próprio, que o particular teria de preencher e enviar para a Direção-Geral das Atividades Económicas (DGAE), destinado à inscrição do seu estabelecimento no cadastro comercial. Essa informação passa a ser obtida no «Balcão do empreendedor», ou porque já foi lá comunicada para outros fins ou porque a partir de agora o será para efeito de cadastro. Evita-se, assim, que o cidadão seja obrigado a fornecer ao Estado duas ou mais vezes a mesma informação, devendo este organizar-se para a partilhar, sem prejuízo das regras sobre a proteção de dados pessoais também referidas nos artigos 22º a 24º.

4. O nº 3 do presente artigo deixa claro que o objetivo deste diploma é o de adequar o regime das atividades económicas nele compreendido ao estipulado na Diretiva nº 2006/123/CE, do Parlamento Europeu e do Conselho, de 12 de dezembro, relativa aos serviços no mercado interno (vulgarmente conhecida por *Diretiva de Serviços*), transposta para o ordenamento jurídico português pelo Decreto-Lei nº 92/2010, de 26 de junho, devendo portanto ser interpretado à luz do que aí se encontra prescrito (cfr. *infra* o texto integral deste diploma em «Diplomas Anexos ao Comentário»).

A relação entre os objetivos dos dois diplomas é evidente, nomeadamente no que se refere à redução da burocracia para favorecer a competitividade e a criação de emprego. Conforme se refere no Preâmbulo do Decreto-Lei nº 92/2010, de 26 de junho, estes objetivos devem ser obtidos através da simplificação dos regimes de licenciamento, sendo que «*as licenças ou as autorizações que correspondem a procedimentos administrativos mais complexos e demorados passam agora a ser exigidas apenas em situações excecionais, em que imperiosas razões de interesse público assim o justifiquem*». Estipula-se, igualmente, que sejam «eliminadas formalidades consideradas desnecessárias, como, por exemplo, a necessidade de obter certos pareceres prévios ou de realizar vistorias, no âmbito dos procedimentos administrativos». O regime do Licenciamento Zero dá corpo a estes princípios através das diferentes medidas nele contidas.

Particularmente relevante para compreender o regime do Licenciamento Zero é o Capítulo III (Artigos 8º a 18º) do Decreto-Lei nº 92/2010, de 26 de junho – *Permissões administrativas para acesso ou exercício de atividades de serviço*. No nº 1 do seu artigo 8º, estipula-se que «*as permissões administrativas são atos ou con-*

tratos administrativos que visam possibilitar o acesso ou o exercício de uma atividade de serviços nos casos em que essa atividade não possa ser prestada livremente ou através de uma mera comunicação prévia»; e no nº 1 do artigo 9º deixa-se claro que é condição para a existência de uma permissão administrativa que o objetivo visado com essa permissão: i) «não possa ser alcançado através de um meio administrativo menos restritivo, nomeadamente um regime de *mera comunicação prév*ia para o exercício da atividade em causa, com possibilidade de início imediato dessa atividade após o cumprimento desta formalidade; ii) que a sua existência e as suas *formalidades* se encontrem previstas *na lei de forma clara e inequívoca*; iii) que seja absolutamente indispensável a existência dessa permissão administrativa; iv) e que a sua adoção se encontre justificada, de *forma proporcional,* por uma imperiosa razão de *interesse público*». Portanto, há uma imposição clara de que as restrições à liberdade de iniciativa económica são excecionais, devendo optar-se pelos procedimentos mais exigentes apenas quando de todo não for possível prevenir riscos e salvaguardar o interesse público de outro modo.

O Licenciamento Zero segue também as orientações de simplificação administrativa que constam do artigo 5º do referido Decreto-Lei nº 92/2010, de 26 de junho, ao adotar o princípio do *balcão único*, não apenas como um sítio eletrónico onde deve estar disponível toda a informação sobre os requisitos que os particulares têm que cumprir para o exercício das atividades por ele abrangidas (*balcão único meramente informativo*), mas também para permitir a tramitação eletrónica das formalidades necessárias para o exercício dessas mesmas atividades ou de outros atos com elas conexos (*balcão único transacional*) (cfr. anotação ao artigo 3º). Aliás, o mesmo balcão eletrónico – designado por «*Balcão do empreendedor*» – servirá para efetuar as comunicações previstas no âmbito do Licenciamento Zero e para disponibilizar informação sobre outros procedimentos e formalidades relativas à prestação dos serviços abrangidos pelo Decreto-Lei nº 92/2010 e eventual tramitação eletrónica de alguns deles, conforme está previsto no respetivo artigo 6º. Permitir-se-á, desse modo, uma maior consistência e interligação da informação, facilitando-se também uma futura integração da tramitação de procedimentos que sejam interdependentes, mesmo que sujeitos a diferentes regimes, por exemplo, entre os procedimentos do Regime Jurídico da Urbanização e Edificação (RJUE) e dos procedimentos decorrentes do Regime de Exercício da Atividade Industrial (REAI) ou do Licenciamento Zero.

Por último, o regime do Licenciamento Zero adota ainda um outro princípio enunciado no diploma que transpôs a Diretiva de Serviços: a agilização do procedimento administrativo deve ser sempre acompanhada do necessário *reforço dos meios e dos modos de fiscalização, bem como de uma maior responsabilização dos agentes económicos*. Isso mesmo é referido no seu Preâmbulo e está vertido na redação dos artigos 28º a 30º, como se mostrará nas respetivas anotações.

Artigo 2º – Âmbito

1 – O regime de mera comunicação prévia da instalação e da modificação de estabelecimentos de restauração ou de bebidas, de comércio de bens, de prestação de serviços ou de armazenagem, estabelecido pelo presente decreto-lei, aplica-se aos estabelecimentos ou secções acessórias de restauração ou de bebidas, de comércio de bens, de prestação de serviços ou de armazenagem destinados à prática das atividades elencadas nas listas A, B e C do anexo I do presente Decreto-Lei, do qual faz parte integrante.

2 – Ficam sujeitos, exclusivamente, ao regime de instalação e modificação previsto no número anterior:

a) Os estabelecimentos de comércio a retalho que disponham de secções acessórias destinadas à realização de operações industriais, correspondentes às CAE (classificação portuguesa das atividades económicas) elencadas na lista D do anexo I do presente Decreto-Lei, do qual faz parte integrante, e enquadradas no tipo 3 do Decreto-Lei nº 209/2008, de 29 de outubro (REAI);

b) Os estabelecimentos de restauração ou de bebidas que disponham de secções acessórias destinadas ao fabrico próprio de pastelaria, panificação, gelados e atividades industriais similares, ou que vendam produtos alimentares a que correspondam as CAE elencadas na lista E do anexo I do presente decreto-lei, do qual faz parte integrante, e que se enquadrem no tipo 3 do REAI ou que, enquadradas no tipo 2 do REAI, disponham de uma potência elétrica contratada igual ou inferior a 50 kVA.

3 – O regime de inscrição no cadastro comercial, definido pelo presente decreto-lei, aplica-se:

a) Aos estabelecimentos comerciais onde seja exercida, exclusiva ou principalmente, uma ou mais atividades de comércio elencadas na lista F do anexo I do presente decreto-lei, do qual faz parte integrante; e

b) Aos agentes económicos elencados na lista G do anexo I do presente decreto-lei, do qual faz parte integrante, em tudo o que não dependa da existência de um estabelecimento, salvo se a atividade for exercida ao abrigo do direito de livre prestação de serviços, nos termos do nº 3 do artigo 4º do Decreto-Lei nº 92/2010, de 26 de julho.

4 – Para os efeitos referidos no presente artigo e outros decorrentes do presente decreto-lei, os conceitos relativos a atividades e estabelecimentos de restauração ou de bebidas, de comércio e de prestação de serviços são definidos no anexo II do presente decreto-lei, do qual faz parte integrante.

5 – O regime simplificado de ocupação do espaço público e dos procedimentos especiais de realização de operações urbanísticas, estabelecido pelo presente decreto-lei, aplica-se aos estabelecimentos onde se realize qualquer atividade económica, ainda que o respetivo regime de instalação e de modificação não seja o previsto no nº 1.

6 – O disposto no presente decreto-lei não prejudica o regime especial do licenciamento das atividades de distribuição, venda e aplicação de produtos fitofarmacêuticos.

7 – Excecionam-se do regime previsto nos nºs 1 a 3 os estabelecimentos de comércio a retalho e os conjuntos comerciais abrangidos pelo Decreto-Lei nº 21/2009, de 19 de janeiro, os estabelecimentos e as cantinas, os refeitórios e os bares de entidades públicas, de empresas, de estabelecimentos de ensino e de associações sem fins lucrativos destinados a fornecer serviços de alimentação e de bebidas exclusivamente ao respetivo pessoal, alunos e associados, devendo este condicionamento ser devidamente publicitado.

8 – Excecionam-se do regime previsto no nº 2 as secções acessórias onde sejam realizadas operações industriais que utilizem matéria-prima de origem animal não transformada, cujos produtos não se destinem exclusivamente à venda ao consumidor final no próprio estabelecimento.

COMENTÁRIO

1. **Âmbito de aplicação do artigo 2º**
2. **Instalação e modificação de estabelecimentos através de mera comunicação prévia: os conceitos de instalação e modificação**
3. **A distinção entre a mera comunicação prévia e a comunicação prévia com prazo**
4. **A mera comunicação prévia e outros atos com designações similares constantes de regimes jurídicos distintos**

5. Tipo de estabelecimentos e secções acessórias cuja instalação e modificação beneficia do regime de mera comunicação prévia
6. Estabelecimentos de restauração e/ou bebidas e secções acessórias
7. Estabelecimentos comerciais e secções acessórias
8. Estabelecimentos de prestação de serviços
9. Estabelecimentos de armazenagem
10. Estabelecimentos e atividades sujeitos a inscrição no cadastro comercial
11. Estabelecimentos que beneficiam do regime simplificado de ocupação do espaço público do Licenciamento Zero e dos procedimentos especiais de realização de operações urbanísticas
12. Quadro I: atividades e trâmites procedimentais

1. Refira-se, desde já, que este normativo, que tem por epígrafe "âmbito", não se refere propriamente ao âmbito do presente diploma – o qual é definido, como vimos, no artigo anterior (cfr. ponto 3 da anotação ao artigo 1º) –, mas antes, embora não exclusivamente, ao âmbito do regime simplificado a que ficam sujeitas a instalação (e a modificação) de estabelecimentos de restauração e de bebidas, de comércio de bens, de prestação de serviços e de armazenagem e as atividades conexas (designadamente de ocupação do espaço público) com estes estabelecimentos ou com outros onde se realizem quaisquer atividades económicas, ainda que o respetivo regime de instalação seja diferente dos primeiros. Referimo-nos ao regime simplificado que o diploma designa de *mera comunicação prévia,* estando as atividades a ele sujeitas identificadas nos nºˢ 1, 2 e 5.

Ainda que seja este o núcleo central do presente artigo – identificar as atividades sujeitas a mera comunicação prévia – ele tem um âmbito mais amplo, quer porque enumera também as atividades sujeitas a inscrição no cadastro comercial (nº 3), quer porque se refere ainda ao regime simplificado de ocupação do espaço público e dos procedimentos especiais de realização de operações urbanísticas.

Ou seja, e recapitulando, o presente artigo identifica:

a) O tipo de estabelecimentos e de secções acessórias cuja instalação e modificação beneficia do *regime simplificado da mera comunicação prévia* (nº 1 e 2) – identificando também, e em sentido contrário, aqueles que dele estão excluídos (nºˢ 6, 7 e 8);

b) O tipo de estabelecimentos e atividades sujeitas aos regime de inscrição no *cadastro comercial* (nº 3);

c) Os estabelecimentos que podem beneficiar do regime simplificado de ocupação do *espaço público* previsto neste diploma (nº 5), o qual que será o de mera comunicação prévia nuns casos (artigo 12º, nº 1) e o de comunicação prévia com prazo noutros (artigo 12º, nº 4), e ainda os estabelecimentos que podem beneficiar dos procedimentos especiais de realização de operações urbanísticas (nº 5 e artigo 8º).

Como se mostrará *infra*, é diferente o âmbito de aplicação do regime do Licenciamento Zero em qualquer das três situações, sendo mais alargado o âmbito de aplicação para efeito de ocupação do espaço público, de procedimentos especiais de realização de operações urbanísticas e de inscrição no cadastro do que para a instalação e modificação de estabelecimentos. O nº 4, por sua vez, remete para o anexo II onde são definidos diversos conceitos necessários à interpretação deste e de outros artigos do diploma. Não obstante, este anexo não esgota as noções do Decreto-Lei já que no corpo deste se encontram outras, como que sejam as de instalação, modificação e encerramento (artigo 4º, nº 7) e a própria definição de espaço público (artigo 10º, nº 1).

Fora deste artigo estão as situações de comunicação prévia com prazo a que ficam sujeitas a instalação e modificação dos estabelecimentos de restauração de bebidas, de comércio de bens, de prestação de serviços e de armazenagem em determinadas situações (cfr. artigo 5º); e as atividades referidas no artigo 6º (prestação de serviços de restauração ou de bebidas com caráter não sedentário).

Deve assim ter-se presente que o *âmbito deste artigo* é mais restrito que o *âmbito do diploma do Licenciamento Zero*, o qual abrange um conjunto de atividades e de exigências de ordem procedimental que podem ser sistematizadas nos termos apresentados no quadro que consta da parte final desta anotação.

2. O presente artigo começa por identificar os estabelecimentos (incluindo as secções acessórias) cuja instalação e modificação beneficiam do regime de *mera comunicação prévia*.

Os conceitos de instalação e de modificação de estabelecimentos (bem como o de encerramento) estão definidos nas alíneas *a)* e *b)* do nº 7 do artigo 4º. Entende-se por *instalação* «a ação desenvolvida tendo em vista a abertura de um estabelecimento, com o objetivo de nele ser exercida uma atividade de restauração ou de bebidas, de comércio de bens ou de prestação de serviços, ou o funcionamento de um armazém»; e por *modificação* «a alteração do ramo de atividade de restauração ou de bebidas, de comércio de bens ou de prestação de serviços, a ampliação ou redução da área de venda ou de armazenagem, a mudança de nome ou de insígnia, ou a alteração da entidade titular da exploração».

3. As figuras da mera comunicação prévia e da comunicação prévia com prazo estão previstas e definidas na alínea b) do nº 2 do artigo 8º do Decreto-Lei nº 92/2010, de 26 de julho, que transpõe para o ordenamento jurídico português a «Diretiva de Serviços». A *mera comunicação prévia* é «uma declaração efetuada pelo prestador de serviços necessária ao início da atividade, que permita o exercício da mesma imediatamente após a sua comunicação à autoridade administrativa». Por sua vez, a *comunicação prévia com prazo* é «uma declaração efetuada pelo prestador de serviços necessária ao início da atividade, que permita o exercício da mesma quando a autoridade administrativa não se pronuncie após o decurso de um determinado prazo».

As duas figuras são acolhidas no diploma do Licenciamento Zero com o mesmo sentido, desenvolvendo-se o respetivo regime. A «*mera comunicação prévia* consiste numa declaração que permite ao interessado proceder imediatamente à abertura do estabelecimento, à exploração do armazém ou ao início de atividade, consoante os casos, após pagamento das taxas devidas» (nº 1 do artigo 4º) ; e a «*comunicação prévia com prazo* consiste numa declaração que permite ao interessado proceder à prestação de serviços de restauração ou de bebidas com caráter não sedentário, quando o presidente da câmara municipal territorialmente competente emita despacho de deferimento ou quando este não se pronuncie após o decurso do prazo de 20 dias ou, no caso da alínea b) do número anterior [prestação de serviços de restauração e bebidas em instalações fixas com menos de 10 eventos anuais], de cinco dias, contados a partir do momento do pagamento das taxas devidas» (nº 2 do artigo 6º).

Há portanto diferenças significativas entre estas duas figuras que importa ter em conta. A *mera comunicação prévia* não tem, nos termos da lei, a natureza de uma permissão administrativa. Trata-se, antes, do cumprimento de um *dever de informar* a Administração, por exemplo, para efeitos de pagamento das taxas devidas, de eventual fiscalização ulterior do cumprimento de requisitos ou outros efeitos semelhantes. Não depende, nem exige qualquer reação da Administração para que a atividade em questão possa ser iniciada ou exercida, mas nem por isso dispensa o particular de cumprir as regras previamente definidas pela Administração, devendo inclusive naquela comunicação responsabilizar-se por isso.

Por sua vez, a *comunicação prévia com prazo* depende de uma certificação ou de um ato da Administração, o qual tem, na verdade, a natureza de uma permissão administrativa, menos exigente do que uma licença ou uma autorização, mas mais exigente do que um mero registo, por exemplo, quanto ao prazo de resposta da Administração, à possibilidade de recusa ou ao número e diversidade de documentos instrutórios exigidos.

As diferenças de natureza e de regime entre a mera comunicação prévia e a comunicação prévia com prazo no regime do Licenciamento Zero *impedem que um município venha exigir a segunda nas situações para as quais o presente diploma apenas prevê a primeira, sob pena de ilegalidade do respetivo regulamento.*

4. É importante deixar clara a natureza da mera comunicação prévia de forma a distingui-la não apenas da comunicação prévia com prazo, mas também de outras figuras, próximas dela, em designação ou lógica de funcionamento, que têm vindo a ser introduzidas em vários diplomas legais a ponto de a doutrina referir que não existe uma, mas várias "comunicações prévias" com contornos próprios e configurações jurídicas distintas, muito embora tenham em comum a incorporação das novas tendências ou paradigmas de controlo administrativo da atividade privada (simplificação procedimental, clarificação da repartição de responsabilidades entre intervenientes públicos e privados, redução da discricionariedade envolvida nas decisões administrativas pelo reforço da dimensão regulamentar), ainda que o façam cada uma à sua maneira.

Veja-se, a título de exemplo, a figura da comunicação prévia prevista no RJUE e a declaração prévia constante do REAI que são usadas com um sentido mais exigente, portanto em tudo semelhante a uma *comunicação prévia com prazo* a que se refere o Decreto-Lei nº 92/2010, de 26 de julho e também o regime do Licenciamento Zero.

No caso da *comunicação prévia* prevista no RJUE trata-se de um procedimento que culmina na prática de um ato administrativo proferido de forma expressa e dentro do prazo legal quando a pretensão não cumpra as exigências do ordenamento jurídico (o que corresponde, do ponto de vista material, a um verdadeiro ato de indeferimento da pretensão). Caso não haja lugar a rejeição (a qual terá de ocorrer num determinado prazo legal), considera-se admitida a comunicação, que se configura como um verdadeiro ato administrativo (permissivo) para todos os efeitos legais (caducidade, renovação, prorrogação), muito embora tal ato resulte, de acordo com o figurino legal (e não necessariamente com a prática) da omissão ou do silêncio da Administração. Não está aqui em causa, porém, uma declaração anómala da Administração resultante da violação do dever legal de decidir, como sucede com os atos silentes (ou tácitos, na terminologia da lei), sendo a própria ausência de decisão ou de pronúncia municipal (no sentido da rejeição do pedido) que equivale ao ato de admissão da comunicação prévia. Ou seja, e de acordo com este regime, se a pretensão cumprir todas as normas legais e regulamentares aplicáveis, não tem a administração de proferir uma decisão expressa favorável, bastando que nada diga. O que significa que a comunicação prévia do RJUE vale como uma comunicação com reserva de rejeição (veto) por parte da Administração, que tem para o efeito um determinado prazo findo o qual, se a rejeição não ocorrer, se considera a pretensão deferida. Para uma caracterização deste ato cfr. Fernanda Paula Oliveira, Maria José Castanheira Neves, Dulce Lopes e Fernanda Maças, *Regime Jurídico da Urbanização e Edificação. Comentado*, 3ª Edição, Coimbra, Almedina, 2011.

Seria importante que em futuras revisões do RJUE e do REAI, em especial e sem prejuízo do mesmo acontecer em outros diplomas, se viesse a harmonizar os conceitos utilizados adaptando-os ao que ficou definido no Decreto-Lei nº 92/2010, de 26 de julho, que transpôs a «Diretiva de Serviços».

5. Beneficiam do *regime simplificado da mera comunicação prévia, para efeito da sua instalação e modificação*, os seguintes estabelecimentos desde que explorem uma ou mais atividades constantes Listas A, B e C do anexo I:

a) Os *estabelecimentos de restauração e/ou de bebidas* e as respetivas secções acessórias onde se realizem operações industriais;

b) Os *estabelecimentos de comércio por grosso e a retalho* e as respetivas secções acessórias onde se realizem operações industriais;

c) Os estabelecimentos de prestação de *serviços*;

d) Os estabelecimentos de *armazenagem*.

6. Iniciemos o nosso percurso pelos estabelecimentos de restauração e/ou bebidas e secções acessórias.

Antes de mais, os *estabelecimentos de restauração e/ou de bebidas* cuja instalação e modificação está abrangida pelo *regime da mera comunicação prévia* são aqueles que prestam, mediante remuneração, serviços de alimentação e/ou de bebidas no próprio estabelecimento ou fora dele, referidos na Lista B do Anexo I. Compreende assim os restaurantes, bares e cafés, com caráter sedentário, e os estabelecimentos de *catering* que prestam serviços de restauração e/ou de bebidas (serviços de banquetes ou outros) em instalações de terceiros, ainda que preparadas na suas próprias instalações, a título não ocasional (mais de 10 eventos por ano).

Excluem-se as cantinas, os refeitórios e os bares de entidades públicas, de empresas de estabelecimentos de ensino e de associações sem fins lucrativos destinados a fornecer serviços de alimentação e de bebidas exclusivamente ao respetivo pessoal, alunos e associados, devendo este condicionamento ser devidamente publicitado (nº 7). Manteve-se assim uma exceção que já constava do nº 2 do artigo 3º do Decreto-Lei 234/2007, de 19 de junho, que isenta de qualquer controlo público preventivo ou sucessivo a instalação e modificação deste tipo de estabelecimentos. Entendeu-se que não se trata de verdadeiros estabelecimentos de restauração e bebidas, visto que deles beneficia apenas um conjunto de pessoas pré-definido, sendo a sua finalidade essencialmente de natureza social. Presume-se, além disso, que a determinação das condições de instalação e/ou modificação serão feitas pelas entidades públicas, privadas ou sem fins lucrativos onde estão instalados.

Sobre a prestação de serviços de restauração ou de bebidas com caráter não sedentário, veja-se o artigo 6º deste diploma, que sujeita esta atividade ao regime da comunicação prévia com prazo.

A instalação e a modificação de *secções acessórias de estabelecimentos de restauração e bebidas* onde se realizem operações industriais abrangidas exclusivamente pelo regime da mera comunicação prévia são as destinadas ao fabrico próprio de pastelaria, panificação, gelados e atividades industriais similares, ou que vendam produtos alimentares a que correspondam as CAE (Classificação Portuguesa das Atividades Económicas) elencadas na lista E do anexo I, desde que se enquadrem no tipo 3 do REAI ou que, enquadradas no tipo 2 do REAI, disponham de uma potência elétrica contratada igual ou inferior a 50 kVA. Como pode conferir-se no artigo 4º do REAI (Decreto-Lei nº 209/2008, de 29 de outubro), os três tipos de estabelecimentos industriais aí previstos são definidos em função do risco, em especial do risco ambiental. O tipo 1 compreende aqueles estabelecimentos com maior risco ambiental, cujos impactos da instalação, por esse motivo, devem ser sempre previamente avaliados. Tanto o tipo 2 como o tipo 3 são residuais relativamente ao tipo 1 e fundamentalmente definidos em função da dimensão do estabelecimento (potência elétrica e térmica, e número de trabalhadores).

Fica assim claro que o funcionamento destas secções acessórias onde se realizam operações industriais não exige qualquer outra permissão administrativa autónoma ao abrigo de qualquer outro regime, nomeadamente do REAI, havendo uma opção clara pela aplicação de apenas um regime jurídico, *in casu*, o do Licenciamento Zero.

Excluem-se no nº 8 as secções acessórias onde sejam realizadas operações industriais que utilizem matéria-prima de origem animal não transformada, cujos produtos não se destinem exclusivamente à venda ao consumidor final no próprio estabelecimento, ou seja, que produzam para revenda por outros intermediários ou para consumo fora do estabelecimento, secções essas a que se aplica as disposições relevantes do REAI, de acordo com as respetivas características.

7. Referimo-nos de seguida aos *estabelecimentos comerciais e secções acessórias*. Os estabelecimentos comerciais cuja instalação e modificação está abrangida pelo regime da mera comunicação prévia são as instalações de caráter fixo e permanente, onde é exercida, exclusiva ou principalmente, de modo habitual e profissional, uma ou mais atividades de comércio, por grosso ou a retalho, incluídas na secção G da CAE e enumeradas na Lista A do anexo II deste diploma.

Comércio por grosso é a atividade de venda ou revenda em quantidade a outros comerciantes, retalhistas ou grossistas, a industriais, a utilizadores institucionais e profissionais ou a intermediários de bens novos ou usados, sem transformação, tal como foram adquiridos, ou após a realização de algumas operações associadas ao comércio por grosso, como sejam a escolha, a classificação em lotes, o acondicionamento e o engarrafamento; *comércio a retalho* é atividade de revenda ao consumidor final, incluindo profissionais e institucionais, de bens novos ou usados, tal como são adquiridos, ou após a realização de algumas operações associadas ao comércio a retalho, como a escolha, a classificação e o acondicionamento, desenvolvida em estabelecimentos (cfr. anexo II). Trata-se de uma distinção com perda de relevância económica, tendo em conta que a grande distribuição comercial passou a relacionar-se diretamente com os seus fornecedores, dispensando em grande medida a função grossista.

No nº 7, *excluem-se da aplicação do regime de mera comunicação prévia para a respetiva instalação e modificação*, para além de todos os estabelecimentos comerciais cuja atividade não conste das Lista A do Anexo I, *os estabelecimentos de comércio a retalho e os conjuntos comerciais abrangidos pelo Decreto-Lei nº 21/2009, de 19 de janeiro*. Trata-se, neste caso, das chamadas *grandes superfícies comerciais*, definidas em função da sua área de venda, igual ou superior a 2000m^2, ou pertencentes a empresas ou grupos com áreas de venda acumuladas iguais superiores a 30000m^2, e dos centros comerciais com área bruta locável igual ou superior a 8000m^2, nos termos do artigo 2º do referido Decreto-Lei. A sua instalação e modificação depende de uma autorização, ou seja, estão sujeitos a um regime mais exigente que os estabelecimentos comerciais abrangidos pelo Licenciamento Zero (embora as modificações identificadas no nº 3 do artigo 3º estejam sujeitas apenas a comunicação pelo titular do empreendimento à entidade coordenadora, até 20 dias antes da sua realização, a qual é feita eletronicamente através de modelo disponibilizado no sistema de informação referido no artigo 7º daquele diploma legal).

Como veremos adiante, esta exceção não implica que estes estabelecimentos deixem de beneficiar de outros regimes simplificados constantes do presente diploma, como acontece em matéria de ocupação do espaço público para os fins previstos no artigo 10º.

No nº 6 do presente artigo houve ainda a preocupação de deixar claro que se mantém o regime especial de licenciamento dos estabelecimentos de distribuição, de venda e aplicação de produtos fitofarmacêuticos (Decreto-Lei nº 173/2005, de 21 de outubro), apesar destes estabelecimentos também beneficiarem de regimes simplificados previstos no Licenciamento Zero, designadamente o respeitante à ocupação do espaço público.

As *secções acessórias de estabelecimentos comerciais* cuja instalação e modificação está abrangida pelo regime da mera comunicação prévia são as destinadas à realização de operações industriais, correspondentes às CAE elencadas na Lista D do anexo I e enquadradas no tipo 3 do REAI, como, por exemplo, a fabricação de doces, compotas, geleias e marmelada ou a produção de gelo.

Tal como para os estabelecimentos de restauração, excluem-se no nº 8 as secções acessórias onde sejam realizadas operações industriais que utilizem matéria-prima de origem animal não transformada, cujos produtos não se destinem exclusivamente à venda ao consumidor final no próprio estabelecimento, ou seja, que produzam para revenda por outros intermediários ou para consumo fora do estabelecimento, secções essas a que se aplica as disposições relevantes do REAI, de acordo com as respetivas características.

8. Os estabelecimentos de *prestação de serviços*, cuja instalação e modificação estão abrangidas pelo regime da mera comunicação prévia são os enumerados no Anexo I, Lista B, onde se incluem cabeleireiros, oficinas de reparação de veículos, lavandarias, etc.

9. Os *estabelecimentos de armazenagem* cuja instalação e modificação estão abrangidas pelo regime da mera comunicação prévia são os enumerados no Anexo 1, Lista C, onde se incluem apenas a armazenagem frigorífica de géneros alimentícios que não exija condições de temperatura controlada nos termos da alínea *c*) do nº 2 do artigo 4º do Regulamento (CE) nº 853/2004, do Parlamento Europeu e do Conselho, de 29 de abril, e a armazenagem não frigorífica de géneros alimentícios.

10. O *cadastro comercial* é um registo da atividade comercial, compreendendo assim não apenas informação sobre a instalação, a modificação e o encerramento de todos os estabelecimentos comerciais, mas ainda informação sobre os agentes económicos que exerçam uma atividade comercial a título individual.

Os *estabelecimentos de comércio por grosso e a retalho* abrangidos por esta obrigação são os referidos na Lista F do anexo I, sendo o âmbito de aplicação deste artigo (obrigação de inscrição cadastro) mais alargado do que o do anterior (estabelecimentos que beneficiam do regime de mera comunicação prévia para efeito de instalação e modificação). As *atividades comerciais sem estabelecimento* sujeitas à obrigação de cadastro são as referidas na Lista G do anexo I, onde se incluem o comércio a retalho em feiras e mercados, o comércio a retalho por correspondência, o comércio a retalho eletrónico e qualquer outro comércio a retalho efetuado por outros métodos. Excetuam-se os agentes económicos que exerçam uma atividade comercial ao abrigo da liberdade de prestação de serviços, nos termos do artigo 4º do Decreto-Lei nº 92/2010, de 26 de julho, ou seja, prestadores de serviços estabelecidos noutro Estado-membro, os quais podem livremente exercer a sua atividade e prestar os seus serviços no território português, sem necessidade de qualquer permissão administrativa ou mera comunicação prévia, exceto nos casos em que a lei a preveja expressamente.

O registo no cadastro é feito eletronicamente através do «Balcão do empreendedor» (artigo 3º) nos termos definidos no artigo 14º. Como referiremos na anotação a esse artigo, reflete-se a preocupação de incentivar o reaproveitamento e a partilha de informação, poupando ao particular a obrigação de fornecer ao Estado mais do que uma vez a mesma informação.

11. No nº 5 do presente artigo alarga-se o âmbito de aplicação do regime simplificado de ocupação do espaço público (artigo 12º) e dos procedimentos especiais de realização de operações urbanísticas (artigos 7º a 9º) a *qualquer estabelecimento onde se realize uma atividade económica* e não apenas aos estabelecimentos que beneficiam do regime de instalação e de modificação previsto no nº 1. Assim, uma agência bancária, uma grande superfície comercial ou uma farmácia, por exemplo, poderão beneficiar do regime de mera comunicação prévia para a instalação de um toldo, desde que respeitam os limites enunciados do nº 1 do artigo 12º. Poderão igualmente utilizar o regime da comunicação prévia com prazo, se, por exemplo, a instalação do toldo pretendida, por alguma razão, não respeitar esses limites e/ou critérios (por exemplo, ser mais largo do que a fachada ou de cor diferente do exigido no regulamento municipal). Para esse efeito, qualquer estabelecimento deve usar o «Balcão do empreendedor», como referiremos na anotação ao artigo 10º.

Entendemos o sentido deste alargamento visto que, se pode haver motivos que justifiquem que o regime de instalação de uma agência bancária, de uma farmácia ou de outro tipo de estabelecimentos cuja atividade não esteja compreendida nas enumeradas no Anexo I, Listas A, B e C dependa de uma permissão administrativa mais ou menos exigente, em função de outros interesses que é preciso proteger ou do risco que deve ser evitado, esses motivos não se estendem à ocupação do espaço público para qualquer das finalidades referidas no nº 1 do artigo 10º. As razões que fundamentam a simplificação do procedimento para essa ocupação em casos padronizados, previamente definidos na lei e em regulamento, são igualmente relevantes para qualquer estabelecimento, seja qual for a atividade desenvolvida e o respetivo regime de instalação.

12. Como referimos no ponto 1 da anotação ao presente artigo, este não visa identificar todas as atividades nem todos os trâmites procedimentais que as mesmas têm de cumprir para se instalarem ou funcionarem. Por esse motivo, afirmámos que, não obstante a sua epígrafe, não é neste artigo que se define âmbito do presente diploma, o qual é mais amplo tanto em termos as atividades abrangidas, como quanto aos trâmites procedimentais a cumprir para a sua instalação e funcionamento.

Julgamos, porém, dever desde já apresentar um quadro que cruze aqueles dois pressupostos – atividades e trâmites procedimentais – de forma a permitir ao leitor uma melhor sistematização do presente diploma (Quadro I).

Artigo 3º – Balcão do empreendedor

1 – É criado um balcão único eletrónico, designado «Balcão do empreendedor», acessível através do Portal da Empresa, nos termos a definir por portaria dos membros do Governo responsáveis pelas áreas da modernização administrativa, das autarquias locais e da economia.

2 – O «Balcão do empreendedor» está igualmente acessível nas Lojas da Empresa e nos municípios que o pretendam disponibilizar, bem como

	MERA COMUNICAÇÃO PRÉVIA	COMUNICAÇÃO PRÉVIA COM PRAZO	INSCRIÇÃO NO CADASTRO COMERCIAL	NÃO SUJEIÇÃO A QUALQUER CONTROLO PRÉVIO
ATIVIDADES	Artigo 2º, nºs 1 e 3 1. Instalação, modificação e encerramento de: • Estabelecimentos de restauração e bebidas • Comércio de bens (das atividades elencadas na lista A Anexo I) • Prestação de serviços (das atividades elencadas na lista B Anexo I) • Armazenagem (das atividades elencadas na lista C Anexo I) 2. Atividades elencadas nas listas E e F do Anexo I (exclusivamente comunicação prévia) 3. Ocupação do espaço público conexo com o estabelecimento para a) Instalação de toldo e respetiva sanefa; b) Instalação de esplanada aberta; c) Instalação de estrado e guarda -ventos; d) Instalação de vitrina e expositor; e) Instalação de suporte publicitário, nos casos em que é dispensado o licenciamento da afixação ou da inscrição de mensagens publicitárias de natureza comercial; f) Instalação de arcas e máquinas de gelados; g) Instalação de brinquedos mecânicos e equipamentos similares; h) Instalação de floreira; i) Instalação de contentor para resíduos e desde que as suas caraterísticas e localização respeitem os limites referidos no nº 1 do artigo 12º 4. Horário de funcionamento e respetivas alterações	1. Instalação e modificação dos estabelecimentos referidos em 1 da coluna anterior dependente de dispensa prévia dos requisitos exigidos para o exercício destas atividades (requisitos identificados no Anexo III) – **Artigo 5º** 2. Serviços de restauração ou de bebidas com caráter não sedentário *a*) Em unidades móveis ou amovíveis localizadas em feiras ou em espaços públicos autorizados para o exercício da venda ambulante; *b*) Em unidades móveis ou amovíveis localizadas em espaços públicos ou privados de acesso público; *c*) Em instalações fixas nas quais ocorram menos de 10 eventos anuais – **Artigo 6º** 3. Ocupação do espaço público conexo com o estabelecimento para *a*) Instalação de toldo e respetiva sanefa; *b*) Instalação de esplanada aberta; *c*) Instalação de estrado e guarda -ventos; *d*) Instalação de vitrina e expositor; *e*) Instalação de suporte publicitário, nos casos em que é dispensado o licenciamento da afixação ou da inscrição de mensagens publicitárias de natureza comercial; *f*) Instalação de arcas e máquinas de gelados; *g*) Instalação de brinquedos mecânicos e equipamentos similares; *h*) Instalação de floreira; *i*) Instalação de contentor para resíduos e desde que as suas caraterísticas e localização não respeitem os limites referidos no nº 1 do artigo 12º – Nº 4 do artigo 12º.	Artigo 2º, nº 3 1. Estabelecimentos de comércio elencados na lista F do Anexo 2. Atividades de comércio sem estabelecimento elencadas na lista G do Anexo I	1. Mensagens publicitárias de natureza comercial: • afixadas ou inscritas em bens de que são proprietárias ou legítimas possuidoras ou detentoras entidades privadas e não são visíveis ou audíveis a partir do espaço público; • afixadas ou inscritas em bens de que são proprietárias ou legítimas possuidoras ou detentoras entidades privadas e a mensagem publicita os sinais distintivos do comércio do estabelecimento ou do respetivo titular da exploração ou está relacionada com bens ou serviços comercializados no prédio em que se situam, ainda que sejam visíveis ou audíveis a partir do espaço público; • que ocupam o espaço público contíguo à fachada do estabelecimento e publicitam os sinais distintivos do comércio do estabelecimento ou do respetivo titular da exploração ou estão relacionadas com bens ou serviços comercializados no estabelecimento. 2. Venda de bilhetes para espetáculos ou divertimentos públicos em agências ou postos de venda 3. Realização de leilões 4. Mapas de horário de funcionamento e sua afixação

em outros balcões públicos ou privados, nos termos a definir por protocolo com a Agência para a Modernização Administrativa, I. P. (AMA, I. P.)

COMENTÁRIO

1. O conceito de balcão único
2. O «Balcão do empreendedor» no regime do Licenciamento Zero: para que serve e como funciona
3. O «Balcão do empreendedor» no regime Licenciamento Zero: onde está disponível
4. O princípio do balcão único na Diretiva de Serviços
5. Da "graça" do rei à "graça" da tecnologia: as implicações do balcão único no procedimento administrativo

1. O presente artigo concretiza um importante princípio de simplificação administrativa: o da concentração de todos os procedimentos e formalidades que decorram da aplicação do regime do Licenciamento Zero num balcão único eletrónico.

Um balcão único é um ponto de contacto, físico e/ou eletrónico, onde o cidadão encontra disponível toda a informação pública (e mesmo privada) relacionada com um determinado evento de vida, por exemplo "criar uma empresa e licenciá-la" (balcão único informativo); podendo, além disso, interagir com as diferentes entidades com quem tem de relacionar-se por causa desse mesmo evento e cumprir as formalidades necessárias (balcão único transacional). O mesmo conceito é também correntemente utilizado quando num só balcão podem ser obtidas informações e realizadas transações diferentes (mais do que um evento de vida) com a mesma ou com diferentes entidades. Nesse caso, estamos perante um balcão único multiserviços.

Para os seus *utentes*, a existência de um balcão único ajuda a melhorar a *transparência* de um regime e a *acessibilidade* a um serviço, facilitando o cumprimento de obrigações e/ou o exercício de direitos. Quando a informação é partilhada por diferentes serviços públicos, como aqui é caso, permite eliminar burocracia, os formulários a preencher e os documentos a entregar. Além disso, torna possível uma maior *normalização* de procedimentos, por exemplo, quando o balcão único é comum a vários municípios, como acontece com o «Balcão do empreendedor».

Do ponto de vista da Administração pública, permite agilizar os procedimentos e *racionalizar os serviços*, considerando que se trata de um só ponto de atendimento (um só balcão presencial, um só sítio virtual, um só portal) para desenvolver e para manter, incluindo o serviço de *help-desk*, sendo os respetivos custos partilhados por diversas entidades.

2. A obrigação de criar um balcão único eletrónico foi incorporada no regime do Licenciamento Zero através do *«Balcão do empreendedor»*.

Aplicar o princípio do balcão único eletrónico às atividades abrangidas pelo Licenciamento Zero significa permitir ao particular ter um único interlocutor virtual (ou real), o qual, por sua vez, se tal for necessário, interage e partilha informação com as entidades administrativas que dela necessitam para o mesmo ou outros fins.

O legislador preocupou-se ainda com a forma como a informação deve ser disponibilizada no «Balcão do empreendedor», em especial as obrigações resultantes da legislação referida no Anexo III (*Requisitos que devem observar as instalações e equipamentos dos estabelecimentos comerciais, de prestação de serviços e armazéns para o seu funcionamento*), as quais devem ser identificadas de forma clara, com recurso a linguagem simples e ser permanentemente atualizadas (nº 1 e 2 do artigo 37º). Mais uma vez, trata-se, de facilitar o conhecimento da lei e desse modo o seu cumprimento, como mostraremos na anotação ao artigo 37º.

As funcionalidades disponíveis no «Balcão do empreendedor», tanto para os cidadãos potencialmente utilizadores, como para as autoridades administrativas competentes, nomeadamente os municípios, constam do Decreto-Lei nº 48/2011, de 1 de abril (diploma do Licenciamento Zero) e da Portaria nº 131/2011, 4 de abril (em especial o artigo 2º) publicada ao abrigo do artigo 3º e do nº1 do artigo 42º do já referido Decreto-Lei.

Assim, no Balcão do Empreendedor será possível, designadamente:

a) Submeter a mera comunicação prévia para a *instalação, modificação e encerramento dos estabelecimentos* (nº 1, 5 e 6 do artigo 4º);

b) Submeter a comunicação prévia com prazo para a *instalação, modificação de estabelecimentos quando esta depender de dispensa prévia de requisitos legais ou regulamentares* aplicáveis às instalações, aos equipamentos e ao funcionamento das atividades económicas a exercer no estabelecimento, nos termos dos nº 1 do artigo 5º, sendo a decisão do presidente da câmara relativa a essa dispensa também comunicada através do mesmo Balcão (nº 7 do artigo 5º);

c) Submeter a *comunicação prévia com prazo* para a prestação de serviços de restauração ou de bebidas com caráter *não sedentário* (nº 3 do artigo 6º);

d) Enviar o pedido e os documentos necessários para a comunicação prévia, nos termos do nº 4 do artigo 4º do RJUE, quando o interessado na instalação de um estabelecimento necessitar de realizar *operações urbanísticas* (nº 1 do artigo 8º);

e) Solicitar ao município a *utilização de um edifício* ou de suas frações para efeitos de instalação de um estabelecimento e as respetivas alterações de uso, nos termos do nº 1 do artigo 9º, podendo igualmente os municípios identificar no Balcão áreas geográficas onde seja possível alterar a utilização de um edifício ou de suas frações por mera comunicação prévia (nº 2 do artigo 9º);

f) Submeter a comunicação prévia para *ocupação do espaço públ*ico para os fins previstos neste diploma, bem como a sua cessação (nº 1 e 2 do artigo 10º); publicitar os critérios definidos pelo município para essa ocupação (nº 7 do artigo 11º); e submeter a comunicação prévia com prazo quando as características e a localização do mobiliário urbano não respeitarem os limites referidos no nº 1 do artigo 10º (nº 6 do artigo 12º);

g) Comunicar os dados necessários à inscrição no *cadastro comercial,* (nº 3 do artigo 14º);

h) Comunicar ao requerente os *despachos* subsequentes a comunicações prévias com prazo (nº 2 do artigo 15º);

i) Disponibilizar os *comprovativos* eletrónicos de entrega das meras comunicações prévias, das comunicações prévias com prazo e das demais comunicações previstas neste diploma, bem como do comprovativo do pagamento das quantias eventualmente devidas (artigo 16º);

j) Realizar *outros atos e formalidades conexos* com o exercício da atividade de estabelecimentos abrangidos pelos nºs 1 a 3 do artigo 2º deste diploma, nos termos definidos por portaria dos membros do Governo responsáveis pelas áreas da modernização administrativa, das autarquias locais, da economia e pela área que integra a obrigação em causa (artigo 17º);

k) Divulgar as *taxas* devidas pelos procedimentos ou a fórmula do seu cálculo, determinadas por cada município, e proceder à sua liquidação (nº 1 e 2 do artigo 18º);

l) Publicar os critérios definidos pelo município que devem ser observados na afixação e inscrição de *mensagens publicitárias* não sujeitas a licenciamento (nº 7 do artigo 31º);

m) Submeter a mera comunicação prévia do *horário de funcionamento*, bem como das suas alterações (nº 1 do artigo 34º);

n) Permitir a *autenticação dos agentes económicos* através de certificados digitais, designadamente através do Cartão de Cidadão (alínea *a)* do artigo 2º da Portaria nº 131/2011, de 4 de abril);

o) Assegurar o *preenchimento eletrónico da informação* necessária à realização das comunicações referidas e previstas no presente Decreto-Lei (alínea *e)* do artigo 2º da Portaria nº 131/2011, de 4 de abril);

p) Assegurar a *ligação às bases de dados* referidas no artigo 20º do presente Decreto-Lei, a saber as bases de dados do Instituto dos Registos e do Notariado, I. P. (IRN, I. P.) e da Direção-Geral dos Impostos (DGCI, atualmente Autoridade Tributária e Aduaneira) para a verificação automática da informação referida no ponto anterior, designadamente a relativa à classificação das atividades económicas (CAE) e dados das pessoas coletivas e singulares (alínea *f)* do artigo 2º da Portaria nº 131/2011, de 4 de abril);

q) *Atualizar a informação* relativa à atividade económica quando se verifique desconformidade entre o declarado nas comunicações e os dados constantes das bases de dados referida no ponto anterior (alínea *g)* do artigo 2º da Portaria nº 131/2011, de 4 de abril);

r) Permitir ao *requerente acompanhar online* o estado do processo, nomeadamente, das comunicações prévias com prazo (alínea *n)* do artigo 2º da Portaria nº 131/2011, de 4 de abril);

s) Receber *notificações eletrónicas* relativas aos processos em curso e entregar de elementos adicionais (alínea *n)* do artigo 2º da Portaria nº 131/2011, de 4 de abril).

3. Sendo um ponto único de contacto eletrónico, o «Balcão do empreendedor» ficará disponível no *Portal da Empresa*, diretamente ou por reencaminhamento dos sítios eletrónicos dos próprios municípios. Será ainda possível aceder ao «Balcão do empreendedor» presencialmente, de forma mediada, através de um facilitador. Está previsto que esse tipo de acesso seja disponibilizado nos balcões das Lojas da Empresa (ou em balcões físicos para o empreendedor existentes nas Lojas do Cidadão, criados *ex novo* ou em resultado da integração das lojas de empresa), nos balcões dos Municípios e nos balcões de outras entidades públicas ou privadas (por exemplo, associações empresariais) que o pretendam disponibilizar, nos termos a definir por protocolo com a Agência para a Modernização Administrativa, I.P (AMA) (nº 2 do artigo 3º).

Privilegia-se, desse modo, uma abordagem multicanal, a qual permite ao cidadão escolher o canal que lhe é mais conveniente ou até eventualmente iniciar o processo num canal e acompanhá-lo em qualquer outro. De facto, uma vez desenvolvido um balcão único eletrónico, é tecnicamente possível disponibilizá-lo também presencialmente, recorrendo para o efeito a um facilitador treinado para ajudar os interessados a utilizar o serviço eletrónico ou para o fazer em sua vez. Neste caso, o acesso mediado será efetuado por pessoa acreditada no sistema informático, que procede à identificação dos interessados e à submissão da informação solicitada.

O desenvolvimento e a manutenção do «Balcão do empreendedor» são assegurados pela AMA em colaboração com os municípios e com outras entidades da Administração central, como a Direção Geral das Atividades Económicas (DGAE) e as entidades fiscalizadoras, designadamente a Autoridade de Segurança Alimentar e Económica (ASAE) (nº 3 do artigo 37º).

O «Balcão do empreendedor» vai ser disponibilizado de forma faseada, começando por um período experimental em municípios piloto, limitado aos estabelecimentos e atividades de restauração ou de bebidas (artigo 42º e artigos 5º e 6º da Portaria 131/2011, de 4 de abril). Até 2 maio de 2012, o «Balcão do empreendedor» deverá ser estendido a todos os municípios do país, que até essa mesma data terão de carregar toda a informação naquele balcão (Artigo 7º da Portaria 131/2011, de 4 de abril). Como se refere *infra* na anotação ao artigo 42º, um atraso na preparação técnica do «Balcão do empreendedor» e/ou no carregamento da informação que dele deve constar conduzirão inevitavelmente ao adiamento da entrada plena em vigor do regime do Licenciamento Zero, na medida em que a acessibilidade ao Balcão é uma condição essencial para efetivar a larga maioria das normas nele contidas.

4. Uma vez mais, como referimos na anotação ao artigo 1º, o diploma do Licenciamento Zero inspira-se no Decreto-Lei nº 92/2010, de 26 de julho, que transpõe para o ordenamento jurídico português a «Diretiva de Serviços». Está previsto no artigo 5º desse Decreto-Lei a criação de um balcão único eletrónico, onde todos os procedimentos relacionados com o exercício de uma atividade de serviços sejam centralizados, a fim de evitar a duplicação de pedidos e de entrega de documentação. Esse balcão deve permitir aos prestadores ou destinatários de serviços, de todos os Estados-Membros, o acesso por via eletrónica às autoridades administrativas competentes em pelo menos 3 línguas (português, inglês e castelhano).

Esta obrigação não se limita apenas à disponibilização de um balcão informativo, mas sim de um balcão transacional. Assim, os interessados deverão poder aceder à informação sobre requisitos aplicáveis à prestação de serviços, condições de acesso à atividade e respetivo exercício, contactos das autoridades administrativas, lista e forma dos documentos que devem ser apresentados, e ainda ter a possibilidade de cumprimento direto e imediato de todos os atos e formalidades necessários, incluindo através de meios de pagamento eletrónico, bem como de acompanhamento e consulta dos respetivos procedimentos. (Sobre a aplicação do princípio do balcão único no âmbito da Diretiva de Serviços, cfr. *Building the Next Generation of Points of Single Contact* in www.eu-spocs.eu).

5. A organização do procedimento administrativo em balcão único e a utilização das tecnologias de informação e comunicação (TIC) nessa organização e no seu funcionamento têm implicações na abordagem mais tradicional ao procedimento administrativo, tal como nos habituámos a desenhá-lo, a vivenciá-lo e a discuti-lo. Tradicionalmente designado por processo administrativo gracioso – «expressão oriunda da época em que os súbditos solicitavam ao Rei a *graça*, ou favor, de lhes conceder certos direitos ou mercês» (cfr. Diogo Freitas do Amaral, *Curso de Direito Administrativo*, volume II, 8ª Reimpressão da Edição de 2001, Coimbra, Almedina, p. 289) –, o procedimento caracterizava-se por uma sucessão de atos e formalidades juridicamente ordenados.

Desde então, o procedimento administrativo tem sido tocado pela "*graça* da tecnologia". As cinco mudanças mais relevantes para o desenho de um novo procedimento administrativo resultantes do impacto das TIC são as seguintes:

a) Em primeiro lugar, a *integração de vários procedimentos num só balcão*, num só *front-office*, tendo em *back-office* diferentes entidades administrativas que validam informação, registam dados, partilham receita, comunicando, para este efeito, através de *web services* ou de uma plataforma de interoperabilidade. Substitui-se, assim, uma abordagem *sectorial* e *linear* – cada procedimento com o seu interlocutor próprio – por uma abordagem *transversal* e em *estrela* – um só procedimento para várias interações com diferentes entidades da administração.

Permite também ter *back-offices* mais centralizados (serviços de retaguarda) e ao mesmo tempo *front-offices* mais descentralizados (o atendimento), assegurados até por outras entidades: serviços de um Ministério assegurados pelos serviços desconcentrados de outro, por uma autarquia local ou por uma associação privada, como, aliás, está previsto para os procedimentos do Licenciamento Zero, no nº 2 do artigo 3º deste diploma. Por detrás desta mudança, está a passagem de uma administração assente numa estrutura rigorosamente hierarquizada (em "silos") para uma administração mais colaborativa, em rede, como está previsto, no nº 3 do artigo 37º, que aconteça no desenvolvimento do Balcão do Empreendedor. (Sobre esta transformação, em particular, cfr., entre outros, Maria Manuel Leitão MARQUES, «Uma administração pública em rede», in José Dias Coelho (coord), *Sociedade da Informação – O Percurso Português*, Lisboa: Edições Sílabo, 2007, pp 643-649); Mark Johnston Badger, Paul Stewart-Weeks, Simon Martin WILLIS, *The Connected Republic – Changing the Way We Govern*, USA: Cisco System, Inc, 2004; Elaine Kamarck, *The End of Government... as we know it*, USA: Lynne Reinner Publishers, Inc, 2007);

b) Em segundo lugar, a alteração na forma de *partilha de informação* entre diferentes entidades da administração e no modo como esta é disponibilizada ao cidadão. Segundo a abordagem mais tradicional do procedimento administrativo, é o cidadão que reúne os documentos e comprovativos necessários para a sua instrução, os pede e entrega em diferentes serviços públicos, pese embora o princípio do inquisitório. Atualmente e cada vez mais, é a administração que vai obter a informação de que não dispõe, mas que existe noutra entidade pública central ou local, como neste diploma se prevê no artigo 20º e na alínea *e), f)* e *g)* do artigo 2º da Portaria nº 131/2011, de 4 de abril. Ou então, pede autorização ao cidadão para consultar a informação de que necessita, tratando-se de dados pessoais, ou pede ao cidadão para a validar.

c) Em terceiro lugar, a *agilização do procedimento e da decisão, suportada pela comunicação eletrónica*. No procedimento tradicional existem, em geral, tempos diversos entre as diferentes fases, refletindo a ideia de tramitação, de sucessão de trâmites e de etapas ou fases logicamente sequenciais. Encontramos hoje várias situações em que todas estas fases são concentradas em segundos ou minutos, permitindo cada vez mais transformar em decisões "na hora" procedimentos que demoravam meses a tramitar.

d) Em quarto lugar, a desmaterialização *de toda a informação e da própria assinatura*, com recurso crescente à autenticação e assinatura eletrónica, permitindo transitar de um procedimento assente em documentos físicos para um procedimento totalmente desmaterializado, incluindo a prática de atos administrativos por via eletrónica, com as implicações que isso pode ter na forma tradicional de efetivar garantias, provas e arquivos. Submissão eletrónica de pedidos e documen-tos, autenticações eletrónicas com o cartão de cidadão e outros certificados digitais, notificações, pagamentos e despachos eletrónicos são funcionalidades do «Balcão do empreendedor» para diferentes efeitos (alínea *a), e), j), l) n)* do artigo 2º da Portaria nº 131/2011, de 4 de abril).

e) Em quinto lugar, os novos suportes, modelos e canais de comunicação facilitam também uma maior *transparência da administração para os cidadãos*, por exemplo, permitindo o acompanhamento do procedimento e implicitamente o controlo do seu estado, como está previsto em matéria de comunicação prévia com prazo (alínea *n)* do artigo 2º da Portaria nº 131/2011, de 4 de abril).

Sobre as mudanças aqui referidas, cfr. Maria Manuel Leitão Marques, «Gracioso mas também simples», *Estudos de Homenagem ao Professor Diogo Freitas do Amaral*, Coimbra, Almedina, 2010, pp. 747-761.

CAPÍTULO II – Instalação, modificação e encerramento de estabelecimentos

SECÇÃO I – Regimes aplicáveis

Artigo 4º – Regime geral

1 – A instalação de um estabelecimento abrangido pelos nºs 1 e 2 do artigo 2º está sujeita ao regime de mera comunicação prévia dirigida ao presidente da câmara municipal respetiva e ao diretor-geral das Atividades Económicas, obrigatoriamente efetuada pelo titular da exploração ou por quem o represente no «Balcão do empreendedor».

2 – A mera comunicação prévia consiste numa declaração que permite ao interessado proceder imediatamente à abertura do estabelecimento, à exploração do armazém ou ao início de atividade, consoante os casos, após pagamento das taxas devidas.

3 – Sem prejuízo de outros elementos, identificados em portaria dos membros do Governo responsáveis pelas áreas da modernização administrativa, das autarquias locais e da economia, a mera comunicação prévia referida nos números anteriores contém os seguintes dados:

a) A identificação do titular da exploração do estabelecimento, com menção do nome ou firma e do número de identificação fiscal;

b) O endereço da sede da pessoa coletiva ou do empresário em nome individual;

c) O endereço do estabelecimento ou armazém e o respetivo nome ou insígnia;

d) A CAE das atividades que são desenvolvidas no estabelecimento, bem como outra informação relevante para a caracterização dessas atividades, designadamente a área de venda e de armazenagem do estabelecimento ou armazém, as secções acessórias existentes, o número de pessoas ao serviço, o tipo de localização e o método de venda;

e) A data de abertura ao público do estabelecimento ou de início de exploração do armazém;

f) A declaração do titular da exploração do estabelecimento de que tomou conhecimento das obrigações decorrentes da legislação identificada no anexo III do presente decreto-lei, do qual faz parte integrante, e de que as respeita integralmente.

4 – O titular da exploração do estabelecimento é obrigado a manter atualizados todos os dados comunicados, devendo proceder a essa atualização no prazo máximo de 60 dias após a ocorrência de qualquer alteração, sem prejuízo do disposto no número seguinte.

5 – Está igualmente sujeita ao regime da mera comunicação prévia no «Balcão do empreendedor» a modificação de um estabelecimento, abrangido pelos n.os 1 e 2 do artigo 2.º, decorrente da alteração do ramo de atividade de restauração ou de bebidas, de comércio de bens ou de prestação de serviços, aplicando-se, com as devidas adaptações, o disposto nos n.os 2 e 3.

6 – O encerramento do estabelecimento abrangido pelos n.os 1 e 2 do artigo 2.º deve ser comunicado no «Balcão do empreendedor» no prazo máximo de 60 dias após a sua ocorrência.

7 – Para os efeitos referidos no presente decreto-lei entende-se por:

a) «Instalação», a ação desenvolvida tendo em vista a abertura de um estabelecimento, com o objetivo de nele ser exercida uma atividade de restauração ou de bebidas, de comércio de bens ou de prestação de serviços, ou o funcionamento de um armazém;

b) «Modificação», a alteração do ramo de atividade de restauração ou de bebidas, de comércio de bens ou de prestação de serviços, a ampliação ou redução da área de venda ou de armazenagem, a mudança de nome ou de insígnia, ou a alteração da entidade titular da exploração;

c) «Encerramento», a cessação do exercício de atividade de restauração ou de bebidas, de comércio de bens ou de prestação de serviços num estabelecimento ou o fecho de um armazém.

COMENTÁRIO

1. A mera comunicação prévia: caracterização
2 O âmbito de abrangência: instalação, alteração e encerramento do estabelecimento (atividade)
3. Os elementos de instrução
4. O título da mera comunicação prévia: remissão
5. Quadro II – Instrução da mera comunicação prévia

1. O presente normativo regula a mera comunicação prévia a que ficam sujeitos a instalação, a modificação ou o encerramento dos estabelecimentos de restauração ou de bebidas, de comércio de bens, de prestação de serviços ou de armazenagem previstos no artigo 2º, nºs 1 e 2 do diploma aqui em anotação. Trata-se de uma declaração dirigida ao presidente da câmara municipal e ao diretor geral das Atividades Económicas, que permite ao interessado proceder imediatamente à abertura do estabelecimento, à exploração do armazém ou ao início da atividade, consoante os casos, após o pagamento das taxas devidas, declaração que é obrigatoriamente feita no «Balcão do empreendedor» pelo titular da exploração ou por quem o represente.

De uma forma objetiva, a mera comunicação prévia, para este efeito, é semelhante à declaração feita (em papel) ao abrigo dos Decretos-Lei nº 234/2007, de 19 de junho e nº 259/2007, de 17 de julho. De facto, tal como nesses diplomas, o que aqui está em causa é uma mera atuação declarativa por parte do interessado à qual não se segue um controlo preventivo da Administração, mas tendencialmente uma ação de fiscalização, normalmente assegurada por entidades distintas daquelas a quem a comunicação é feita.

2. A mera comunicação prévia, devidamente instruída nos termos do nº 3 do presente normativo e do nº 1 do artigo 2º da Portaria nº 239/2011, de 21 de junho, tem por objeto, desde logo, a instalação dos estabelecimentos a que se referem os nºs 1 e 2 do artigo 2º, considerando-se como tal as ações tendentes à sua abertura por forma a neles ser exercida a respetiva atividade (restauração e bebidas, comércio de bens, prestação de serviços e armazenagem).

A mera comunicação prévia é igualmente necessária quando se trate de modificar o estabelecimento, mas apenas quando se trate de modificação decorrente da alteração de ramo de atividade de restauração ou de bebidas, de comércio de bens ou de prestação de serviços – bem como para cessar o exercício da respetiva atividade (encerramento do estabelecimento) – cfr. nº 7 do artigo 4º.

De facto, são quatro as situações que ficam a coberto do conceito de modificação, a saber: i) a alteração do ramo de atividade; ii) a ampliação ou a redução da área de venda ou de armazenagem; (iii) a mudança de nome ou de insígnia e iv) a alteração da entidade titular da exploração.

Nas situações acima referidas, nos termos do nº 4 do presente artigo, o titular da exploração do estabelecimento é obrigado a manter atualizados todos os dados comunicados, entendendo-se como dados a atualizar os constantes do artigo 4º.

Refira-se que o objeto da mera comunicação prévia, a que se refere este artigo, é tão só o acesso e o exercício da atividade, pelo que terão aplicação neste âmbito outros regimes, não sendo em princípio consumidos por este, que se refiram a atividades conexas, como será o caso do regime aplicável às operações urbanísticas que sejam necessárias efetuar para instalar ou modificar o estabelecimento. Para mais desenvolvimentos sobre este aspeto, cfr. anotações aos artigos 7º a 9º.

O encerramento do estabelecimento deverá ser objeto de mera comunicação prévia no prazo máximo de 60 dias após a respetiva ocorrência.

Este facto *de per si* ou a sua prática fora deste prazo constituem contraordenação prevista nas alíneas d) e e) do nº 1 do artigo 28º.

3. O nº 3 identifica os elementos que devem instruir a *instalação* dos estabelecimentos a que se refere o presente normativo, mandando aplicá-los, com as devidas adaptações, no caso da sua *modificação* (nº 5). Por sua vez, nada determina quanto à instrução da mera comunicação prévia para *encerramento* do estabelecimento, admitindo-se que, tal como antes da entrada em vigor do regime do Licenciamento Zero, se trate de uma simples comunicação desse facto.

O cruzamento destes normativos com a Portaria nº 239/2011, de 21 de junho, permite identificar, consoante a situação, os referidos elementos instrutórios (cfr. Quadro II, *infra*).

4. Sobre os títulos da mera comunicação prévia cfr. *infra*, anotação ao artigo 16º.

QUADRO II – INSTRUÇÃO DA MERA COMUNICAÇÃO PRÉVIA

INSTRUÇÃO DA MERA COMUNICAÇÃO PRÉVIA	INSTALAÇÃO	MODIFICAÇÃO
Artigo 4º do Decreto-Lei nº 48/2011, de 1 de abril	• Identificação do titular da exploração do estabelecimento, com menção do nome ou firma e do número de identificação fiscal; • O endereço da sede da pessoa coletiva ou do empresário em nome individual; • O endereço do estabelecimento ou armazém e o respetivo nome ou insígnia; • A CAE das atividades a serem desenvolvidas no estabelecimento (e demais informação relevante para a caracterização das atividades, designadamente a área de venda e de armazenagem do estabelecimento ou armazém, as secções acessórias existentes, o número de pessoas ao serviço, o tipo de localização e o método de venda); • A data de abertura ao público do estabelecimento ou de início de exploração do armazém; • A declaração do titular da exploração do estabelecimento de que tomou conhecimento das obrigações decorrentes da legislação identificada no anexo III do presente decreto-lei, do qual faz parte integrante, e de que as respeita integralmente.	• Identificação do titular da exploração do estabelecimento, com menção do nome ou firma e do número de identificação fiscal; • O endereço da sede da pessoa coletiva ou do empresário em nome individual; • O endereço do estabelecimento ou armazém e o respetivo nome ou insígnia; • A CAE das novas atividades que se pretendem instalar modificando o estabelecimento (quando seja o caso); • A data do inicio da(s) nova(s) atividade(s); • A declaração do titular da exploração do estabelecimento de que tomou conhecimento das obrigações decorrentes da legislação identificada no anexo III do presente decreto-lei, do qual faz parte integrante, e de que as respeita integralmente (quando se trate de novas atividades.
Portaria nº 239/2011, de 21 de junho	• O código de acesso à certidão permanente do registo comercial, caso se trate de pessoa coletiva sujeita a registo comercial; • Consentimento de consulta da declaração de início de atividade, caso se trate de pessoa singular; • O horário de funcionamento; • A declaração do interessado de que tomou conhecimento da necessidade do edifício ou fração onde vai instalar o estabelecimento possuir título de autorização de utilização compatível com a atividade a exercer.	• O código de acesso à certidão permanente do registo comercial, caso se trate de pessoa coletiva sujeita a registo comercial; • Consentimento de consulta da declaração de alteração de atividade, caso se trate de pessoa singular; • O horário de funcionamento (caso seja alterado); • A declaração do interessado de que tomou conhecimento da necessidade do edifício ou fração onde vai instalar o estabelecimento possuir título de autorização de utilização compatível com a atividade a exercer

Artigo 5º – Dispensa de requisitos

1 – A instalação ou modificação de um estabelecimento abrangido pelos nºs 1 a 3 do artigo 2º fica sujeita ao regime de comunicação prévia com prazo, a efetuar pelo interessado no «Balcão do empreendedor», quando depender de dispensa prévia de requisitos legais ou regulamentares aplicáveis às instalações, aos equipamentos e ao funcionamento das atividades económicas a exercer no estabelecimento.

2 – A comunicação prévia com prazo consiste numa declaração que permite ao interessado proceder à abertura do estabelecimento, à exploração do armazém ou ao início de atividade, consoante os casos, quando a autoridade administrativa emita despacho de deferimento ou quando esta não se pronuncie após o decurso do prazo de 20 dias, contado a partir do momento do pagamento das taxas devidas.

3 – A apreciação da comunicação prevista nos números anteriores é da competência do presidente da câmara municipal territorialmente competente na área de localização do estabelecimento, podendo ser delegada:

a) Nos vereadores, com faculdade de subdelegação; ou

b) Nos dirigentes dos serviços municipais.

4 – O presidente da câmara pode proceder à consulta de outras entidades, designadamente a Direção-Geral das Atividades Económicas (DGAE), sem que essa consulta suspenda o prazo da comunicação prévia.

5 – A dispensa pode ser deferida desde que não se trate de condicionamentos legais ou regulamentares imperativos relativos à segurança contra incêndios, à saúde pública ou a operações de gestão de resíduos, nem de requisitos imperativos de higiene dos géneros alimentícios expressamente previstos nos Regulamentos (CE) nºs 852/2004 e 853/2004, do Parlamento Europeu e do Conselho, de 29 de abril.

6 – Constituem nomeadamente fundamento de deferimento da dispensa de requisitos:

a) O contributo para a requalificação ou revitalização da área circundante do edifício ou fração autónoma onde se instala o estabelecimento;

b) O contributo para a conservação do edifício ou fração autónoma onde se instala o estabelecimento;

c) Estar em curso ou a ser iniciado procedimento conducente à elaboração, revisão, retificação, alteração ou suspensão de instrumento de gestão territorial que não seja impeditivo do funcionamento, por prazo determinado, do estabelecimento;

d) A estrita observância dos requisitos exigidos para as instalações e equipamentos afetar significativamente a rendibilidade ou as características arquitetónicas ou estruturais dos edifícios que estejam classificados como de interesse nacional, público ou municipal ou que possuam valor histórico, arquitetónico, artístico ou cultural;

e) O facto de o estabelecimento estar integrado em conjunto comercial que já cumpra esses requisitos e isso aproveite ao estabelecimento.

7 – As decisões do presidente da câmara municipal, emitidas ao abrigo do disposto no presente artigo, devem ser divulgadas no «Balcão do empreendedor».

COMENTÁRIO

1. **Comunicação prévia com prazo e dispensa administrativa**
2. **Os requisitos legais e regulamentares passíveis de dispensa**
3. **Um dos fundamentos de dispensa: a elaboração de um instrumento de gestão territorial**
4. **Comunicação prévia com prazo e audiência dos interessados**

1. Em vez de mera comunicação prévia, haverá lugar a comunicação prévia com prazo no «Balcão do empreendedor» quando o interessado pretenda obter a dispensa de requisitos legais ou regulamentares aplicáveis às instalações, aos equipamentos e/ou ao funcionamento das atividades económicas a exercer no estabelecimento. Ao contrário da mera comunicação prévia, o que está aqui em causa é o desencadeamento de um procedimento (ainda que simplificado) tendente a obter da Administração uma decisão (que como veremos deve ser expressa, mas pode ser tácita) e, portanto, destinado à prática de um ato administrativo que aprecie as pretensões privadas.

Trata-se de um ato que se integra na categoria genérica das autorizações administrativas (atos que visam, por iniciativa dos interessados, remover um limite imposto pela lei ao exercício de uma atividade própria da esfera do destinatário da autorização), na subcategoria das dispensas: atos através dos quais a Administração remove, em face de circunstâncias concretas, um dever especial relativo a uma atividade estritamente proibida ou imposta por lei, desobrigando os interessados sobre quem recaem esses deveres de os cumprir (cfr. José Eduardo Figueiredo Dias, Fernanda Paula Oliveira, *Noções Fundamentais de Direito Administrativo*, Coimbra, Almedina, 2010, p. 195).

Por isso, este procedimento pressupõe por parte do órgão administrativo competente (presidente da câmara com possibilidade de delegação nos vereadores – que podem subdelegar – ou nos dirigentes dos serviços municipais) uma decisão expressa que ora será de deferimento (nº 2 do presente artigo) ora de indeferimento, o qual terá de ser devidamente fundamentado, identificando-se as desconformidades do pedido com as disposições legais e regulamentares aplicáveis e cujo cumprimento não é dispensado (alínea b) do nº 2 do artigo 15º). Em qualquer daquelas situações, a decisão terá de ser disponibilizada no «Balcão do empreendedor» (nº 7 do artigo 15º), o que fomenta a transparência bem como a salvaguarda de decisões arbitrárias, sujeitando-as a um regime de publicidade e de prestação de contas (*accountability*).

Decorre destes normativos que existe um *dever legal de decisão* por parte do órgão competente, quer seja para deferir quer para indeferir o pedido, dever esse que terá de ser exercido no prazo de 20 dias a contar do pagamento das taxas (nº 2 do presente artigo), no pressuposto de que o pedido está devidamente instruído (cfr. nº 1 do artigo 15º). Na caso de incumprimento deste *dever de decisão*, o interessado poderá proceder à abertura (ou modificação) do estabelecimento, correspondendo, por isso, ao deferimento tácito (silente) do pedido.

2. Mencione-se que comunicação prévia com prazo a que se refere o presente artigo contém uma margem relativamente ampla de discricionariedade que não é muito comum neste tipo de atos. Com efeito, permite-se aqui que se dispense *quaisquer disposições* (que são as referidas no anexo III) inclusive de nível legislativo, com exceção dos condicionamentos legais ou regulamentares imperativos relativos à segurança contra incêndios, à saúde pública ou a operações de gestão de resíduos ou de requisitos imperativos de higiene dos géneros alimentícios, sem, portanto, os identificar (nº 5 do artigo 5º) e sem que se exija que estejam em causa situações específicas em que já se reconhece de forma ampla desvios à regra de aplicação das leis no tempo (como é o que sucede quando se trata de intervenções em edifícios nos termos do artigo 60º do RJUE ou do artigo 51º do RJRU).

Tal discricionariedade está patente no facto de o legislador indicar, de forma exemplificativa, fundamentos que podem ser mobilizados para dispensar o cumprimento dos requisitos aplicáveis – e não, como é normal neste tipo de situações, os fundamentos taxativos para o respetivo indeferimento –, fundamentos esses que contêm uma elevada dose de indeterminação e cujo preenchimento compete, em primeira linha ao interessado. Refira-se que alguns desses conceitos resultam muitas vezes para a Administração numa dificuldade acrescida por não deter, na maior parte das situações, elementos suficientes para afastar os dados apresentados e comprovados pelos interessados. É o que sucede, por exemplo, com a afetação da rendibilidade do edifício.

Mais, alguns desses fundamentos serão normalmente fáceis de justificar por parte do interessado: o caso, a título de exemplo, dos fundamentos constantes das alíneas a) e b), já que quase sempre a instalação do estabelecimento permitirá satisfazê-los.

Muito embora grande parte dos fundamentos identificados permitam um amplo espaço de decisão, valem aqui os limites decorrentes dos princípios jurídicos, com especial relevo para o da proporcionalidade entre as condições que tornam necessária a derrogação à regra e os motivos que a fundamentam

3. Na alínea d), permite-se a instalação (ou a modificação), ainda que provisória (precária) do estabelecimento desde que esteja em curso a elaboração de um instrumento de gestão territorial (que apenas poderá ser um plano municipal de ordenamento do território) que venha a permiti-la (em termos de uso genérico que é a função do plano), ainda que ela não seja admitida no momento da decisão pelas normas de planeamento em vigor.

Esta norma corresponde a um claro desvio à regra do *tempus regit actum* por permitir, por um lado, o deferimento da pretensão do interessado ainda que ela não cumpra as normas em vigor no momento da decisão, admitindo, por outro lado, a produção antecipada de efeitos de um plano apenas em curso de elaboração.

Na nossa ótica, ainda que esta alínea não exija que o procedimento de planeamento esteja em fase adiantada de elaboração – a norma refere-se a um procedimento de planeamento "*a ser iniciado*", que terá, necessariamente de ser entendido como um procedimento "*que já se tenha iniciado*"–, torna-se indispensável que decorra já, de forma clara do respetivo procedimento que o instrumento de planeamento em elaboração irá permitir a instalação ou modificação do estabelecimento. Por isso, se apenas tiver sido decidida a elaboração do plano terá de decorrer, de uma forma clara e precisa dos elementos então constantes do procedimento, designadamente dos termos de referência quando se trate de um plano de urbanização ou de um plano de pormenor, que o futuro plano irá permitir, designadamente em termos de uso, o funcionamento do estabelecimento.

Refira-se, como decorre da alínea c) do nº 6 do presente normativo, que a instalação ou modificação do estabelecimento sem o cumprimento dos requisitos constantes do plano municipal apenas poderá ser permitido *por prazo determinado* (donde tratar-se de uma permissão precária), de onde decorre, a nosso ver, a necessidade de "reavaliação" dos requisitos do estabelecimento aquando da entrada em vigor do referido instrumento de planeamento.

4. Estando em causa um procedimento administrativo tendente à prática de um ato de deferimento ou de indeferimento da pretensão, tem aplicação subsidiária o CPA, sendo, por isso exigível, quando se trate de indeferimento da pretensão ou de um deferimento em termos distintos do solicitado (por exemplo, dispensando-se o cumprimento de certos requisitos, mas exigindo-se a cumprimento de outros), o cumprimento do trâmite da audiência dos interessados, com as implicações desta em termos do prazo de decisão: a suspensão do prazo de decisão da comunicação prévia com prazo.

5. Um aspeto a ter em consideração prende-se com o facto de ser um órgão municipal que dispensa o cumprimento dos requisitos, mas não é ele que controla depois o exercício da atividade já que as competências de fiscalização relativas a este encontram-se conferidas à Autoridade de Segurança Alimentar e Económica (ASAE) (artigo 25º). Em todo o caso, o facto de todos os atos praticados ao abrigo do artigo 5º deverem ser divulgados no «Balcão do empreendedor» (artigo 5º, nº 7), balcão a que aquela Autoridade terá pleno acesso, permite evitar que a ASAE exija ao titular da exploração o cumprimento de requisitos que tenham previamente sido dispensados.

6. A comunicação prévia com prazo regulada no presente artigo deve ser instruída com os seguintes elementos:

a) A identificação do titular da exploração do estabelecimento ou do prestador de serviços com menção do nome ou firma e do número de identificação fiscal;

b) O endereço da sede da pessoa coletiva ou do empresário em nome individual;

c) O endereço do estabelecimento ou armazém e o respetivo nome ou insígnia, quando aplicável;

d) O código de acesso à certidão permanente do registo comercial, caso se trate de pessoa coletiva sujeita a registo comercial;

e) Consentimento de consulta da declaração de início ou de alteração de atividade, caso se trate de pessoa singular;

f) O termo de responsabilidade subscrito por pessoa habilitada a ser autor de projeto, segundo o regime da qualificação profissional dos técnicos responsáveis pela elaboração e subscrição de projetos, quanto ao cumprimento de todos os requisitos legais e regulamentares não identificados nos termos da alínea b) do presente número, nas situações identificadas no «Balcão do empreendedor»;

g) A identificação dos requisitos legais ou regulamentares a dispensar, aplicáveis às instalações, aos equipamentos e ao funcionamento das atividades económicas a exercer no estabelecimento, e a fundamentação das razões do seu não cumprimento;

h) A planta e corte do edifício, da fração ou da área objeto da comunicação à escala de 1:100 ou superior, contendo as dimensões, áreas e usos de todos os compartimentos, bem como a representação do mobiliário fixo e equipamento sanitário, nas situações identificadas no «Balcão do empreendedor»;

i) A CAE das atividades que são desenvolvidas no estabelecimento, bem como outra informação relevante para a caracterização dessas atividades, designadamente a área de venda e de armazenagem do estabelecimento ou armazém, as secções acessórias existentes, o número de pessoas ao serviço, o tipo de localização e o método de venda;

j) A data de abertura ao público do estabelecimento ou de início de exploração do armazém;

k) A declaração do titular da exploração do estabelecimento de que tomou conhecimento e que respeita integralmente as obrigações legais e regulamentares identificadas no anexo III do Decreto-Lei nº 48/2011, de 1 de abril, com exceção daquelas cujo cumprimento solicita dispensa;

l) O horário de funcionamento.

Artigo 6º – Regime da prestação de serviços de restauração ou de bebidas com caráter não sedentário

1 – Fica sujeita a comunicação prévia com prazo a prestação de serviços de restauração ou de bebidas com caráter não sedentário, a realizar, nomeadamente:

a) Em unidades móveis ou amovíveis localizadas em feiras ou em espaços públicos autorizados para o exercício da venda ambulante;

b) Em unidades móveis ou amovíveis localizadas em espaços públicos ou privados de acesso público;

c) Em instalações fixas nas quais ocorram menos de 10 eventos anuais.

2 – A comunicação prévia com prazo consiste numa declaração que permite ao interessado proceder à prestação de serviços de restauração ou de bebidas com caráter não sedentário, quando o presidente da câmara municipal territorialmente competente emita despacho de deferimento ou quando este não se pronuncie após o decurso do prazo de 20 dias ou, no caso da alínea *b*) do número anterior, de cinco dias, contados a partir do momento do pagamento das taxas devidas.

3 – A comunicação prevista no número anterior é efetuada no «Balcão do empreendedor», sendo a sua apreciação da competência do presidente da câmara municipal territorialmente competente na área do local de exercício da atividade, podendo ser delegada:

a) Nos vereadores, com faculdade de subdelegação; ou

b) Nos dirigentes dos serviços municipais.

COMENTÁRIO

1. Comunicação prévia com prazo de serviços de restauração ou de bebidas com caráter não sedentário
2. Instrução da comunicação prévia com prazo
3. Venda ambulante

1. Nos termos do presente normativo, a prestação dos serviços de restauração ou de bebidas, seja em unidades móveis ou amovíveis localizados em feiras ou espaços públicos autorizados para o exercício da venda ambulante, ou localizadas em espaços públicos ou privados de acesso público, ou ainda em instalações fixas nas quais ocorram menos de 10 eventos anuais, está sempre sujeita a uma comunicação prévia com prazo dirigida ao presidente da câmara municipal territorialmente competente.

Têm-se colocado dúvidas quanto ao que deve entender-se por espaços privados de acesso público [alínea b)], havendo quem defenda que apenas estão aqui em causa os espaços privados de uso público e aqueles que sustentam que devem ser considerados todos os espaços privados, desde que haja possibilidade de acesso público. Na nossa ótica, estando aqui em causa o exercício de uma atividade económica (prestação de serviços de restauração e bebidas ao público) julgamos mais adequada a ultima hipótese avançada. Desde que os serviços se destinem a servir o público em geral (por serem prestados em sítio com acesso público), ainda que prestados em espaço privado, devem estar sujeitos ao mesmo regime daqueles que são prestadas em espaços públicos (reservados ou não a venda ambulante), feiras ou instalações fixas nas quais ocorram menos de 10 eventos anuais.

Aqui, como no artigo 5º, o tempo de resposta para evitar o deferimento tácito é de 20 dias, com exceção do caso dos espaços públicos ou privados de acesso público em que o prazo é de 5 dias.

2. Os elementos instrutórios destes pedidos estão igualmente plasmados na Portaria nº 239/2011, de 21 de junho, e são os seguintes:

a) A identificação do titular da exploração do estabelecimento ou do prestador de serviços com menção do nome ou firma e do número de identificação fiscal;

b) O endereço da sede da pessoa coletiva ou do empresário em nome individual;

c) O endereço do estabelecimento ou armazém e o respetivo nome ou insígnia, quando aplicável;

d) O código de acesso à certidão permanente do registo comercial, caso se trate de pessoa coletiva sujeita a registo comercial;

e) O consentimento de consulta da declaração de início ou de alteração de atividade, caso se trate de pessoa singular;

f) A CAE das atividades que são desenvolvidas, bem como outra informação relevante para a caracterização dessas atividades, designadamente características da unidade ou da instalação e da prestação de serviços;

g) A declaração do interessado de que cumpre as obrigações legais e regulamentares relativas às instalações e equipamentos, bem como as regras de segurança, saúde pública e os requisitos de higiene dos géneros alimentícios;

h) Termo de responsabilidade subscrito por pessoa habilitada a ser autor de projeto, segundo o regime da qualificação profissional dos técnicos responsáveis pela elaboração e subscrição de projetos, quanto ao cumprimento de todos os requisitos legais e regulamentares relativos à instalação e à segurança contra incêndios, nas situações identificadas no «Balcão do empreendedor».

De todos, realçamos a assunção por parte do interessado do compromisso de que cumpre todas as disposições legais e regulamentares relativas às instalações dos equipamentos, bem como as regras de segurança, saúde pública e requisitos de higiene dos géneros alimentícios. Este aspeto é relevante na medida em que deixam de ocorrer as vistorias prévias a que estas unidades móveis ou amovíveis estavam sujeitas na maior parte dos municípios, destinadas a comprovar esse mesmo cumprimento, antes da respetiva autorização de que careciam para funcionar. Estas vistorias apresentavam-se quase sempre como ilógicas, na medida em que muito dificilmente, sem a montagem dos respetivos equipamentos, era possível verificar o cumprimento dos requisitos higio-sanitários. Com o atual regime remete-se para o interessado a responsabilidade exclusiva destes requisitos que poderão ser depois verificados (fiscalizados) *a posteriori*.

3. O novo regime de prestação de serviços de restauração ou de bebidas com caráter não sedentário chamou também ao seu âmbito a confeção e venda de refeições ligeiras ou outros produtos comestíveis confecionados em veículos automóveis ou reboques, na via pública (as tradicionais roulottes), que até à publicação do Decreto-Lei nº 48/2011 de 1 de abril, se encontravam sob o jugo da venda ambulante.

Foi de facto através da revogação da alínea d) do nº 2 do Decreto-Lei nº 122/79, de 8 de maio, que se retirou do antiquado regime da venda ambulante esta confeção de alimentos, que passa a necessitar de uma comunicação prévia com prazo.

Para alguma doutrina o diploma podia, no que toca à venda ambulante, ter ido mais longe, incluindo, até numa lógica de proporcionalidade e de igualdade, toda a venda ambulante ter sido integrada no âmbito do regime Licenciamento Zero. Isto porque, para além de a maior parte do diploma de 1979 estar completamente desajustada da realidade atual, considera não ser razoável que se sujeite a venda de refeições a um procedimento mais leve (a comunicação prévia com prazo), e se continue a fazer depender de um cartão de vendedor ambulante e, em muitos municípios, de uma licença de ocupação do espaço público para venda ambulante, a mera venda de castanhas ou de cachecóis [cfr. Bárbara Magalhães, "Os novos regimes de instalação e modificação de estabelecimentos e de ocupação do espaço público (Licenciamento Zero) e a sua repercussão no *modus vivendi* das urbes: uma primeira abordagem do último paradigma administrativo", in *Direito do Urbanismo e do Ordenamento do Território*. Estudos, Coord. Fernanda Paula Oliveira, Coimbra: Almedina, 2012, pp. 341 e ss.].

Num pólo oposto estão aqueles que defendem que o diploma foi demasiado longe por considerarem indispensável garantir, em face da limitação de espaços disponíveis (por exemplo em feiras), um "rateamento global e ponderado dos mesmos e não a aplicação de sistemas individuais que, como a comunicação prévia com prazo, beneficiam quem mais rápido anda (Dulce Lopes, «A comunicação prévia e os novos paradigmas de controlo administrativo da atividade privada», *Revista de Direito Regional e Local*, nº 14, abril/junho de 2011). Pode, com efeito, a este propósito, colocar-se a questão de saber como deve um município proceder para ratear um espaço previamente delimitado cuja área se mostra inferior a uma eventual procura resultante de comunicações prévias com prazo. Uma hipótese possível será a de promover previamente uma hasta ou um concurso públicos para determinar quem fica com os locais autorizados e só depois disso os vencedores procederem à comunicação prévia com prazo para a ocupação efetiva do local.

SECÇÃO II – Regimes conexos

SUBSECÇÃO I – Operações urbanísticas

Artigo 7º – Regime geral

1 – Sem prejuízo do disposto nesta subsecção, sempre que a instalação ou modificação de um estabelecimento abrangido pelos nºs 1 e 2 do artigo 2º envolva a realização de obras sujeitas a controlo prévio, antes de efetuar a mera comunicação prévia prevista nos nºs 1 e 2 do artigo 4º ou a comunicação prévia com prazo referida nos nºs 1 e 2 do artigo 5º, deve o interessado dar cumprimento ao regime jurídico da urbanização e edificação (RJUE), aprovado pelo Decreto-Lei nº 555/99, de 16 de dezembro, alterado pelo Decreto-Lei nº 26/2010, de 30 de março, e pela Lei nº 28/2010, de 2 de setembro.

2 – No caso de se tratar de estabelecimento de restauração ou de bebidas que disponha de espaços ou salas destinados a dança ou onde habitualmente se dance ou que disponha de recinto de diversão provisório, deve ainda o interessado dar cumprimento ao regime previsto no Decreto-Lei nº 309/2002, de 16 de dezembro, alterado pelo Decreto-Lei nº 268/2009, de 29 de setembro, antes de efetuar a mera comunicação prévia prevista nos nºs 1 e 2 do artigo 4º.

COMENTÁRIO

1. **Instalação de atividades económicas e realização de operações urbanísticas por ela exigidas**
2. **Outros regimes mobilizáveis em paralelo**

1. O presente normativo é importante na medida em que acentua o facto de se regular no presente diploma os trâmites necessários para a instalação e/ou o funcionamento de certas atividades económicas – particularmente a prestação de serviços de restauração e bebidas e outros serviços, a atividade de comércio e a de armazenagem –, os quais não se confundem com o regime aplicável às operações urbanísticas que seja necessário realizar para o efeito.

Com efeito, a instalação destas atividades pode surgir como uma pretensão complexa, envolvendo várias valências e vertentes, as quais são objeto de procedimentos distintos de controlo que, embora conexos, incidem sobre aspetos parcelares daquela pretensão. Torna-se, por isso, importante cruzar e articular legislação relativa ao exercício da atividade (isto é, relativa à instalação e funcionamento dos estabelecimentos onde tal atividade se vai desenvolver) – é a ela que se refere o presente diploma – com os procedimentos de controlo preventivo das operações urbanísticas que, por aquele motivo, tenham de realizar-se (quer se trate de obras, quer da utilização dos edifícios onde aqueles estabelecimentos ou instalações vão funcionar).

Existe, pois, uma indubitável separação dos dois regimes: um relativo à instalação e funcionamento da atividade, outro referente às operações urbanísticas necessárias à sua instalação e exploração. Assim, sempre que, para instalar um estabelecimento destinado às atividades reguladas no presente diploma seja necessário, por exemplo, *realizar obras* (pense-se na construção de raiz do edifício onde o estabelecimento vai funcionar, ou em obras de alteração ou ampliação de um edifício já existente para o mesmo efeito) ou *alterar o uso* que lhe está atribuído (porque, por exemplo, o edifício ou a fração onde se pretende instalar um estabelecimento comercial ter uso habitacional), terá de se lançar mão dos procedimentos referentes a estas operações urbanísticas, precisamente os que constam do RJUE e que serão, consoante o caso, a licença, a comunicação prévia e a autorização.

De facto, nos termos deste regime, as obras de edificação (seja de construção nova, de ampliação, de alteração, de reconstrução, etc.) e a utilização dos edifícios são operações urbanísticas (cfr. artigo 2º deste diploma), estando por isso sujeitos, em princípio, aos respetivos procedimentos de controlo preventivo (artigo 4º) exceto quando a lei o isente ou permita a sua dispensa.

Há, assim, várias formas possíveis de relacionamento entre a instalação da atividade (do estabelecimento) com o RJUE já que:

a) A instalação do estabelecimento pode implicar a construção de uma nova edificação (o que exige o controlo prévio das obras e a obtenção de uma autorização de utilização);

b) A instalação do estabelecimento ocorre num edifício já existente:

i) com necessidade de realização obras sujeitas a controlo e com eventual mudança de uso (controlo da obra e da utilização);

ii) sem necessidade de realização obras, mas com eventual mudança de uso (controlo da utilização);

iii) com necessidade de realização obras mas isentas de controlo municipal (podendo, todavia, haver lugar a autorização de utilização).

É com este sentido que deve ser entendido o artigo aqui em anotação ao estabelecer a aplicação do RJUE sempre que a instalação ou modificação de um estabelecimento abrangido pelos nºs 1 e 2 do artigo 2º envolva a realização de obras sujeitas a controlo prévio, devendo os procedimentos regulados naquele regime ser desencadeados em momento anterior à mera comunicação prévia ou à comunicação prévia com prazo reguladas no presente diploma.

Refira-se, a este propósito, que nem sempre estes regimes estão articulados uma vez que, enquanto para efeitos do artigo 5º do presente Decreto-Lei se admite a instalação do estabelecimento com dispensa de requisitos referentes às acessibilidades aos edifícios e estabelecimentos que recebem público (Decreto-Lei nº 163/2006, de 8 de agosto) – cfr. Anexo III que expressamente se refere a este como um requisito a observar e que, por isso, pode ser dispensado nos termos do referido artigo 5º –, já se for necessário realizar obras sujeitas a prévio controlo municipal não vemos como possa ser dispensado o cumprimento destas exigências fora da própria previsão legal (que apenas admite, em situações muito contadas, o seu não cumprimento).

2. Do mesmo modo, sempre que um estabelecimento de restauração ou de bebidas disponha de espaços ou salas destinados a dança ou onde habitualmente se dance ou disponha de recinto de diversão provisório terá o interessado de prestar atenção ao regime previsto no Decreto-Lei nº 309/2002, de 16 de dezembro, alterado pelo Decreto-Lei nº 268/2009, de 29 de setembro, antes de efetuar a mera comunicação prévia.

Artigo 8º – Regime das operações urbanísticas sujeitas a comunicação prévia

1 – Sem prejuízo do disposto no número seguinte, quando o interessado na instalação de um estabelecimento necessitar de realizar operações urbanísticas sujeitas a comunicação prévia, nos termos do nº 4 do artigo 4º do RJUE, pode enviar o pedido e os documentos necessários

para o efeito através do «Balcão do empreendedor», nos termos a definir por portaria dos membros do Governo responsáveis pelas áreas da modernização administrativa, das autarquias locais, da economia, do ambiente e do ordenamento do território.

2 – Aplica-se o regime da mera comunicação prévia às operações urbanísticas referidas no número anterior nas situações identificadas em portaria dos membros do Governo responsáveis pelas áreas da modernização administrativa, das autarquias locais, da economia, do ambiente e do ordenamento do território.

3 – A mera comunicação prévia referida no número anterior consiste numa declaração que permite ao interessado proceder imediatamente à realização da operação urbanística, após o pagamento das taxas devidas.

COMENTÁRIO

Agilização do procedimento de comunicação prévia do RJUE

Não obstante, tal como resulta do artigo anterior, o presente diploma acentua a diferença e a autonomia entre o procedimento da instalação da atividade e o procedimento das operações urbanísticas que por sua causa tenham de realizar-se, o legislador admite no presente artigo uma agilização de alguns destes procedimentos: no caso de a operação urbanística estar sujeita a comunicação prévia, admite-se que esta possa ser efetuada no «Balcão do empreendedor» – abrindo-se inclusive a possibilidade de, em situações oportunamente identificadas por *"portaria dos membros do Governo responsáveis pelas áreas da modernização administrativa, das autarquias locais, da economia, do ambiente e do ordenamento do território"*, tal diligência poder ser realizada através de uma mera comunicação prévia. O interessado comunica, paga as taxas aplicáveis e realiza a operação urbanística.

Percebe-se a intenção do legislador – a de evitar que o regime simplificado de instalação e modificação de estabelecimentos seja prejudicado pelos regimes de permissão administrativa conexos a essa instalação, nomeadamente, os aplicáveis sempre que seja necessário realizar uma obra. De facto, de pouco adiantará uma mera comunicação eletrónica para instalar um restaurante, se essa instalação obrigar a obras de adaptação dependentes de um procedimento de controlo prévio urbanístico excessivamente moroso.

Contudo, essa agilização de procedimentos não será fácil de conseguir sem que se altere o RJUE na medida em que o procedimento de comunicação prévia que aí se encontra atualmente regulado apresenta uma tramitação complexa que dificilmente será compaginável com a mera comunicação prévia (declaração, pagamento de taxas e inicio execução da operação urbanística) – note-se que podem estar sujeitas a comunicação prévia obras de nova edificação – e, mesmo com a comunicação prévia com prazo. Certamente por ter presente a complexidade de articulação do RJUE com o regime do Licenciamento Zero, é que o legislador determinou, no nº 2 deste artigo, que a mera comunicação prévia só se aplica nos casos para o efeito identificados em portaria dos membros do Governo responsáveis pelas áreas da modernização administrativa, das autarquias locais, da economia, do ambiente e do ordenamento do território, como já referimos *supra*. Para mais desenvolvimentos sobre os passos procedimentais deste procedimento urbanístico cfr. Fernanda Paula Oliveira, Maria José Castanheira Neves, Dulce Lopes e Fernanda Maçãs, *Regime Jurídico da Urbanização e Edificação. Comentado*, Coimbra, Almedina, 2011, anotação ao artigo 35º.

Artigo 9º – Regime da utilização de edifício ou de fração autónoma destinadas à instalação de um estabelecimento

1 – A utilização de um edifício ou de suas frações para efeitos de instalação de um estabelecimento e as respetivas alterações de uso podem ser solicitadas ao município no «Balcão do empreendedor».

2 – O disposto nos números anteriores não prejudica a possibilidade de os municípios identificarem áreas geográficas onde seja possível alterar a utilização de um edifício ou de suas frações por mera comunicação prévia no «Balcão do empreendedor».

3 – A mera comunicação prévia referida no número anterior consiste numa declaração que permite ao interessado proceder imediatamente à alteração de utilização de um edifício ou fração autónoma, após o pagamento das taxas devidas.

COMENTÁRIO

1. **Utilização de edifícios ou frações e funcionamento dos estabelecimentos**
2. **Flexibilização do regime aplicável à utilização do imóvel ou fração**

1. O presente artigo refere-se à utilização de um edifício ou fração para efeitos de instalação de um estabelecimento de restauração ou bebidas, de comércio, de prestação de serviços e de armazenagem, utilização que corresponde a uma operação urbanística para efeitos do RJUE [cfr. alínea j) do artigo 2º] e que nos termos deste diploma se encontra sujeita a autorização. Donde resulta que a função da mera comunicação prévia ou da comunicação prévia com prazo para o exercício da atividade não substituem nem dispensam a autorização de utilização prevista no regime jurídico da urbanização e edificação. Trata-se, pois, de figuras distintas, ainda que complementares. Com efeito, enquanto a autorização de utilização se refere a atividades genéricas (comércio, serviços, etc.) debruçando-se sobre o imóvel (por ser dotada de caráter real) e sendo, por isso, emitida em nome do titular do prédio ou fração (cfr. artigo 77º, nº 8, do RJUE), a mera comunicação prévia diz respeito a uma atividade ou atividades (CAE) específicas, referindo-se à atividade económica exercida no edifício ou fração e tendo por destinatário o titular da exploração.

Estando em causa situações distintas, o que se exige, para efeitos de mera comunicação prévia é que o estabelecimento se instale num edifício ou fração que disponha de autorização de utilização (genérica) que admita a atividade em causa. Assim, se o edifício ou fração dispuser de autorização de utilização para serviços (uso genérico) nele pode, do ponto de vista urbanístico, ser instalado um estabelecimento de restauração e bebidas (atividade qualificada de prestação de serviços). Estando em causa um uso específico, mas que pode ser reconduzido ao uso genérico constante da autorização de utilização, não é necessário desencadear um qualquer procedimento de alteração desta, bastando a mera comunicação prévia da atividade. Coisa diferente é se o imóvel ou fração dispuser de autorização de utilização para indústria, habitação ou comércio, por exemplo, situação em que a instalação de um estabelecimento de restauração ou bebidas depende do prévio desencadeamento de um procedimento de alteração de utilização nos termos do RJUE.

É o que resulta, em nossa opinião, também da formulação constante da alínea e) da Portaria nº 239/2011, de 21 de junho, a qual determina que a mera comunicação prévia deve conter, nomeadamente "*e*) A declaração do interessado de que tomou conhecimento da necessidade do edifício ou fração onde vai instalar o estabelecimento possuir título de autorização de utilização compatível com a atividade a exercer". Ou seja, o que se exige é a compatibilidade em abstrato do uso e não especificamente a atividade económica a desenvolver.

2. Não obstante o que se afirma no ponto anterior, o presente artigo admite que a utilização de um edifício ou das suas frações para efeitos de instalação de um estabelecimento ou as respetivas alterações de uso sejam solicitadas ao município no «Balcão do empreendedor». Nada se dizendo quanto ao procedimento a seguir, julgamos dever o mesmo ser aquele que está legalmente definido: a autorização de utilização do RJUE.

O legislador admite, porém, que o município possa identificar áreas geográficas onde seja possível alterar a utilização de um edifício ou de suas frações por mera comunicação prévia, o que, a nosso ver, apenas poderá valer quando as regras aplicáveis forem muito precisas para a área em causa, como sucede com as áreas abrangidas por plano de pormenor ou operação de loteamento, nos termos dos quais as exigências urbanísticas aplicáveis a vários usos (comércio e serviços, por exemplo) sejam similares.

SUBSECÇÃO II – Ocupação do espaço público

Artigo 10º – Finalidades admissíveis

1 – O interessado na exploração de um estabelecimento deve usar o «Balcão do empreendedor» para declarar que pretende ocupar o espaço público, entendido como a área de acesso livre e de uso coletivo afeta ao domínio público das autarquias locais, para algum ou alguns dos seguintes fins:

a) Instalação de toldo e respetiva sanefa;

b) Instalação de esplanada aberta;

c) Instalação de estrado e guarda-ventos;

d) Instalação de vitrina e expositor;

e) Instalação de suporte publicitário, nos casos em que é dispensado o licenciamento da afixação ou da inscrição de mensagens publicitárias de natureza comercial;

f) Instalação de arcas e máquinas de gelados;

g) Instalação de brinquedos mecânicos e equipamentos similares;

h) Instalação de floreira;

i) Instalação de contentor para resíduos.

2 – O interessado na exploração de um estabelecimento deve igualmente usar o «Balcão do empreendedor» para comunicar a cessação da ocupação do espaço público para os fins anteriormente declarados.

3 – No caso da cessação da ocupação do espaço público resultar do encerramento do estabelecimento, dispensa-se a comunicação referida no número anterior, bastando para esse efeito a mencionada no nº 6 do artigo 4º

4 – A ocupação do espaço público para fins distintos dos mencionados no nº 1 segue o regime geral de ocupação do domínio público das autarquias locais.

5 – Para garantir maior certeza jurídica na ocupação do espaço público, os tipos de mobiliário urbano que mais frequentemente são instalados, projetados ou apoiados no espaço público são definidos no anexo II do presente decreto-lei, do qual faz parte integrante.

COMENTÁRIO

1. A ocupação do espaço público no regime do Licenciamento Zero
2. O conceito de espaço público no regime do Licenciamento Zero
3. O domínio público na Constituição da República Portuguesa, no Código Civil, no Decreto-Lei nº 477/80, de 15 de outubro, no Decreto-Lei nº 280/2007, de 7 de agosto e na doutrina
4. Finalidades a que se aplica o regime de ocupação do espaço público previsto no Licenciamento Zero
5. Regime de ocupação do espaço público para finalidades distintas das previstas no nº 1 do artigo 10º do regime do Licenciamento Zero: as licenças e as concessões

1. Um dos aspetos mais inovadores do regime do Licenciamento Zero é a *substituição de um regime de licenciamento para utilização do espaço público por um regime simplificado de mera comunicação prévia ou de comunicação prévia com prazo*, como mostraremos nas anotações aos artigos 10º a 13º, que integram a «*Subsecção II – Ocupação do Espaço Público*», deste diploma. O interessado nessa ocupa-ção, em vez de requerer uma licença, instruída com documentação variada (desde memórias descritivas a fotomontagens ou plantas topográficas) e esperar a sua atribuição, por exemplo, para instalar uma esplanada junto à fachada do seu estabelecimento, ou colocar um toldo por cima da sua montra, passa a comunicar essa instalação no «Balcão do empreendedor», responsabilizando-se pelo cumprimento das regras nele publicitadas e liquidando as respetivas taxas.

Nos quatro artigos acima mencionados, definem-se as condições exigidas para que tal possa acontecer, ou seja, as finalidades de utilização do espaço público (artigo 10º), os critérios a que deve estar sujeita a sua ocupação (artigo 11º), as situações em que essa ocupação pode ser feita através de uma mera comunicação prévia e aquelas em que se exige uma comunicação prévia com prazo (artigo 12º), harmonizando-se ainda o regime do Licenciamento Zero com os diplomas que versam sobre domínio público hídrico, ferroviário e rodoviário (artigo 13º) (cfr. sobre este ponto Maria Manuel Leitão Marques e Mariana Maia Rafeiro, «Licenciamento Zero e Espaço Público», in *Revista de Direito Regional e Local*, nº 16, outubro/dezembro, 2011, p. 13 e ss).

Como referimos antes na anotação ao artigo 1º, a simplificação e a desgraduação do controlo exercido sobre certo tipo de ocupação do espaço público não significam que o regime do Licenciamento Zero permita que este seja utilizado livremente para o exercício de atividades económicas privadas sem que os municípios o possam regulamentar, ordenar, condicionar a sua utilização ou até mesmo proibi-la (artigo 11º). O regime do Licenciamento Zero também não veio permitir a ocupação gratuita do espaço público para determinados fins, dispensando o pagamento de taxas por essa utilização (artigo 12º). As taxas podem continuar a ser cobradas pelo município se este assim o entender. O legislador não pretendeu liberalizar a ocupação do espaço público, retirando, assim, aos municípios o poder de elaborarem políticas de rentabilização económica do seu domínio público. Portanto, o objetivo do regime de ocupação do espaço público foi apenas o de simplificar os procedimentos administrativos, nomeadamente através da substituição do enfoque na apreciação casuística de cada ocupação pela definição de condições gerais e abstratas a que aquela deve obedecer.

2. Importa começar por explicitar o que se entende por espaço público no regime do Licenciamento Zero. No nº 1 do artigo 10º afirma-se que *«o interessado na exploração de um estabelecimento deve usar o «Balcão do empreendedor» para declarar que pretende ocupar o espaço público, entendido como a área de acesso livre e de uso coletivo afeta ao domínio público das autarquias locais, para algum ou alguns dos seguintes fins»*. Assim, o *espaço público* para efeitos de aplicação do regime do Licenciamento Zero tem três características: i) é uma área de acesso livre; ii) de uso coletivo; iii) afeta ao domínio público das autarquias locais.

A primeira característica, o *acesso livre*, refere-se a um espaço que pode ser fruído por todos, de forma gratuita.

A segunda característica, o *uso coletivo,* também chamado de *uso comum,* está intrinsecamente ligado ao acesso livre porque apenas um local que possa ser fruído por todos, de forma gratuita, satisfaz necessidades de uso coletivo, isto é, pode ter utilidade pública. Para a maioria da doutrina e da jurisprudência portuguesas atuais, como mostraremos no ponto 3. desta anotação, utilidade pública é sinónimo *da aptidão das coisas para a satisfação das necessidades coletivas.*

Ana Raquel Moniz (*O Domínio Público, O Critério e o Regime Jurídico da Dominialidade,* Coimbra, Almedina, 2006, p. 447 e 448) defende que outra das notas determinantes da noção de uso comum é «a indeterminabilidade dos sujeitos suscetíveis de utilizar, em termos de uso comum, os bens dominiais», acabando por concluir que «o regime do uso comum é tendencialmente (...) pautado pela trilogia liberdade, igualdade, gratuitidade» e pelo «princípio da tolerância mútua», ou seja, o de que «o exercício concreto do uso comum por um determinado sujeito não prejudique, impeça ou exclua o uso comum dos demais sujeitos».

Por sua vez, o Decreto-Lei nº 280/2007, de 7 de agosto, no capítulo dedicado à gestão do domínio público, consagra no seu artigo 25º uma conceção de uso coletivo ou comum idêntica às acima referidas, porquanto «os bens do domínio público podem ser fruídos por todos mediante condições de acesso e de uso não arbitrárias ou discriminatórias, salvo quando da sua natureza resulte o contrário». No nº 2 do mesmo preceito estabelece-se ainda que «o uso comum ordinário dos imóveis do domínio público é gratuito, salvo disposição em contrário *nos casos em que o aproveitamento seja divisível e proporcione vantagem especial*».

A terceira característica delimita o *domínio público* àquele que é titulado apenas pelas autarquias locais, excluindo, consequentemente, da noção de espaço público para fins do regime do Licenciamento Zero, o domínio público titulado pelo Estado e pelas regiões autónomas. Importa, portanto, saber *o que se entende por domínio público,* designadamente por domínio público das autarquias locais. Por esse motivo, analisaremos de seguida o conceito de domínio público tal como ele é entendido na lei e na doutrina.

3. O artigo 84º da CRP estabelece que "pertencem ao *domínio público*: a) as águas territoriais com seus leitos e os fundos marinhos contíguos, bem como os lagos, lagoas e cursos de água navegáveis ou flutuáveis, com os respetivos leitos; b) as camadas aéreas superiores ao território acima do limite reconhecido ao proprietário ou superficiário; c) os jazigos minerais, as nascentes de águas mineromedicinais, as cavidades naturais subterrâneas existentes no subsolo, com exceção das rochas, terras comuns e outros materiais habitualmente usados na construção; d) as estradas; e) as linhas férreas nacionais; f) outros bens como tal classificados por lei.

Decorre, assim, da leitura deste artigo a existência de um domínio público *ex constitutione* a par de um domínio público *ex lege*. Desse modo, o legislador ordinário, além de estar vinculado a estipular um regime jurídico de direito público para o elenco de bens previstos neste nº 1, pode alargar o espectro dos bens dominiais quando entender que tal é oportuno e conveniente, desde que o faça por via legislativa (alínea *f)* do nº 1 do artigo 84º). É também por via legislativa (nº 2 do artigo 84º da CRP) que se "*define quais os bens que integram o domínio público do Estado, o domínio público das regiões autónomas e o domínio público das autarquias locais, bem como o seu regime, condições de utilização e limites*", isto é, cabe ao legislador determinar a quem pertence a titularidade dos bens dominiais e o regime jurídico a que estão sujeitos (cfr. Paulo Otero (coord.), *Comentário à Constituição Portuguesa*, volume II, Coimbra, Almedina, 2008, pp. 39 e ss).

Segundo Ana Raquel Moniz (*Ob. cit., p. 121*), em matéria de domínio público «estamos diante de uma hipótese de «reserva de densificação total» (...), uma vez que a norma constitucional em causa não circunscreve o seu âmbito a uma «reserva de bases» ou a «uma reserva de regime geral», a significar que a Constituição impõe que a definição e regime dos bens do domínio público têm de ser, na sua totalidade, disciplinados através de lei formal (ou decreto-lei autorizado)» (cfr. alínea *v*) do nº 1 do artigo 165º da CRP).

Por ora, não existe uma lei da Assembleia da República ou um decreto-lei autorizado do Governo que determine quais os bens do domínio público sujeitos à titularidade do Estado, das regiões autónomas e das autarquias locais e que estabeleça o regime jurídico a que os mesmos deverão obedecer. Esta questão é especialmente importante no que diz respeito ao *domínio público autárquico*, sobre o qual versa o regime do Licenciamento Zero, uma vez que a Lei nº 169/99, de 18 de setembro, que estabelece o regime jurídico de funcionamento dos órgãos dos municípios e das freguesias, determina que compete à Assembleia Municipal, sob proposta da câmara municipal, *deliberar sobre a afetação e desafetação de bens do domínio público municipal, nos termos da lei* (cfr. alínea *b)* do nº 4 do artigo 53º da Lei nº 169/99, de 18 de setembro). Igualmente, a alínea *b)* do nº 7 do artigo 64º do mesmo diploma estipula que *compete à câmara municipal administrar o domínio público municipal, nos termos da lei.*

Não havendo um diploma legislativo que identifique os bens do domínio público municipal e lhes fixe um regime especial, são particularmente relevantes as normas vigentes que se debruçam sobre o domínio público em geral. Essas normas são, além da própria CRP, o Código Civil, o Decreto-Lei nº 477/80, de 15 de outubro, o Decreto-Lei nº 280/2007, de 7 de agosto, e ainda alguns diplomas avulsos que atribuem a titularidade de bens do domínio público às autarquias locais e fixam o seu regime jurídico.

O *Código Civil*, no artigo 202º, preceitua que estão «fora do comércio todas as coisas que não podem ser objeto de direitos privados, tais como as que se encontram no domínio público e as que são, por sua natureza, insuscetíveis de apropriação individual». Por sua vez, o seu artigo 1304º limita-se a estipular que *«o domínio das coisas pertencentes ao Estado ou a quaisquer outras pessoas coletivas públicas está igualmente sujeito às disposições deste código em tudo o que não for especialmente regulado e não contrarie a natureza própria daquele domínio»*.

Já o Decreto-Lei nº 477/80, de 15 de outubro (vulgarmente conhecido como *Inventário Geral do Estado*) vai mais longe, distinguindo entre domínio público e domínio privado disponível e indisponível. No seu artigo 4º identificam-se os bens que integram o *domínio público* e no artigo 5º os que integram o *domínio privado*. No artigo 7º distingue-se entre domínio privado indisponível e domínio privado disponível, embora de forma pouco esclarecedora porque a distinção é feita determinando que os bens do domínio privado indisponível estão afetos a fins de utilidade pública, sendo este mesmo critério utilizado para fixar a dominialidade.

A mesma ausência de um conceito de domínio público verifica-se noutros diplomas avulsos, como o Decreto-Lei nº 280/2007, de 7 de agosto, o qual, embora consagre o regime jurídico da gestão dos imóveis do domínio público do Estado, das regiões autónomas e das autarquias locais, não apresenta uma definição de domínio público: *«Os imóveis do domínio público são os classificados pela Constituição ou por lei, individualmente ou mediante a identificação por tipos»* (artigo 14º).

Tendo em conta que a legislação em vigor não contém um conceito de domínio público, importa ver como alguma doutrina o caracterizou.

Para Marcello Caetano (*Manual de Direito Administrativo Volume II*, 10ª Edição, Coimbra, Almedina, 1994, p. 881), a definição *de domínio público* está intrinsecamente relacionada com a definição de coisas públicas, ou seja, «as coisas submetidas por lei ao domínio de uma pessoa coletiva de direito público e subtraídas ao comércio jurídico privado em razão da sua primacial utilidade coletiva». Deste modo, *«o conjunto das coisas públicas e os direitos públicos que à Administração competem sobre elas formam o domínio público, objetivamente considerado. Por isso, as coisas públicas são também denominadas bens do domínio público»*.

Da noção de coisas públicas acima apresentada, fica patente o critério da dominialidade defendido pelo Autor: *a utilidade pública, isto é, a aptidão das coisas para a satisfação das necessidades coletivas.* Este critério de dominialidade é ainda hoje adotado pela maioria da doutrina e da jurisprudência portuguesas. É ainda por força do critério de utilidade pública que se justifica também que essa categoria de bens seja objeto de uma proteção jurídica especial que se caracteriza essencialmente pelo facto de esses bens estarem fora do comércio jurídico privado, ou seja, serem insuscetíveis de redução à propriedade particular, inalienáveis, imprescritíveis, impenhoráveis e não oneráveis pelos modos de direito privado (artigos 18º, 19º e 20º do Decreto-Lei nº 280/2007, de 7 de agosto).

Para mais desenvolvimentos sobre o conceito de domínio público, cfr. ainda JJ Gomes Canotilho e Vital Moreira, *Constituição da República Anotada*, artigos 1º a 107º, Coimbra Editora, 4ª Edição revista, 2007, p. 1001, onde os Autores defendem que «a fórmula semântica – domínio público – deixa entender que certos bens são qualificadamente públicos, sendo-lhes inerente um estatuto jurídico de dominialidade diferente dos demais bens das entidades públicas (domínio privado da Administração)».

Em suma, podemos definir o *domínio público das autarquias locais como sendo constituído pelas coisas aptas à satisfação de necessidades coletivas de que são titulares os municípios.* É no âmbito desse domínio público que se compreende o *espaço público*, ao qual se aplica o regime simplificado previsto no Licenciamento Zero, quando a sua ocupação é feita para determinados fins.

Uma última nota para reiterar que o facto de o domínio público estar subtraído ao comércio jurídico privado não impede os seus titulares de o rentabilizarem através dos instrumentos que o direito administrativo lhes proporciona para o efeito.

Parafraseando Freitas do Amaral (*A utilização do domínio público pelos particulares*, Lisboa, Livraria Petrony, 1965, p. 46), devemos entender o domínio público como uma riqueza a explorar, como um bem que, desde que a sua afetação não seja violada, pode ser objeto de gestão económica. O Decreto-Lei nº 280/2007, de 7 de agosto, cujo objeto é o regime jurídico da gestão dos imóveis do domínio público do Estado, das regiões autónomas e das autarquias locais, consagra os instrumentos que podem ser utilizados para rentabilizar o domínio público, tais como as licenças, as concessões de utilização privativa e as concessões de exploração. (Sobre o conceito de licença, cfr. Fernanda Paula Oliveira e José Eduardo Figueiredo Dias *Noções Fundamentais de Direito Administrativo*, 2º ed., Coimbra, Almedina, 2011, pp. 344 e 345).

À rentabilização económica do domínio público está subjacente o facto de, em determinadas circunstâncias, para determinados fins e durante um período determinado de tempo, os seus titulares poderem permitir aos particulares uma fruição exclusiva do domínio público, cuja vocação natural é o uso comum ou coletivo ordinário, mediante o pagamento de taxas (cfr. artigo 28º do Decreto--Lei nº 280/2007, de 7 de agosto).

Deste modo, a principal diferença entre o uso comum e o uso privativo recai sobre o facto de o uso privativo ter necessariamente como consequência privar qualquer outra pessoa do direito de fruição da totalidade ou de uma parte de um bem dominial. Ainda assim, atribui-se este poder de exclusão aos particulares não só porque isso potencia a valorização económica do domínio público, mas também porque se admite que os bens dominiais são suscetíveis de servir outros usos que não o coletivo e, portanto, de satisfazer outras necessidades além das que fundamentam a sua dominialidade.

Na verdade, com o uso privativo do domínio público não se satisfaz apenas os interesses da Administração, que recebe uma prestação pecuniária em troca da atribuição do direito de uso privativo exclusivo, mas também os interesses dos particulares, já que segundo Ana Raquel Moniz, *(Ob. Cit.*, p. 462*)* *«a duração do título jurídico-administrativo há-de ser suficientemente longa para que as expectativas económicas do beneficiário se cumpram».*

Compreende-se, por tudo que o foi dito, que caiba à Administração decidir em que circunstâncias pode ou não ocorrer a utilização privativa do domínio público, mesmo que o possa fazer em abstrato através de um regulamento, e que essa utilização seja limitada no tempo, de forma a não esvaziar em definitivo o bem do seu fim de utilidade pública.

4. O regime simplificado de ocupação do espaço público previsto no Licenciamento Zero aplica-se apenas quando esse espaço seja utilizado para os fins elencados no artigo ora em estudo.

Assim, o interessado na exploração de um estabelecimento *apenas* pode utilizar o «Balcão do empreendedor» (artigo 3º) para a submissão de uma mera comunicação prévia (nº 1 do artigo 12º) ou de uma comunicação prévia com prazo (nº 4 do artigo 12º) caso pretenda ocupar o espaço público para os seguintes fins:

«a) Instalação de toldo e respetiva sanefa;

b) Instalação de esplanada aberta;

c) Instalação de estrado e guarda-ventos;
d) Instalação de vitrina e expositor;
e) Instalação de suporte publicitário, nos casos em que é dispensado o licenciamento da afixação ou da inscrição de mensagens publicitárias de natureza comercial;
f) Instalação de arcas e máquinas de gelados;
g) Instalação de brinquedos mecânicos e equipamentos similares;
h) Instalação de floreira;
i) Instalação de contentor para resíduos»

Alguns dos tipos do mobiliário urbano, referidos nas alíneas do nº 1 do artigo 10º, são definidos no anexo II do diploma do Licenciamento Zero. De acordo com o nº 5 do mesmo artigo 10º, procurou-se desse modo garantir uma maior certeza jurídica na ocupação do espaço público. Dada a sua importância, iniciaremos a análise do mobiliário urbano abrangido pelas alíneas do nº 1 do artigo 10º, pela *esplanada aberta.*

a) No anexo II ao diploma do Licenciamento Zero, define-se *esplanada aberta* como sendo *"a instalação no espaço público de mesas, cadeiras, guarda-ventos, guarda-sóis, estrados, floreiras, tapetes, aquecedores verticais e outro mobiliário urbano, sem qualquer tipo de proteção fixa ao solo, destinada a apoiar estabelecimentos de restauração ou de bebidas e similares ou empreendimentos turísticos"* (alínea *f)* do nº 2). Por conseguinte, uma esplanada aberta no âmbito do regime do Licenciamento Zero tem três características: i) é composta pelo conjunto do mobiliário urbano elencado na alínea *f)* do nº 2 do anexo II; ii) não possui qualquer tipo de proteção fixa ao solo; iii) e destina-se a apoiar estabelecimentos de restauração ou de bebidas e similares ou empreendimentos turísticos.

No que diz respeito à *primeira característica das esplanadas abertas,* entendemos que não é necessário que num mesmo momento temporal se encontrem instalados no espaço público todos os elementos de mobiliário urbano elencados na alínea *f)* acima referida, isto é, para que uma esplanada aberta seja abrangida pelo regime do Licenciamento Zero não é necessário que o espaço público seja ocupado simultaneamente, por exemplo, por aquecedores verticais e guarda-sóis, os quais, até pela sua própria finalidade, poderão ser instalados no espaço público alternadamente, consoante a estação do ano. Com a concretização legal de um conceito de esplanada aberta, o legislador visou enumerar qual o mobiliário urbano que habitualmente a integra, determinando desde logo que esse mobiliário urbano não está sujeito a outro regime de ocupação do espaço público que não o do Licenciamento Zero, e não obrigar a que todo o mobiliário urbano constante da alínea *f)* ocupe num mesmo momento o espaço público para que a esplanada possa ser considerada como tal. Aliás, tal seria incongruente visto que o próprio conceito de esplanada aberta faz referência a «outro mobiliário urbano», que em virtude das suas funcionalidades lhe possa servir de apoio. Caberá ao município, se o achar relevante, no exercício do seu poder regulamentar, definir qual é esse mobiliário ou limitar o mobiliário urbano das esplanadas àquele que é expressamente identificado no conceito legal de esplanada aberta.

O município pode igualmente exigir que um mínimo de elementos de mobiliário urbano, de entre os constantes da alínea *f)*, seja simultaneamente colocado no espaço público para que se concretize o conceito de esplanada. Tal poderá ser uma preocupação relevante para os municípios em termos de estética e de higiene pública, caso não pretendam que o espaço público, durante um certo período de tempo, fique apenas ocupado com um tapete, por exemplo.

A *segunda característica* das esplanadas abertas prende-se com *inexistência de qualquer tipo de proteção fixa ao solo*, isto é, a sua instalação não pode pressupor a realização de uma obra para efeitos do RJUE. Assim, estão excluídas do conceito de esplanadas para fins do regime do Licenciamento Zero as chamadas "esplanadas fechadas" que incluem estruturas fixas para efeitos de delimitação e cobertura.

Julgamos, com efeito, que o legislador quis evitar situações em que a instalação de uma esplanada tivesse de pressupor a realização de uma operação urbanística, o que tornaria o procedimento mais complexo por tornar necessário desencadear um procedimento administrativo de controlo preventivo daquela operação ao abrigo do RJUE (que apenas não teria de ocorrer se tal operação fosse considerada de escassa relevância urbanística nos termos do artigo 6º-A do RJUE). Foi, portanto, excluída do âmbito de aplicação deste regime a instalação de esplanadas fechadas que correspondam ou pressuponham a realização de obras de edificação, aqui entendidas como conjuntos erigidos pelo homem, com quaisquer materiais, reunidos e ligados artificialmente ao solo com caráter de permanência.

Refira-se, porém, que nas situações em que esteja em causa uma esplanada que, apesar de fechada, não se incorpora no solo com caráter de permanência – porque, por exemplo, corresponde a uma estrutura fechada totalmente amovível (sem existência de sapatas ou outras ligações permanentes) – julgamos que elas devem ficar sujeitas ao mesmo regime que está previsto para as esplanadas abertas.

Por último, *a terceira característica* das esplanadas abertas no âmbito do regime do Licenciamento Zero diz respeito ao facto de estas se destinarem a apoiar estabelecimentos de restauração ou de bebidas e similares ou empreendimentos turísticos. A noção de estabelecimentos de restauração ou de bebidas também se encontra no anexo II ao regime do Licenciamento Zero (alíneas *f)* e *d)*, respetivamente, do nº 1).

Os estabelecimentos similares aos estabelecimentos de restauração e bebidas, para fins de ocupação do espaço público com esplanadas abertas serão, designadamente, estabelecimentos comerciais que tenham secções acessórias de restauração ou de bebidas. Por sua vez, a noção de empreendimentos turísticos consta do artigo 2º do Decreto-Lei nº 39/2008, de 7 de março.

b) No anexo II ao diploma do Licenciamento Zero, define-se *toldo* como «o elemento de proteção contra agentes climatéricos, feito de lona ou material similar, rebatível, aplicável em qualquer tipo de vãos, como montras, janelas ou portas de estabelecimentos comerciais, no qual pode estar inserida uma mensagem publicitária"» (alínea *r)* do nº 2); e a *sanefa* como «o elemento vertical de proteção contra agentes climatéricos, feito de lona ou material similar, colocado transversalmente na parte inferior dos toldos, no qual pode estar inserida uma mensagem publicitária» (alínea *o)* do nº 2). É nosso entendimento que da leitura sistemática do regime do Licenciamento Zero, nomeadamente do nº 5 do artigo 2º (que consagra que o regime simplificado de ocupação do espaço público e dos procedimentos especiais de realização de operações urbanísticas se aplica aos estabelecimentos onde se realize qualquer atividade económica, ainda que o respetivo regime de instalação e de modificação não seja o previsto no nº 1 desse artigo) resulta que deve fazer-se uma interpretação corretiva do conceito de toldo. Este não deve estar apenas associado a um estabelecimento comercial, tal como é definido na alínea *e)* do nº 1 do anexo II, podendo também ser associado aos estabelecimentos definidos nas alíneas *c)*, *d)* e *f)* do mesmo anexo, e ainda a outros estabelecimentos cujo regime de instalação e de modificação não esteja compreendido no âmbito do Licenciamento Zero.

c) A definição de *guarda-vento* consta da alínea *i)* do já referido nº 2 do anexo II e consiste na *«armação que protege do vento o espaço ocupado por uma esplanada»*, donde a instalação de um guarda-vento pressupõe sempre a ocupação do espaço público por uma esplanada aberta.

d) O *estrado* é referido na mesma alínea que o guarda-vento (cfr. alínea *c)* do nº 1 do artigo 10º). Todavia, o seu conceito não consta do anexo II, visto que, tal como já referimos anteriormente, este anexo não é exaustivo, definindo apenas os tipos de mobiliário urbano que mais comummente são instalados, projetados ou apoiados no espaço público. Caberá, por isso, ao município, no exercício do seu poder regulamentar, definir um conceito de estrado, se o achar necessário. Caso o não faça, nos termos do nº 4 do artigo 11º do regime do Licenciamento Zero, nem proíba a ocupação do espaço público com esse tipo de mobiliário urbano, aplicam-se subsidiariamente os critérios referidos no anexo IV, nomeadamente, o artigo 8º referente a condições de instalação de estrados.

e) Uma *vitrina* é um «mostrador envidraçado ou transparente, embutido ou saliente, colocado na fachada dos estabelecimentos comerciais, onde se expõem objetos e produtos ou se afixam informações» (alínea *s)* do nº 2 do anexo II).

f) Um *expositor* é «a estrutura própria para apresentação de produtos comercializados no interior do estabelecimento comercial, instalada no espaço público» (alínea *g)* do nº 2 do anexo II), logo está necessariamente associado à publicitação de produtos comercializados no interior do estabelecimento. É nosso entendimento que da leitura sistemática do regime do Licenciamento Zero, nomeadamente do nº 5 do artigo 2º (que consagra que o regime simplificado de ocupação do espaço público e dos procedimentos especiais de realização de operações urbanísticas se aplica aos estabelecimentos onde se realize qualquer atividade económica, ainda que o respetivo regime de instalação e de modificação não seja o previsto no nº 1 desse artigo) resulta que se deve fazer uma interpretação corretiva do conceito de expositor, uma vez que este não deve estar apenas associado a um estabelecimento comercial, tal como é definido na alínea *e)* do nº 1 do anexo II, podendo também ser associado aos estabelecimentos definidos nas alíneas *c), d)* e *f)* do mesmo anexo, e ainda a outros estabelecimentos cujo regime de instalação e de modificação não esteja compreendido no âmbito do Licenciamento Zero, interpretação que já fizemos para o conceito de "toldo".

g) Um *suporte publicitário* é *«o meio utilizado para a transmissão de uma mensagem publicitária»* (alínea *p)* do nº 2 anexo II,). Contudo, para fins de ocupação do espaço público ao abrigo do regime do Licenciamento Zero, é *ainda necessário que essa mensagem publicitária revista a natureza de mensagem comercial e que a sua afixação ou inscrição estejam isentas de licenciamento* (sobre a isenção de licenciamento da afixação e inscrição de mensagens publicitárias de natureza comercial, cfr., *infra* anotações aos artigos 31º e 32º).

h) Os conceitos de *arcas e máquinas de gelados, bem como de brinquedos mecânicos e equipamentos similares* não constam do anexo II do regime do Licenciamento Zero. Entendemos que o legislador optou por não plasmar um conceito legal que versasse sobre aquele mobiliário urbano porque da sua própria designação e da frequência com que são instalados no espaço público já resulta evidente essa configuração. Por exemplo, poucas dúvidas haverá sobre o que é uma arca de gelados ou sobre o que é um brinquedo mecânico, visto que a famosa Abelha Maia e demais brinquedos mecânicos são comuns à porta de estabelecimentos por todo o país, tal como as máquinas dirigidas ao público infantil onde a troco de uma moeda se obtém um brinde. Assim, cabe ao município, no exercício do seu poder regulamentar, concretizar apenas quais devem ser as características daquele mobiliário urbano e as suas condições de instalação. Caso não o façam, nem proíbam a ocupação do espaço público com aquele tipo de mobiliário urbano, nos termos do nº 4 do artigo 11º do regime do Licenciamento Zero, aplicam-se, mais uma vez, subsidiariamente os critérios referidos no anexo IV, nomeadamente, o artigo 12º referente a condições de instalação de arcas e máquinas de gelados.

i) Uma *floreira* é um "vaso ou recetáculo para plantas destinado ao embelezamento, marcação ou proteção do espaço público" (alínea *h)* do nº 2 do anexo II).

j) Por último, o conceito de *contentor de resíduos* não consta do anexo II do regime do Licenciamento Zero. À semelhança do que já referimos para o estrado, arcas e máquinas de gelados, brinquedos mecânicos e similares, cabe ao município, no exercício do seu poder regulamentar, definir um conceito de contentor para resíduos, se o achar necessário. Caso o não faça, nem proíba a ocupação do espaço público com esse tipo de mobiliário urbano, nos termos do nº 4 do artigo 11º do regime do Licenciamento Zero, aplicam-se subsidiariamente os critérios referidos no anexo IV, nomeadamente, o artigo 15º referente a condições de instalação e manutenção de um contentor de resíduos. Da leitura do artigo 15º do anexo IV decorre que o contentor de resíduos abrangido pela alínea *i)* do nº 1 do artigo 10º do regime do Licenciamento Zero é a vulgar "*papeleira*", que muitas vezes se encontra à porta dos estabelecimentos, ao lado das arcas ou das máquinas de gelados ou a apoiar as esplanadas abertas, com o objetivo de recolher os resíduos resultantes da comercialização dos bens aí vendidos. Portanto, *por contentor de resíduos não deve entender-se os contentores para recolha de resíduos sólidos urbanos*, de modelos aprovados e distribuídos pelos municípios, os quais, quase sempre, são objeto de um regulamento próprio.

5. Sempre que o titular de um estabelecimento onde se realize qualquer atividade económica pretender ocupar o domínio público municipal para fins distintos dos mencionados no nº 1 do artigo 10º, deve obedecer às regras legais em vigor que lhe sejam aplicáveis e ao regime de ocupação do domínio público que se encontre consagrado nos respetivos regulamentos municipais.

As regras legais em vigor determinam que os títulos jurídico-administrativos, através dos quais pode atribuir-se a um particular a utilização privativa de um bem imóvel do domínio público das autarquias locais para fins distintos dos previstos no nº 1 do artigo 10º do regime do Licenciamento Zero, são a *licença ou o contrato de concessão* (cfr. artigo 27º do Decreto-Lei nº 280/2007, de 7 de agosto). Por sua vez, o regime aplicável à atribuição dessas licenças ou à celebração de contratos de concessão para a utilização privativa do domínio público das autarquias locais, nomeadamente a configuração dos seus pressupostos de atribuição e a fixação das taxas, é o estabelecido nos respetivos regulamentos de ocupação do domínio público das autarquias locais, consoante o tipo de ocupação requerida.

Artigo 11º – Critérios de ocupação do espaço público

1 – Para os efeitos referidos no artigo anterior, compete aos municípios a definição dos critérios a que deve estar sujeita a ocupação do espaço público para salvaguarda da segurança, do ambiente e do equilíbrio urbano.

2 – Os critérios referidos no número anterior devem procurar garantir que a ocupação do espaço público respeite as seguintes regras:

a) Não provocar obstrução de perspetivas panorâmicas ou afetar a estética ou o ambiente dos lugares ou da paisagem;

b) Não prejudicar a beleza ou o enquadramento de monumentos nacionais, de edifícios de interesse público ou outros suscetíveis de ser classificados pelas entidades públicas;

c) Não causar prejuízos a terceiros;

d) Não afetar a segurança das pessoas ou das coisas, nomeadamente na circulação rodoviária ou ferroviária;

e) Não apresentar disposições, formatos ou cores que possam confundir-se com os da sinalização de tráfego;

f) Não prejudicar a circulação dos peões, designadamente dos cidadãos portadores de deficiência.

3 – O disposto no presente artigo não impede o município de proibir a ocupação do espaço público, para algum ou alguns dos fins previstos no artigo anterior, em toda a área do município ou apenas em parte dela.

4 – No caso de o município não definir os critérios a que deve estar sujeita a ocupação do espaço público nem a proibir nos termos do número anterior, aplicam-se subsidiariamente os critérios referidos no anexo IV do presente decreto-lei, do qual faz parte integrante.

5 – Sempre que exista interesse relevante, podem ser definidos critérios adicionais por outras entidades com jurisdição sobre a área do espaço público a ocupar, nomeadamente:

a) O Instituto de Gestão do Património Arquitetónico e Arqueológico, I. P.;

b) A Estradas de Portugal, S. A.;

c) O Instituto da Mobilidade e dos Transportes Terrestres, I. P.;

d) O Turismo de Portugal, I. P.;

e) O Instituto da Conservação da Natureza e da Biodiversidade, I. P.;

f) A Autoridade Nacional de Segurança Rodoviária.

6 – Os critérios adicionais que vierem a ser definidos, nos termos do número anterior, devem ser imediatamente comunicados à Direção-geral das Autarquias Locais, bem como aos municípios, para efeitos da sua incorporação nos respetivos regulamentos municipais.

7 – Os critérios elaborados nos termos dos números anteriores apenas produzem efeitos depois de estarem disponíveis para consulta no «Balcão do empreendedor».

COMENTÁRIO

1. **O poder regulamentar dos municípios no âmbito da ocupação do espaço público e as regras que lhe são impostas no Licenciamento Zero**
2. **O regime subsidiário do Anexo IV: razão de ser**
3. **Os critérios adicionais a que deve estar sujeita a ocupação do espaço público: quem os define, a quem são comunicados e onde são disponibilizados**

1. A definição de espaço público e os fins para os quais ele pode ser ocupado, no âmbito do regime do Licenciamento Zero, constam do artigo 10º. Neste artigo estipula-se que cabe aos municípios, enquanto titulares do domínio público municipal, definir os critérios a que deve estar sujeita aquela ocupação. Aliás, tal já resulta da alínea *b)* do nº 7 do artigo 64º da Lei nº 169/99, de 18 de setembro, com as alterações introduzidas pela Lei nº 5-A/2002, de 11 de janeiro e pela Lei nº 67/2007, de 31 de dezembro, que preceitua que compete à câmara municipal administrar o domínio público municipal, nos termos da lei.

Por sua vez, da leitura conjugada do nº 1 com o nº 6º deste artigo 11º resulta que a *definição dos critérios dos municípios deve ser feita através de regulamento.*

À elaboração de regulamentos municipais aplica-se a tramitação estabelecida nos artigos 114º a 119º do CPA cabendo a sua aprovação aos órgãos municipais competentes nos termos da Lei nº 169/99, de 18 de setembro, com as alterações introduzidas pela Lei nº 5-A/2002, de 11 de janeiro e pela Lei nº 67/2007, de 31 de dezembro.

Na elaboração do regulamento de ocupação do espaço público, a câmara municipal exerce o seu poder regulamentar dentro dos limites da Constituição e da lei, tendo em vista, nomeadamente, a salvaguarda da segurança, do ambiente e do equilíbrio urbano (cfr. nº 1 do artigo 11º do regime do Licenciamento Zero). O nº 2 do artigo 11º vai ainda mais longe estipulando que os regulamentos de ocupação de espaço público devem obedecer às regras constantes das alíneas *a)* a *f)*, cujo objetivo é assegurar a estética urbana, não causar prejuízos a terceiros, garantir a circulação rodoviária, ferroviária ou de peões, designadamente dos cidadãos portadores de deficiência.

Pese embora o poder regulamentar dos municípios em matéria de ocupação do espaço público no âmbito do regime do Licenciamento Zero esteja limitado pelas regras impostas pelos nºs 1 e 2 deste artigo 11º, *o município continua a poder proibir a ocupação do espaço público para algum ou alguns dos fins previstos no artigo 10º*, em toda a sua área territorial ou apenas em parte dela (cfr. nº 3 do artigo 11º do regime do Licenciamento Zero).

Caso *os municípios não exerçam o seu poder regulamentar* e não elaborem os critérios a que deve estar sujeita a ocupação do espaço público prevista no artigo 10º e também não a proíbam, nos termos do nº 4 do artigo 11º, aplicam-se subsidiariamente os critérios definidos no anexo IV do regime do Licenciamento Zero.

2. A aplicação de um regime subsidiário, nos casos acima mencionados, está intrinsecamente ligada ao principal objetivo do diploma Licenciamento Zero: simplificar o regime de exercício de diversas atividades económicas, através da criação de um regime simplificado para a instalação e a modificação de estabelecimentos de restauração ou de bebidas, de comércio de bens, de prestação de serviços ou de armazenagem, e da eliminação de licenciamentos habitualmente conexos com aquelas atividades económicas e que são fundamentais ao seu exercício, como é o caso da ocupação do espaço público.

Ora, para que o diploma do Licenciamento Zero possa lograr cumprir esse objetivo é fundamental que o facto de o município não exercer o seu poder regulamentar ou não o fazer num prazo razoável desde a entrada em vigor do diploma não impeça a aplicação do regime simplificado de ocupação do espaço público nele previsto. Para o efeito, a solução encontrada pelo legislador foi criar um regime subsidiário, que se aplicará nas situações atrás referidas, garantindo, assim, que todos os cidadãos e empresas beneficiem do regime simplificado prescrito no Licenciamento Zero. Os critérios contidos nesse regime subsidiário são semelhantes aos que constavam de muitos regulamentos sobre a ocupação do domínio público municipal então em vigor representando, de certo modo, o maior denominador comum do que neles estava previsto.

Aliás, é ainda por causa da importância que o regime simplificado de ocupa-ção de espaço público tem para a concretização dos objetivos do diploma do Licenciamento Zero que no nº 5 do artigo 2º se determina que esse regime se aplica aos *estabelecimentos onde se realize qualquer atividade económica,* e não apenas aos estabelecimentos de restauração ou de bebidas, de comércio de bens, de prestação de serviços ou de armazenagem.

Contudo, entendemos que a existência de um regime subsidiário não representa um incentivo para que os *municípios deixem de elaborar os seus próprios regulamentos sobre a ocupação do espaço público.* Ninguém melhor do que o titular desse espaço, ou seja, o município, sabe quais são os critérios que devem presidir à sua ocupação, nomeadamente porque esses critérios serão sempre uma expressão da política municipal de ordenamento do território, de rentabilização económica dos bens do domínio público municipal e da sua estratégia de simplificação administrativa. O próprio legislador também assim o entendeu ao estipular que compete aos municípios a elaboração de critérios em matéria de ocupação do espaço público e ao estabelecer que o regime simplificado de ocupação do espaço público que consta do anexo IV do diploma do Licenciamento Zero *é meramente subsidiário e não imperativo.*

3. Na ocupação do espaço público para os fins previstos no artigo 10º do regime do Licenciamento Zero, o interessado deve observar não só os critérios definidos pelos municípios (nº 1 do artigo 11º), mas também critérios adicionais que sejam eventualmente elaborados por entidades com jurisdição sobre a área do espaço público a ocupar (nº 5 do artigo 11º). Trata-se de entidades que, em regra, se pronunciam em razão da localização da área de espaço público a ocupar – área de servidão, de um imóvel classificado, etc. Portanto, nos casos em que haja competência concorrente entre as autarquias locais e outras entidades, designadamente, as elencadas nas alíneas *a)* a *f)* do nº 5, também estas entidades podem elaborar critérios relativos à ocupação do espaço público prevista no artigo 10º, desde que nisso tenham um interesse relevante.

Caso as entidades com jurisdição sobre a área do espaço público a ocupar elaborem critérios adicionais, estes devem ser comunicados à Direção-Geral das Autarquias Locais e aos Municípios, a fim de serem incorporados nos respetivos regulamentos (cfr. nº 6 deste mesmo artigo). A incorporação de critérios adicionais nos respetivos regulamentos municipais deve ser enxertada na tramitação preceituada para a sua elaboração, nos termos dos artigos 114º a 119º do Código do Procedimento Administrativo, não dispondo, neste caso, os municípios de nenhum poder para os não integrar.

É *condição de eficácia dos critérios adicionais acima referidos a sua disponibilização no* «Balcão do empreendedor» (cfr. nº 7 do presente artigo).

Em suma, apesar de outras entidades para além dos municípios poderem elaborar critérios adicionais, garante-se ao titular da exploração do estabelecimento que: i) todas as obrigações em matéria de ocupação do espaço público para os fins previstos no artigo 10º do regime do Licenciamento Zero estão consolidadas num único documento, isto é, no regulamento municipal respeitante a ocupação do espaço público; ii) as obrigações só são eficazes depois de disponibilizadas no «Balcão do empreendedor» (nºs 6 e 7 do artigo 11º).

Deste modo, concentrando toda a informação num único documento e num ponto único de contacto eletrónico, com a garantia adicional de que se a mesma não se encontrar aí disponível não é eficaz, melhora-se a transparência do regime e facilita-se o cumprimento de obrigações e/ou exercício de direitos, (para mais desenvolvimentos sobre este ponto, cfr. anotação ao artigo 3º).

Artigo 12º – Regimes aplicáveis à ocupação do espaço público

1 – Sem prejuízo dos critérios definidos pelo município nos termos do artigo anterior, aplica-se o regime da mera comunicação prévia à declaração referida no nº 1 do artigo 10º se as características e localização do mobiliário urbano respeitarem os seguintes limites:

a) No caso dos toldos e das respetivas sanefas, das floreiras, das vitrinas, dos expositores, das arcas e máquinas de gelados, dos brinquedos mecânicos e dos contentores para resíduos, quando a sua instalação for efetuada junto à fachada do estabelecimento;

b) No caso das esplanadas abertas, quando a sua instalação for efetuada em área contígua à fachada do estabelecimento e a ocupação transversal da esplanada não exceder a largura da fachada do respetivo estabelecimento;

c) No caso dos guarda-ventos, quando a sua instalação for efetuada junto das esplanadas, perpendicularmente ao plano marginal da fachada e o seu avanço não ultrapassar o da esplanada;

d) No caso dos estrados, quando a sua instalação for efetuada como apoio a uma esplanada e não exceder a sua dimensão;

e) No caso dos suportes publicitários:

i) Quando a sua instalação for efetuada na área contígua à fachada do estabelecimento e não exceder a largura da mesma; ou

ii) Quando a mensagem publicitária for afixada ou inscrita na fachada ou em mobiliário urbano referido nas alíneas anteriores.

2 – A mera comunicação prévia referida no número anterior consiste numa declaração que permite ao interessado proceder imediatamente à ocupação do espaço público, após o pagamento das taxas devidas.

3 – Sem prejuízo de outros elementos identificados em portaria dos membros do Governo responsáveis pelas áreas da modernização administrativa, das autarquias locais e da economia, a mera comunicação prévia referida nos números anteriores contém:

a) Os dados referidos nas alíneas *a*) a *c*) do nº 3 do artigo 4º;

b) A indicação do fim pretendido com a ocupação do espaço público;

c) A identificação das características e da localização do mobiliário urbano a colocar;

d) A declaração do titular da exploração de que respeita integralmente as obrigações legais e regulamentares sobre a ocupação do espaço público.

4 – Aplica-se o regime da comunicação prévia com prazo à declaração prevista no nº 1 do artigo 10º, no caso de as características e a localização do mobiliário urbano não respeitarem os limites referidos no nº 1.

5 – A comunicação prévia com prazo referida no número anterior consiste numa declaração que permite ao interessado proceder à ocupa-

ção do espaço público, quando o presidente da câmara municipal territorialmente competente emita despacho de deferimento ou quando este não se pronuncie após o decurso do prazo de 20 dias, contado a partir do momento do pagamento das taxas devidas.

6 – A comunicação prevista no número anterior é efetuada no «Balcão do empreendedor», sendo a sua apreciação da competência do presidente da câmara municipal, podendo ser delegada:

a) Nos vereadores, com faculdade de subdelegação; ou

b) Nos dirigentes dos serviços municipais.

7 – O titular da exploração do estabelecimento é obrigado a manter atualizados todos os dados comunicados, devendo proceder a essa atualização no prazo máximo de 60 dias após a ocorrência de qualquer modificação, salvo se esses dados já tiverem sido comunicados por força do disposto no nº 4 do artigo 4º

8 – Sem prejuízo da observância dos critérios definidos nos termos do artigo anterior, a mera comunicação prévia ou o deferimento da comunicação prévia com prazo, efetuadas nos termos do artigo 10º, dispensam a prática de quaisquer outros atos permissivos relativamente à ocupação do espaço público, designadamente a necessidade de proceder a licenciamento ou à celebração de contrato de concessão.

9 – O disposto no número anterior não impede o município de ordenar a remoção do mobiliário urbano que ocupar o espaço público quando, por razões de interesse público devidamente fundamentadas, tal se afigure necessário.

COMENTÁRIO

1. **Os regimes aplicáveis à ocupação do espaço público para os fins previstos no nº 1 do artigo 10º**
2. **O regime da mera comunicação prévia em matéria de ocupação do espaço público**
3. **Âmbito de aplicação do regime de mera comunicação prévia e o poder regulamentar dos municípios em matéria de ocupação do espaço público para os fins do artigo 10º**
4. **O regime da comunicação prévia com prazo em matéria de ocupação do espaço público**
5. **Âmbito de aplicação do regime de comunicação prévia com prazo**

6. A mera comunicação prévia, a comunicação prévia com prazo e a dispensa da prática de atos administrativos permissivos relativamente à ocupação do espaço público
7. A remoção do mobiliário urbano que ocupe o espaço público em casos justificados pelo interesse público
8. Quadro III – Regimes de ocupação do espaço público

1. À ocupação do espaço público para os fins previstos no nº 1 do artigo 10º pode ser aplicado o regime de mera comunicação prévia (nº 1 do artigo 12º) ou de comunicação prévia com prazo (nº 4 do artigo 12º), consoante as características e a localização do mobiliário urbano respeitarem ou não os limites estabelecidos no nº 1 do deste artigo.

Importa começar por elencar os pontos comuns destes dois regimes:

i) Em ambos, o interessado na exploração do estabelecimento deve utilizar o «Balcão do empreendedor» para declarar que pretende utilizar o espaço público (nº 1 do artigo 10º e nº 6 do artigo 12º);

ii) A declaração referida no ponto anterior é instruída com os mesmos elementos, quer se trate de mera comunicação prévia ou de comunicação prévia com prazo (nº 3 do artigo 12º regime do Licenciamento Zero, nº 2 do artigo 2º e nº 1 e 4 do artigo 3º ambos da Portaria nº 239/2011, de 21 de junho);

iii) O interessado na exploração do estabelecimento só pode utilizar o regime de mera comunicação prévia ou de comunicação prévia com prazo se pretender ocupar o espaço público para os fins previstos no nº 1 do artigo 10º (nº 1 e 4 do artigo 12º);

iv) A ocupação do espaço público só é permitida após o pagamento das taxas devidas (nº 2 e 5 do artigo 12º);

v) O titular da exploração do estabelecimento é obrigado a manter atualizados todos os dados comunicados quer por via de mera comunicação prévia ou de comunicação prévia com prazo (nº 7 do artigo 12º);

vi) Tanto a mera comunicação prévia como a comunicação prévia com prazo dispensam a prática de quaisquer outros atos permissivos relativamente à ocupação do espaço público (nº 8 do artigo 12º);

vii) Sempre que razões de interesse público o determinem, o município, pode ordenar a remoção do mobiliário urbano que ocupe o espaço público quer a sua instalação tenha sido declarada através de uma mera comunicação prévia ou de uma comunicação prévia com prazo (nº 9 do artigo 12º).

2. A mera comunicação prévia *"consiste numa declaração que permite ao interessado proceder imediatamente à ocupação do espaço público, após o pagamento das taxas devidas"* (cfr. nº 2 do artigo 12º). Apesar de permitir a ocupação imediata do espaço público, sem necessidade da prática de qualquer ato permissivo por parte do município ou de outras entidades com jurisdição sobre a área a ocupar, na verdade, a mera comunicação prévia pressupõe dois momentos que são necessariamente anteriores a essa ocupação: i) o da submissão de uma declaração, instruída nos termos do nº 3 do artigo agora em análise, através do «Balcão do empreendedor»; ii) o do pagamento das taxas devidas.

A referida declaração (mera comunicação prévia) de ocupação do espaço público é instruída com os elementos que constam do nº 3 deste artigo 12º e do nº 2 do artigo 2º da Portaria nº 239/20011, de 21 de junho (Para uma visão esquemática dos documentos instrutórios das comunicações prévias consagradas no regime do Licenciamento Zero cfr. Quadro IV constante da anotação ao artigo 15º).

Os que constam do nº 3 deste artigo 12º são:

a) Os dados referidos nas alíneas *a)* a *c)* do nº 3 do artigo 4º do regime do Licenciamento Zero, que permitem a i*dentificação do titular da exploração do estabelecimento,* com a menção do nome ou da firma e do número de identificação fiscal; o endereço da sede da pessoa coletiva ou do empresário em nome individual; o endereço do estabelecimento ou armazém e o respetivo nome ou insígnia;

b) A indicação do *fim* pretendido com a ocupação do espaço público, que apenas pode ser um dos que constem do nº 1 do artigo 10º do regime do Licenciamento Zero;

c) As *características* e a *localização do mobiliário urbano* a instalar. Por exemplo, quando se trata de um toldo, entre as suas características estarão, certamente a respetiva cor, a largura, o avanço e a distância do solo; e a sua localização, por força do disposto na alínea *a)* do nº 1 do artigo 12º, terá que ser junto à fachada do estabelecimento, devendo especificar-se concretamente onde fica nessa fachada. A informação fornecida ao abrigo deste ponto dependerá dos critérios fixados pelos municípios e/ou pelas entidades com jurisdição sobre a área do domínio público a ocupar;

d) A *declaração do titular da exploração de que respeita integralmente as obrigações legais e regulamentares sobre a ocupação do espaço público.* Nos termos da alínea *a)* do nº 1 do artigo 28º do regime do Licenciamento Zero, caso a declaração atrás mencionada não corresponda à verdade, a sua emissão constitui uma contraordenação punível com coima que varia entre € 500 a € 3500, tratando-se de pessoa singular, ou de € 1500 a € 25000, no caso de pessoa coletiva, sem prejuízo da punição pela prática de crime de falsas declarações e do disposto noutras disposições legais (sobre o regime sancionatório, cfr, *infra* anotação ao artigo 28º). Este elemento da instrução da mera comunicação prévia representa mais uma das evidências da filosofia subjacente ao regime do Licenciamento Zero: a confiança depositada na iniciativa económica do cidadão tem como consequência a sua maior responsabilização. (Para mais desenvolvimentos sobre o paradigma subjacente ao regime do Licenciamento Zero em matéria de ocupação de espaço público, cfr. Maria Manuel Leitão Marques e Mariana Maia Rafeiro, «Licenciamento Zero e Espaço Público», in *Revista de Direito Regional e Local*, nº 16, outubro/dezembro, 2011, p. 13 e ss).

Os *elementos adicionais* que constam do nº 2 do artigo 2º da Portaria nº 239/2011, de 21 de junho, são:

a) O código de acesso à certidão permanente do registo comercial, caso se trate de pessoa coletiva sujeita a registo comercial;

b) O consentimento de consulta da declaração de início ou de alteração de atividade, caso se trate de pessoa singular.

Antes da ocupação efetiva do espaço público é ainda necessário proceder ao *pagamento das taxas*, se houver lugar à sua liquidação. A possibilidade legal de o município cobrar taxas pela utilização privativa de bens do domínio público das autarquias locais resulta do artigo 3º da Lei nº 53-E/2006, de 29 de dezembro, que aprova o regime geral das taxas das autarquias locais, onde é estipulado que *"as taxas das autarquias locais são tributos que assentam (...) na utilização privada de bens do domínio público e privado das autarquias locais (...)"*. Fixa-se ainda, na alínea *c)* do nº 1 do artigo 6º do mesmo diploma, que as taxas municipais incidem sobre as utilidades prestadas aos particulares, designadamente, *"pela utilização e aproveitamento de bens do domínio público e privado municipal"*.

Para que os municípios possam cobrar taxas, é necessário que aquelas sejam criadas por regulamento aprovado pelo órgão deliberativo respetivo (cfr. artigo 8º da Lei nº 53-E/2006, de 29 de dezembro).

Não é provável que os municípios decidam isentar do pagamento de taxas a ocupação do espaço público, mas são livres de o fazer. A decisão dos municípios sobre esta questão, tanto no que diz respeito ao montante das taxas a cobrar, como a uma eventual isenção, deve refletir a sua política em matéria de ordenamento do território, estética e dinamização urbana, e rentabilização do respetivo domínio público. Essa política pode conduzir, por exemplo, à cobrança de taxas apenas por determinado tipo de ocupações do espaço público, por uma esplanada, mas não por uma floreira, ou à isenção do pagamento de taxas para quem utilize mobiliário urbano com determinadas características ou o instale em determinadas zonas que o município pretenda dinamizar.

3. O regime da mera comunicação prévia em matéria de ocupação de espaço público tem o seu âmbito delimitado pelas alíneas constantes do nº 1 deste artigo 12º (cfr. Quadro III *Regimes de ocupação do espaço público*, no final desta anotação). Aí estabelece-se que se aplica o regime de mera comunicação prévia *sempre* que as características e a localização do mobiliário urbano respeitem os limites constantes das alíneas *a)* a *e)*. Por conseguinte, *não podem os municípios, nem quaisquer outras entidades com jurisdição sobre a área ocupada, determinar um regime distinto daquele.*

Aliás, entendemos que tal também seria vedado por força do Decreto-Lei nº 92/2010, de 26 de julho, que transpôs a «Diretiva de Serviços» para o ordenamento jurídico português, tratando-se, como é o caso, de finalidades intrinsecamente conexas ao exercício da atividade do titular do estabelecimento a que é possível aplicar o regime da mera comunicação prévia.

Assim, em sede de interpretação deste artigo 12º não pode deixar de voltar a convocar-se o artigo 9º do Decreto-Lei nº 92/2010, referido na anotação ao artigo 1º, onde se estipula que a criação de um regime jurídico que estabeleça uma permissão administrativa para o exercício de uma atividade de serviços depende das seguintes condições: i.) o objetivo visado com essa permissão não poder ser alcançado através de um meio administrativo menos restritivo, nomeadamente através de um regime de mera comunicação prévia que permita o exercício imediato da atividade; ii.) a sua existência e as suas formalidades encontrarem-se previstas na lei de forma clara e inequívoca; iii.) a existência dessa permissão administrativa tem que ser absolutamente indispensável; iv.) a sua adoção ser justificada, de forma proporcional, por uma imperiosa razão de interesse público, que esteja prevista no artigo 30º desse diploma.

Ora, tais condições não estão de todo reunidas nos casos em que as características e a localização do mobiliário urbano respeitem os limites estipulados nas alíneas do nº 1 do artigo 12º, razão pelo qual o regime determinado foi o de mera comunicação prévia e não o de uma permissão administrativa.

Diferente seria se os municípios e as entidades com jurisdição sobre a área ocupada pretendessem *alargar o regime de mera comunicação prévia aos casos em que o mobiliário urbano não tem as características ou a localização estabelecida nas alíneas do nº 1 do artigo 12º*, visto que tanto o regime do Licenciamento Zero como o artigo 9º do Decreto-Lei nº 92/2010, de 26 de julho, *impedem apenas a criação de regimes administrativos mais restritivos, e não o alargamento do âmbito de aplicação dos meios administrativos menos restritivos.* Pelo contrário, preconiza-se que se recorra a um regime de mera comunicação prévia, sempre que possível, de modo a permitir o acesso imediato a uma atividade de serviços e o seu exercício.

Em suma, para fins de ocupação do espaço público aplica-se o regime da mera comunicação prévia nos casos em que o mobiliário urbano elencado nas alíneas do nº 1 do artigo 10º respeitar os limites que constam do nº 1 deste artigo 12º, quanto às suas características e localização.

Todavia, a redação do nº 1 deste artigo 12º não é exaustiva no que se refere às características e à localização a que deve obedecer o mobiliário urbano para fins de sujeição ao regime de mera comunicação prévia. Permite-se que os municípios e/ou entidades com jurisdição sobre a área ocupada por aquele mobiliário urbano possam definir ou concretizar, por via regulamentar, tanto as características como a localização. Veja-se o exemplo do toldo, no Anexo II ao regime do Licenciamento Zero consta uma definição de toldo, na qual são enumeradas apenas algumas das suas características. Os municípios e as entidades com competência para o efeito podem fixar características adicionais a que o toldo deva obedecer para beneficiar do regime de mera comunicação prévia, como por exemplo a sua cor. O mesmo se diga quanto à localização. Na alínea *b)* e no I. da alínea *e)* utiliza-se a expressão *"área contígua"*, sem que a mesma seja concretizada nessas alíneas ou em qualquer outra disposição do regime do Licenciamento Zero, pelo que os municípios e/ou as entidades com competência para o efeito (por exemplo, a responsável pelo património cultural) podem concretizá-la, determinando, por exemplo, que seja a área *imediatamente* após a fachada do estabelecimento ou na sua proximidade.

Reiteramos que *os municípios e as entidades com competência para o efeito não devem concretizar as características e a localização do mobiliário urbano previstas nas alíneas do nº 1 deste artigo 12º de tal forma que esvaziem a aplicação do regime regra de mera comunicação prévia* e o convertam num regime regra de comunicação prévia com prazo. É necessário que tenham presente que o exercício do seu poder regulamentar está limitado, como já frisámos anteriormente, pelo disposto no artigo 9º e 30º do Decreto-Lei nº 92/2010, de 26 de julho, isto é, pela obrigação de recorrer ao meio administrativo menos restritivo.

Caso os municípios optem por não elaborar regulamentos sobre ocupação do espaço público para os fins do nº 1 do artigo 10º, nem sejam elaborados critérios adicionais pelas entidades com jurisdição sobre a área ocupada, então as características e a localização do mobiliário urbano para efeito de aplicação do regime da mera comunicação prévia são as que resultam da leitura conjugada das alíneas *a)* a *e)* do nº 1 do artigo 12º com o Anexo IV do regime do Licenciamento Zero.

4. A comunicação prévia com prazo «*consiste numa declaração que permite ao interessado proceder à ocupação do espaço público, quando o presidente da câmara municipal territorialmente competente emita despacho de deferimento ou quando este não se pronuncie após o decurso do prazo de 20 dias, contado a partir do momento do pagamento das taxas devidas*» (cfr. nº 5 do artigo 12º).

O conceito de *comunicação prévia com prazo* pressupõe três momentos que são anteriores à efetiva ocupação do espaço público: i.) o da submissão de uma declaração, instruída nos termos do nº 1 e 4 do artigo 3º da Portaria nº 239/2011, de 21 de junho; ii.) o da emissão despacho de deferimento ou deferimento tácito após o decurso de um prazo de 20 dias; iii.) o do pagamento das taxas devidas.

Os *elementos que devem instruir a declaração de ocupação do espaço público*, no regime de comunicação prévia com prazo, são os que constam do nº 1 e do nº 4 do artigo 3º da Portaria nº 239/20011, de 21 de junho, a saber:

a) A identificação do titular da exploração do estabelecimento ou do prestador de serviços com menção do nome ou da firma e do número de identificação fiscal; o endereço da sede da pessoa coletiva ou do empresário em nome individual; o endereço do estabelecimento ou armazém e o respetivo nome ou insígnia, quando aplicável; o código de acesso à certidão permanente do registo comercial, caso se trate de pessoa coletiva sujeita a registo comercial; o consentimento de consulta da declaração de início ou de alteração de atividade, caso se trate de pessoa singular (nº 1 do artigo 3º da Portaria nº 239/2011, de 21 de *junho);*

b) A indicação do fim pretendido com a ocupação do espaço público, que apenas pode ser um dos que constem do nº 1 do artigo 10º do regime do Licenciamento Zero;

c) A identificação das características e da localização do mobiliário urbano a colocar, as quais por força do disposto no nº 4 do artigo 12º ora em apreciação não respeitam os limites referidos no nº 1 daquele artigo;

d) A declaração do titular da exploração de que respeita integralmente as obrigações legais e regulamentares sobre a ocupação do espaço público (para mais desenvolvimentos cfr. ponto 2. *d*) da presente anotação).

A *comunicação prévia com prazo* para fins de ocupação do espaço público é feita no «Balcão do empreendedor», ao abrigo do nº 6 do artigo 12º do regime do Licenciamento Zero (cfr. anotação ao artigo 3º do regime do Licenciamento Zero).

Após a submissão da declaração devidamente instruída haverá lugar à *emissão de despacho de deferimento ou ao deferimento tácito decorrido um prazo de 20 dias.*

O legislador determinou que cabe à entidade com competência territorial para o efeito apreciar se a pretensão formulada pelo interessado pode ou não ser deferida, sempre que o mobiliário urbano elencado nas alíneas do nº 1 do artigo 10º do regime do Licenciamento Zero não respeite os limites fixados por lei, quanto às suas características e/ou localização. Portanto, *consagrou-se uma solução legal que abrange todas as formas de ocupação do espaço público que utilizem o mobiliário urbano enumerado no nº 1 do artigo 10º*. Para o efeito, padronizaram-se as características e a localização mais habituais daquele mobiliário, sujeitando-o a um regime regra de mera comunicação prévia. Sempre que o mobiliário urbano que se pretende instalar tenha características e/ou uma localização diferente da padronizada, essa instalação fica sujeita a um regime subsidiário de comunicação prévia com prazo, isto é, o exercício dessa atividade pelo titular da exploração do estabelecimento fica dependente de uma permissão administrativa. Neste caso, ela é justificada visto estar em causa a utilização privativa de uma área pertencente ao domínio público das autarquias locais num formato distinto do que foi previamente definido por lei, devendo sobre essa pretensão pronunciar-se o presidente da câmara municipal com competência territorial para o efeito.

Contudo, para que, ainda assim, o exercício da atividade do titular da exploração do estabelecimento não fique condicionado de uma forma desproporcionada e excessiva, nos casos de comunicação prévia com prazo, se o presidente da câmara municipal, ou em quem ele delegar a sua competência (alíneas *a)* e *b)* do nº 6 do artigo 12º), não se pronunciar após o decurso do prazo de 20 dias *atribui-se a esse silencio o valor de deferimento tácito*, podendo o interessado proceder à ocupa-ção do espaço público nos termos da sua declaração (cfr. artigo 109º do CPA).

Por fim, deve o interessado proceder ao *pagamento das taxas devidas* (cfr. ponto 3 da anotação a este artigo, sobre o pagamento de taxas na mera comunicação prévia). No *caso do regime da comunicação prévia com prazo*, os municípios estão legalmente habilitados a *cobrar duas taxas*: uma com fundamento idêntico àquela que é cobrada quando a ocupação do espaço público é feita ao abrigo do regime da mera comunicação prévia, isto é, *baseada na utilização privativa de uma área do domínio público das autarquias locais* (cfr. artigo 3º e alínea *c)* do nº 1 do artigo 6º ambos da Lei nº 53-E/2006, de 29 de dezembro); e *outra taxa devida pelo serviço prestado pelo município ao apreciar a declaração de ocupação do espaço público relativa à comunicação prévia com prazo*, podendo essa apreciação conduzir a um despacho de deferimento ou a um deferimento tácito e, consequentemente, remover um obstáculo jurídico ao comportamento dos particulares (cfr. artigo 3º e alínea *b)* do nº 1 do artigo 6º ambos da Lei nº 53-E/2006, de 29 de dezembro). Note-se que mesmo nos casos de indeferimento, o município satisfez a pretensão do particular visto que a apreciou em prazo, pelo que entendemos haver aqui uma habilitação legal para cobrar uma taxa (alínea *b)* do nº 1 do artigo 6º da Lei nº 53-E/2006, de 29 de dezembro).

A própria redação do nº 5 do artigo 12º é consonante com a existência de duas taxas, pagas em momentos distintos. De facto, não seria possível que o prazo para o deferimento da declaração relativa à comunicação prévia com prazo começasse a ser contado a partir do pagamento de uma taxa devida pela utilização privativa do domínio público das autarquias locais, uma vez que essa utilização ainda não se iniciou e pode mesmo não vir a ser permitida. Contra esta argumentação, pode defender-se que os municípios poderiam cobrar a taxa devida pela ocupação privativa do espaço público no momento da submissão da declaração da comunicação prévia com prazo e, ulteriormente, caso aquela fosse indeferida, devolver a taxa liquidada. Todavia, face a todos os constrangimentos burocráticos que tal solução implicaria e, sobretudo, uma vez que à data da cobrança efetiva da taxa o sinalagma em que ela se baseia não se verifica, entendemos que no nº 5 do artigo 12º, o legislador optou por remeter o despoletar da contagem do prazo para emissão do despacho de deferimento, indeferimento ou de deferimento tácito para o momento do pagamento da taxa devida pela apreciação da pretensão formulada pelo particular. Essa sim deve ser paga no momento da submissão da comunicação prévia com prazo. Só depois de aquela apreciação originar um deferimento, expresso ou tácito, é que se materializa o sinalagma que justifica que o particular possa pagar mais uma taxa, agora devida pela utilização privativa de uma área pertencente ao domínio público das autarquias locais.

Para que as taxas municipais acima referidas possam ser cobradas é necessário, que sejam criadas por regulamento aprovado pelo órgão deliberativo respetivo (cfr. artigo 8º da Lei nº 53-E/2006, de 29 de dezembro).

5. O regime da comunicação prévia com prazo é, como se disse, um regime de permissão administrativa. As permissões administrativas, segundo o nº 1 do artigo 8º do Decreto-Lei nº 92/2010, de 26 de julho, são *"atos ou contratos administrativos que visam possibilitar o acesso ou o exercício de uma atividade de serviços nos casos em que essa atividade não possa ser prestada livremente ou através de uma mera comunicação prévia e consubstanciam-se, designadamente, em licenças, autorizações, validações, autenticações, certificações, atos emitidos na sequência de comunicações prévias com prazo e registos"*.

A existência de um regime de permissão administrativa e as respetivas formalidades têm que estar previstas na lei de forma clara e inequívoca (cfr. alínea *b)* do nº 1 do artigo 9º do Decreto-Lei nº 92/2010, de 26 de julho), ora tal acontece no nº 4 deste artigo 12º que delimita o âmbito de aplicação do regime da comunicação prévia com prazo em matéria de ocupação de espaço público. Assim, sempre que as características e a localização do mobiliário urbano elencado no nº 1 do artigo 10º não respeitarem os limites do nº 1 do artigo 12º, aplica-se o regime de comunicação prévia com prazo.

O âmbito de aplicação do regime da comunicação prévia com prazo está ainda condicionado pelos critérios estipulados nos regulamentos municipais sobre ocupação de espaço público e pelos critérios adicionais elaborados pelas entidades com jurisdição sobre a área ocupada ou, caso esses critérios não sejam elaborados, pelo anexo IV do regime do Licenciamento Zero.

A doutrina tem feito algumas críticas à possibilidade de apreciação, pela Administração, prevista no caso das comunicações prévias com prazo, considerando-as demasiado latas, por incorporarem «um conjunto de requisitos dotados de elevada indeterminação» se tiverem por referente as previstas em lei especial, porquanto a lei permite agora que se dispense por ato administrativo outras disposições que estão no "ranking" legislativo. A que acresce um conflito putativo no decurso do procedimento de controlo sucessivo, em sede de fiscalização, uma vez que o município dispensa requisitos que depois não controla, já que as competências de fiscalização relativas ao exercício da atividade encontram-se cometidas à ASAE (artigo 25º). Contudo, note-se que todos os atos praticados ao abrigo do artigo 5º têm de ser divulgados no «Balcão do empreendedor» (artigo 5º, nº 7), a que aquela Autoridade tem acesso, não podendo, por isso, exigir ao titular da exploração o cumprimento de requisitos de que ele foi previamente dispensado pelo município. Sobre as críticas ao regime de dispensa de requisitos na comunicação prévia com prazo referente à ocupação do espaço público, cfr. Dulce LOPES, "Repercussões do licenciamento Zero na gestão urbanística municipal", Revista de Direito Regional e Local, nº 17, janeiro/março, de 2012.

6. Na esteira do preceituado nos artigos 9º e 30º do Decreto-Lei nº 92/2010, de 26 de julho, não subsiste qualquer margem para dúvidas que *a mera comunicação prévia ou o deferimento da comunicação prévia com prazo, para fins de ocupação de espaço público, dispensam a prática de quaisquer outros atos permissivos, designadamente a necessidade de proceder a licenciamento ou à celebração de contrato de concessão.* Assim ainda que caiba aos municípios e às entidades com jurisdição sobre as áreas ocupadas o poder de elaborar critérios que condicionam a ocupação do espaço público feita ao abrigo do artigo 10º, da aplicação de tais critérios nunca pode resultar a imposição de outras permissões administrativas ao titular da exploração de um estabelecimento em matéria de ocupação do espaço público. Daí a referência expressa no nº 8 do artigo 12º à dispensa da prática de quaisquer outros atos permissivos relativamente à ocupação do espaço público, destacando-se o licenciamento e a celebração de contrato de concessão porque são os dois meios administrativos tipicamente utilizados para a aquisição de direitos de uso privativo do domínio público (cfr. artigo 27º do Decreto-Lei nº 280/2007, de 7 de agosto).

7. Por razões de interesse público devidamente fundamentadas, o município pode ordenar a *remoção do mobiliário urbano* que ocupar o espaço público, quando tal se afigure necessário. Essa ordem de remoção pode ser utilizada quer o mobiliário urbano ocupe o espaço público ao abrigo do regime da mera comunicação prévia ou da comunicação prévia com prazo.

A razão de ser do nº 9 do artigo 12º do regime do Licenciamento Zero está relacionada com a vocação do domínio público. Na verdade, como vimos supra, o critério da dominialidade propugnado por Marcello Caetano, ainda hoje seguido pela doutrina e jurisprudência portuguesas, é o da utilidade pública, isto é, a aptidão das coisas para a satisfação de necessidades coletivas (cfr anotação ao artigo 10º).

Logo, compreende-se que em determinadas situações, a necessidade de satisfação de necessidades coletivas prevaleça sobre a utilização privativa do espaço público, ainda que essa ocupação esteja a ser feita em obediência ao estipulado na lei (nº 2 e 4 do artigo 12º) e aos critérios definidos pelos municípios, bem como aos critérios adicionais definidos pelas entidades com jurisdição sobre o local ocupado.

De acordo com Gomes Canotilho *(Direito Constitucional e Teoria da Constituição,* Coimbra, Almedina, 1998, p.250*)*, o *princípio da confiança* exige que os cidadãos confiem que às decisões públicas incidentes sobre os seus direitos ou posições jurídicas, alicerçadas em normas jurídicas vigentes e válidas, se ligam os efeitos jurídicos previstos e prescritos por essas normas. Por esta razão, estipula-se neste diploma que *a ordem de remoção do mobiliário urbano que ocupa o espaço público, proferida pelo município, para ser válida necessita de ser não só devidamente fundamentada para proteger a confiança do particular, mas também que a sua fundamenta-*

ção se reconduza a razões de interesse público, por só estas justificarem uma derrogação do princípio geral da segurança jurídica e da proteção da confiança.

Em resumo, se for demonstrada e fundamentada a existência de razões de interesse público, numa determinada situação de ocupação do espaço público feita ao abrigo do nº 1 ou do nº 4 do artigo 12º do regime do Licenciamento Zero, cuja satisfação deva, à luz de um juízo de ponderação, prevalecer sobre o interesse privado do particular na manutenção da sua situação jurídica, pode o município ordenar a remoção do mobiliário urbano. Contudo, esta possibilidade deve ser entendida como *excecional* e não ser usada abusivamente, sob pena de violação do princípio geral da segurança jurídica e da proteção da confiança, a que acresce o da proporcionalidade.

8. Quadro III – Regimes de Ocupação do Espaço Público

REGIME / MOBILIÁRIO URBANO	MERA COMUNICAÇÃO PRÉVIA	COMUNICAÇÃO PRÉVIA COM PRAZO	LICENÇA OU CONCESSÃO NOS TERMOS DO REGULAMENTO MUNICIPAL
➢ Esplanadas abertas	• Apoio a um estabelecimento de restauração ou de bebidas e similares ou a empreendimentos turísticos (alínea *f)* do n,º 2 do Anexo II do regime do Licenciamento Zero) • Instalação em área contígua à fachada do estabelecimento • Ocupação transversal da esplanada que não excede a largura da fachada do estabelecimento	• Apoio a um estabelecimento de restauração ou de bebidas e similares ou a empreendimentos turísticos (alínea *f)* do n,º 2 do Anexo II do regime do Licenciamento Zero) ou • Apoio a um estabelecimento onde se realize qualquer atividade económica (nº 5 do artigo 2º do regime do Licenciamento Zero) • E/ou instalação não contígua à fachada do estabelecimento • E/ou ocupação transversal que excede a largura da fachada	• Ocupação do domínio público para outros fins que não os referidos no nº 1 do artigo 10º • Instalação de uma esplanada que não reúna as características de uma esplanada aberta, nomeadamente, com proteções fixas ao solo, implicando a realização de uma obra abrangida pelo RJUE
➢ Toldos e respetivas sanefas ➢ Floreiras ➢ Vitrinas ➢ Expositores ➢ Arcas e máquinas de gelados ➢ Brinquedos mecânicos e equipamentos similares ➢ Contentores para resíduos	• Estabelecimento onde se realize qualquer atividade económica (nº 5 do artigo 2º do regime do Licenciamento Zero) • Instalação junto à fachada do estabelecimento	• Estabelecimento onde se realize qualquer atividade económica (nº 5 do artigo 2º do regime do Licenciamento Zero) • Instalação afastada da fachada do estabelecimento	*Idem*

REGIME / MOBILIÁRIO URBANO	MERA COMUNICAÇÃO PRÉVIA	COMUNICAÇÃO PRÉVIA COM PRAZO	LICENÇA OU CONCESSÃO NOS TERMOS DO REGULAMENTO MUNICIPAL
➢ Guarda-ventos	• Apoio a uma esplanada de um estabelecimento de restauração ou de bebidas e similares ou a empreendimentos turísticos (alínea *f)* do n.º 2 do Anexo II do regime do Licenciamento Zero) • Instalação junto da esplanada, perpendicular ao seu plano marginal • Avanço não superior ao da esplanada	• Apoio a uma esplanada de um estabelecimento de restauração ou de bebidas e similares ou a empreendimentos turísticos (alínea *f)* do n.º 2 do Anexo II do regime do Licenciamento Zero) ou • Apoio a uma esplanada de um estabelecimento onde se realize qualquer atividade económica (nº 5 do artigo 2º do regime do Licenciamento Zero) • E/ou instalação distante da esplanada • E/ou não perpendicular ao plano marginal da esplanada • E/ou avanço superior ao da esplanada	*Idem*
➢ Estrados	• Apoio a uma esplanada de um estabelecimento de restauração ou de bebidas e similares ou a empreendimentos turísticos (alínea *f)* do n.º 2 do Anexo II do regime do Licenciamento Zero) • Dimensão que não excede a dimensão da esplanada	• Apoio a uma esplanada de um estabelecimento de restauração ou de bebidas e similares ou a empreendimentos turísticos (alínea *f)* do n.º 2 do Anexo II do regime do Licenciamento Zero) ou • Apoio a uma esplanada de um estabelecimento onde se realize qualquer atividade económica (nº 5 do artigo 2º do regime do Licenciamento Zero) • E/ou dimensão superior à da esplanada	*Idem*

REGIME / MOBILIÁRIO URBANO	MERA COMUNICAÇÃO PRÉVIA	COMUNICAÇÃO PRÉVIA COM PRAZO	LICENÇA OU CONCESSÃO NOS TERMOS DO REGULAMENTO MUNICIPAL
➢ Suporte publicitário	• Estabelecimento onde se realize qualquer atividade económica (nº 5 do artigo 2º do regime do Licenciamento Zero) • Instalação em área contígua à fachada do estabelecimento • Dimensão que não excede a largura da fachada • Utilizado para inscrever ou afixar uma mensagem publicitária de natureza comercial isenta de licenciamento (alínea *e)* do nº 1 do artigo 10º do regime do Licenciamento Zero) Ou: • Afixação ou inscrição na fachada de uma mensagem publicitária de natureza comercial isenta de licenciamento ou • Afixação ou inscrição em mobiliário urbano, referido nas alíneas do nº 1 do artigo 12º, de mensagem publicitária de natureza comercial isenta de licenciamento	• Estabelecimento onde se realize qualquer atividade económica (nº 5 do artigo 2º do regime do Licenciamento Zero) • E/ou instalação em área não contígua à fachada do estabelecimento • E/ou dimensão que excede a largura da fachada • Utilizado para inscrever ou afixar uma mensagem publicitária de natureza comercial isenta de licenciamento (alínea *e)* do nº 1 do artigo 10º do regime do Licenciamento Zero)	• Utilizado para inscrever ou afixar uma mensagem publicitária de natureza comercial não isenta de licenciamento (nº 3 do artigo 1º da Lei nº 97/88, de 17 de agosto, na redação dada pelo regime do Licenciamento Zero) ou outro tipo de mensagens publicitárias ou de propaganda • E/ou utilização de mobiliário urbano como suporte publicitário que não o referido no nº 1 do artigo 12º

Artigo 13º – Domínio público hídrico, ferroviário e rodoviário

O disposto na presente subsecção não prejudica o regime legal aplicável ao domínio público hídrico, nomeadamente o domínio público hídrico pertencente aos municípios e freguesias estabelecido nas Leis nºs 54/2005, de 15 de novembro, e 58/2005, de 29 de dezembro, bem como o regime legal aplicável ao domínio público ferroviário, estabelecido no Decreto-Lei nº 276/2003, de 4 de novembro, e o regime legal aplicável ao domínio público rodoviário, constante dos Decretos-Leis nºs 13/71, de 23 de janeiro, e 13/94, de 15 de janeiro.

COMENTÁRIO

Âmbito de aplicação

O disposto no artigo 13º do regime do Licenciamento Zero visa harmonizar os vários diplomas legais que incidem sobre o domínio público, ressalvando expressamente que o regime de ocupação do espaço público, preceituado nos artigos 10º a 12º, não impede a aplicação dos diplomas vigentes em matéria de domínio público hídrico, ferroviário e rodoviário. Portanto, se a ocupação do espaço público para algum ou alguns dos fins previstos no artigo 10º implicar a utilização privativa do domínio público hídrico, ferroviário ou rodoviário, prevalecem sobre as regras do Licenciamento Zero as regras que regem a utilização destes bens dominiais.

Note-se, contudo, que este artigo 13º se aplica apenas às situações em que há *ocupação do espaço público* e não a qualquer outra situação regulada pelo regime do Licenciamento Zero, como, por exemplo, a da isenção de licenciamento de determinados tipos de mensagens publicitárias de natureza comercial.

SUBSECÇÃO III – Cadastro comercial

Artigo 14º – Regime de inscrição no cadastro comercial

1 – Os titulares da exploração dos estabelecimentos referidos na alínea *a*) do nº 3 do artigo 2º e os agentes económicos mencionados na alínea *b*) do mesmo artigo estão obrigados a proceder à comunicação eletrónica dos dados necessários à inscrição no cadastro comercial dos seguintes factos:

a) A instalação do estabelecimento comercial;

b) A modificação do estabelecimento comercial;

c) O encerramento do estabelecimento comercial.

2 – A comunicação referida no número anterior deve ser efetuada pelo titular da exploração do estabelecimento até 60 dias após a ocorrência do facto sujeito a inscrição.

3 – O cumprimento da obrigação prevista no nº 1 é efetuado no «Balcão do empreendedor» referido no artigo 3º, devendo para esse efeito ser submetidos os dados mencionados nas alíneas *a*) a *e*) do nº 3 do artigo 4º e ainda a identificação do facto a inscrever.

4 – A inscrição no cadastro comercial não dispensa o cumprimento das obrigações legais e regulamentares aplicáveis ao estabelecimento e constantes do anexo III do presente decreto-lei, do qual faz parte integrante.

5 – O cumprimento das obrigações previstas no artigo 4º pelos titulares da exploração dos estabelecimentos referidos nos nºs 1 e 2 do artigo 2º dispensa o fornecimento de mais informação para efeitos de cadastro comercial.

6 – A obrigação prevista nos números anteriores pode ser dispensada se a informação necessária à inscrição dos factos mencionados no nº 1 puder ser obtida por outra via, em termos a definir por portaria dos membros do Governo responsáveis pelas áreas da modernização administrativa e da economia.

COMENTÁRIO

1. Âmbito
2. Conteúdo do registo
3. Partilha de informação
4. Cumprimento de outras obrigações
5. Organização e conservação do cadastro
6. O registo de atividades já em exercício

1. O cadastro é um registo através do qual visa obter-se um conhecimento rigoroso da atividade comercial em funcionamento efetivo para fundamentar as políticas sobre o comércio, facilitar a fiscalização e também para permitir decisões de investimento mais informadas por parte do setor privado (cfr. também o nº 2 do artigo 21º).

A inscrição no cadastro comercial constitui uma obrigação para os titulares dos estabelecimentos comerciais e para os agentes económicos que exerçam uma atividade comercial a título individual. Trata-se de um mero dever de informação e de colaboração com a Administração, de que aliás os agentes económicos podem ser dispensados se *«a informação necessária à inscrição dos factos mencionados no nº 1 puder ser obtida por outra via»* (nº 6). No se refere aos operadores do setor alimentar, essa obrigação de colaboração decorre também do Regulamento (CE) nº 852/2004 do Parlamento Europeu e do Conselho, de 29 de abril de 2004, relativo à higiene dos géneros alimentícios.

Corresponde a uma obrigação que deve ser cumprida no momento da instalação, da modificação e do encerramento, num *prazo máximo* de 60 dias após a ocorrência de qualquer daquelas situações (nº 2).

Os conceitos de instalação, de modificação e de encerramento de estabelecimentos (e, por analogia, de atividade comercial exercida a título individual) estão definidos nas alíneas *a)* e *b)* do nº 7 do artigo 4º. Assim, como referimos na anotação ao artigo 4º, entende-se por:

i) instalação «a ação desenvolvida tendo em vista a abertura de um estabelecimento, com o objetivo de nele ser exercida uma atividade de restauração ou de bebidas, de comércio de bens ou de prestação de serviços, ou o funcionamento de um armazém»;

ii) modificação, «a alteração do ramo de atividade de restauração ou de bebidas, de comércio de bens ou de prestação de serviços, a ampliação ou redução da área de venda ou de armazenagem, a mudança de nome ou de insígnia, ou a alteração da entidade titular da exploração»;

iii) encerramento, «a cessação do exercício de atividade de restauração ou de bebidas, de comércio de bens ou de prestação de serviços num estabelecimento ou o fecho de um armazém».

Os *estabelecimentos de comércio por grosso e a retalho* abrangidos por esta obrigação são os referidos na Lista F do anexo I. As *atividades comerciais sem estabelecimento* sujeitas à obrigação de cadastro são as referidas na Lista G do anexo I, onde se incluem o comércio a retalho em feiras e mercados, o comércio a retalho por correspondência, o comércio a retalho eletrónico e qualquer outro comércio a retalho efetuado por outros métodos. Excetuam-se os agentes económicos que exerçam uma atividade comercial ao abrigo da liberdade de prestação de serviços, nos termos do artigo 4º do Decreto-Lei nº 92/2010, de 26 de julho, ou seja, prestadores de serviços estabelecidos noutro Estado-Membro, os quais podem livremente exercer a sua atividade e prestar os seus serviços no território português, sem necessidade de se registarem no cadastro.

2. A informação a registar no cadastro é a referida nas alíneas. *a)* a *e)* do nº 3 do artigo 4º, ou seja:

a) «*A identificação do titular da exploração do estabelecimento, com menção do nome ou firma e do número de identificação fiscal;*

b) O endereço da sede da pessoa coletiva ou do empresário em nome individual;

c) O endereço do estabelecimento ou armazém e o respetivo nome ou insígnia;

d) A CAE das atividades que são desenvolvidas no estabelecimento, bem como outra informação relevante para a caracterização dessas atividades, designadamente a área de venda e de armazenagem do estabelecimento ou armazém, as secções acessórias existentes, o número de pessoas ao serviço, o tipo de localização e o método de venda;

e) A data de abertura ao público do estabelecimento ou de início de exploração do armazém».

Além da comunicação da data de abertura, expressamente referida na alínea *e)*, devem também ser comunicadas as datas em que ocorreram a *modificação* ou o *encerramento*.

3. O registo no cadastro é feito eletronicamente através do «Balcão do empreendedor» (cfr. anotação ao artigo 3º). Em qualquer das situações já mencionadas, poderá ser utilizada para fins deste registo a informação que já tenha sido declarada para outros efeitos naquele balcão, usando um formulário dinâmico (nº 5). Ou seja, reflete-se aqui o princípio de que o cidadão não deve ser obrigado a fornecer ao Estado a mesma informação mais do que uma vez, devendo o Estado organizar-se para a reaproveitar e partilhar, poupando ao particular esse custo administrativo.

O legislador deixou claro este princípio ao referir, no nº 5 deste mesmo artigo, que o cumprimento das obrigações previstas no artigo 4º pelos titulares da exploração dos estabelecimentos referidos nos nºs 1 e 2 do artigo 2º deste diploma os *dispensa do fornecimento de mais informação para efeitos de cadastro comercial*. E foi até mais longe: no nº 6 deste mesmo artigo estipula-se que «*a obrigação prevista nos números anteriores pode ser dispensada se a informação necessária à inscrição dos factos mencionados no nº 1 puder ser obtida por outra via*». Tal poderá acontecer, por exemplo, se ela for obrigatoriamente comunicada para efeitos fiscais, laborais ou outras finalidades junto de uma entidade pública. Naturalmente, tratando-se de uma informação que não tenha sido diretamente comunicada no «Balcão do empreendedor», a partilha de informação exigirá condições e desenvolvimentos próprios para que possa ocorrer, podendo para esse efeito ser utilizada a «Plataforma de interoperabilidade da Administração Pública». Por isso, a concretização dessa partilha e a consequente dispensa de inscrição no cadastro comercial fica dependente de Portaria de quem no governo tutele as áreas da modernização administrativa e da economia.

4. A inscrição no cadastro comercial não dispensa o cumprimento das obrigações legais e regulamentares aplicáveis ao estabelecimento e constantes do anexo III do presente decreto-lei (nº4). Trata-se, em geral, de requisitos relativos ao funcionamento dos estabelecimentos.

5. De acordo com o artigo 21º deste mesmo diploma, a Direção Geral das Atividades Económicas (DGAE) é a responsável por manter atualizada e operacional a informação constante do cadastro, a qual será utilizada para os fins identificados no nº 2 do artigo 21º. No nº 3 deste artigo, refere-se não apenas que a informação é pública, sem prejuízo da proteção dos dados pessoais, mas ainda que deve ser promovida a sua reutilização. Concretiza-se assim um princípio de administração aberta, mais precisamente de *dados abertos*, ou seja de disponibilização de informação pública em formatos brutos, sem serem tratados (*raw data*), de modo a que os dados possam ser reutilizados para outros fins, incluindo para análise e aplicações com natureza comercial (sobre esta questão, cfr. anotação ao artigo 21º).

SUBSECÇÃO IV – Procedimentos, títulos e outros pedidos, comunicações, notificações e registos

Artigo 15º – Procedimentos das comunicações prévias com prazo

1 – As comunicações prévias com prazo previstas nos nºs 1 e 2 do artigo 5º, nos nºs 1 e 2 do artigo 6º e nos nºs 4 e 5 do artigo 12º só se consideram entregues quando estiverem acompanhadas de todos os elementos considerados obrigatórios e identificados em portaria dos membros do Governo responsáveis pelas áreas da modernização administrativa, das autarquias locais e da economia e se mostrarem pagas as taxas devidas.

2 – A autoridade administrativa competente analisa a comunicação prévia com prazo e a sua conformidade com as disposições legais e regulamentares em vigor, comunicando ao requerente, através do «Balcão do empreendedor»:

a) O despacho de deferimento;

b) O despacho de indeferimento, o qual contém a identificação das desconformidades do pedido com as disposições legais e regulamentares aplicáveis e cujo cumprimento não é dispensado.

COMENTÁRIO

1. Quadro IV – Instrução da comunicação prévia com prazo

2. Caracterização da comunicação prévia com prazo: remissão

1. Nos termos do nº 1 do presente artigo, as comunicações prévias com prazo previstas no regime do Licenciamento Zero apenas se consideram devidamente entregues, designadamente para efeitos da contagem do prazo que a entidade administrativa competente tem para se pronunciar, quando estiverem acompanhadas de todos elementos identificados na Portaria nº 239/2011, de 21 de junho e que são os constantes do Quadro IV – Instrução da comunicação prévia com prazo.

QUADRO IV – INSTRUÇÃO DA COMUNICAÇÃO PRÉVIA COM PRAZO

COMUNICAÇÃO PRÉVIA COM PRAZO DO ARTIGO 5º	COMUNICAÇÃO PRÉVIA COM PRAZO DO ARTIGO 6º	COMUNICAÇÃO PRÉVIA COM PRAZO DO ARTIGO 12º
• A identificação do titular da exploração do estabelecimento ou do prestador de serviços com menção do nome ou firma e do número de identificação fiscal; • O endereço da sede da pessoa coletiva ou do empresário em nome individual; • O endereço do estabelecimento ou armazém e o respetivo nome ou insígnia, quando aplicável; • O código de acesso à certidão permanente do registo comercial, caso se trate de pessoa coletiva sujeita a registo comercial; • O consentimento de consulta da declaração de início ou de alteração de atividade, caso se trate de pessoa singular; • Termo de responsabilidade subscrito por pessoa habilitada a ser autor de projeto, segundo o regime da qualificação profissional dos técnicos responsáveis pelaelaboração e subscrição de projetos, quanto ao cumprimento de todos os requisitos legais e regulamentares não identificados nos termos do ponto seguinte nas situações identificadas no «Balcão do empreendedor»; • A identificação dos requisitos legais ou regulamentares a dispensar, aplicáveis às instalações, aos equipamentos e ao funcionamento das atividades económicas a exercer no estabelecimento, e a fundamentação das razões do seu não cumprimento; • Planta e corte do edifício, da fração ou da área objeto da comunicação à escala de 1:100 ou superior, contendo as dimensões, áreas e usos de todos os compartimentos, bem como a representação do mobiliário fixo e equipamento sanitário, nas situações identificadas no «Balcão do empreendedor»; • A CAE das atividades que são desenvolvidas nno estabelecimento, bem como outra informação relevante para a caracterização dessas atividades, designadamente a área de venda e de armazenagem do estabelecimento ou armazém, as secções acessórias existentes, o número de pessoas ao serviço, o tipo de localização e o método de venda; • A data de abertura ao público do estabelecimento ou de início de exploração do armazém; • A declaração do titular da exploração do estabelecimento de que tomou conhecimento e que respeita integralmente as obrigações legais e regulamentares identificadas no anexo III do Decreto-Lei nº 48/2011, de 1 de abril, com exceção das relativas aos requisitos a que se refere o ponto 2 anterior; • O horário de funcionamento.	• A identificação do titular da exploração do estabelecimento ou do prestador de serviços com menção do nome ou firma e do número de identificação fiscal; • O endereço da sede da pessoa coletiva ou do empresário em nome individual; • O endereço do estabelecimento ou armazém e o respetivo nome ou insígnia, quando aplicável; • O código de acesso à certidão permanente do registo comercial, caso se trate de pessoa coletiva sujeita a registo comercial; • O consentimento de consulta da declaração de início ou de alteração de atividade, caso se trate de pessoa singular; • A CAE das atividades que são desenvolvidas, bem como outra informação relevante para a caracterização dessas atividades, designadamente características da unidade ou da instalação e da prestação de serviços; • A declaração do interessado de que cumpre as obrigações legais e regulamentares relativas às instalações e equipamentos, bem como as regras de segurança, saúde pública e os requisitos de higiene dos géneros alimentícios; • Termo de responsabilidade subscrito por pessoa habilitada a ser autor de projeto, segundo o regime da qualificação profissional dos técnicos responsáveis pela elaboração e subscrição de projetos, quanto ao cumprimento de todos os requisitos legais e regulamentares relativos à instalação e à segurança contra incêndios, nas situações identificadas no «Balcão do empreendedor».	• A identificação do titular da exploração do estabelecimento ou do prestador de serviços com menção do nome ou firma e do número de identificação fiscal; • O endereço da sede da pessoa coletiva ou do empresário em nome individual; • O endereço do estabelecimento ou armazém e o respetivo nome ou insígnia, quando aplicável; • O código de acesso à certidão permanente do registo comercial, caso se trate de pessoa coletiva sujeita a registo comercial; • O consentimento de consulta da declaração de início ou de alteração de atividade, caso se trate de pessoa singular; • A indicação do fim pretendido com a ocupação do espaço público; • Identificação das caracteristicas e da localização do mobiliário urbano a colocar; • A declaração do titular da exploração de que respeita integralmente as obrigações legais e regulamentares sobre a ocupação do espaço público.

Tal significa que não há neste âmbito qualquer possibilidade de aperfeiçoamento do pedido, o que traduz uma vontade há muito sentida de fazer correr o risco pela boa instrução dos procedimentos e respetivos processos por conta dos privados, deixando a Administração de ficar refém destes no que à entrega de elementos e consequente início de contagem de prazo para a decisão final diz respeito.

2. Sobre a caracterização do procedimento de comunicação prévia com prazo como um procedimento que pressupõe uma decisão por parte do órgão administrativo competente (presidente da câmara com possibilidade de delegação nos vereadores – que podem subdelegar – ou nos dirigentes dos serviços municipais), a qual tanto pode ser, como decorre do nº 2 do artigo aqui em anotação, uma decisão expressa de deferimento [alínea a)] como de indeferimento [alínea b)], cfr. ponto 1 da anotação ao artigo 5º.

Como aí se referiu, no caso de incumprimento deste *dever de decisão*, o interessado poderá proceder à abertura (ou modificação) do estabelecimento, correspondendo, por isso, a ausência de decisão a uma decisão favorável (deferimento tácito ou silente do pedido).

Artigo 16º – Títulos

O comprovativo eletrónico de entrega no «Balcão do empreendedor» das meras comunicações prévias, das comunicações prévias com prazo e das demais comunicações previstas no presente decreto-lei, acompanhado do comprovativo do pagamento das quantias eventualmente devidas, são prova suficiente do cumprimento dessas obrigações para todos os efeitos.

COMENTÁRIO

Títulos das meras comunicações prévias e das comunicações prévias com prazo

O título da mera comunicação prévia, da comunicação prévia com prazo e das demais comunicações, para efeitos da aferição da legitimidade da instalação dos estabelecimentos de restauração ou de bebidas, de comércio de bens, de prestação de serviços ou de armazenagem bem como das restantes atuações reguladas no presente diploma, é o comprovativo eletrónico da sua entrega no

«Balcão do empreendedor», acompanhado, quando seja o caso, do comprovativo do pagamento das taxas devidas. Não é assim necessária qualquer atuação ulterior da Administração, designadamente através da emissão de alvarás ou passagem de certificações para este efeito.

Tendo em conta os procedimentos simplificados instituídos no âmbito do Licenciamento Zero, esta solução faz todo o sentido, nada justificando que a um procedimento simplificado se seguisse um outro tendente à emissão de títulos. Não é, assim, suposto haver mais interação com a Administração para além daquela que resulta da via eletrónica.

Para que o estabelecimento esteja a funcionar legitimamente, também para efeitos de fiscalização, é suficiente que o interessado detenha apenas e só o comprovativo do cumprimento das suas obrigações administrativas: entrega no «Balcão do empreendedor» da mera comunicação prévia ou da comunicação prévia com prazo e o comprovativo do cumprimento das suas obrigações tributárias (pagamento das correspetivas taxas).

É certo que no caso das comunicações prévias com prazo poderá ocorrer uma decisão expressa da Administração a disponibilizar no «Balcão do empreendedor». No entanto, mesmo aqui, o título não é o *comprovativo de que a decisão é favorável*, mas apenas o da entrega da comunicação. Nem poderia ser de outro modo visto que a ausência de decisão corresponde a uma decisão favorável e não haveria, neste caso, como disponibilizar um comprovativo eletrónico de uma decisão silente. Além disso, os serviços de fiscalização, em face da apresentação do comprovativo da entrega eletrónica da mera comunicação prévia, têm sempre como confirmar, no «Balcão do empreendedor», se terá ocorrido uma deliberação desfavorável.

Artigo 17º – Outros pedidos, comunicações, notificações e registos

Os titulares da exploração de estabelecimentos abrangidos pelos nºs 1 a 3 do artigo 2º efetuam igualmente no «Balcão do empreendedor» outros atos e formalidades conexos com o exercício da atividade, nos termos definidos por portaria dos membros do Governo responsáveis pelas áreas da modernização administrativa, das autarquias locais, da economia e pela área que integra a obrigação em causa.

COMENTÁRIO

Atos e formalidades conexos às atividades sujeitas ao Licenciamento Zero

Para além do disposto nos artigos 7º e ss., referentes aos regimes conexos com as atividades sujeitas ao regime do Licenciamento Zero, prevê-se ainda que todos os demais atos e formalidades conexos com o exercício das atividades sujeitas a este regime sejam igualmente efetuados no «Balcão do empreendedor». Abre-se, assim, uma porta para uma simplificação administrativa mais alargada, dotando o «Balcão do empreendedor» de novas funcionalidades que completem o "evento de vida" em que se traduz o exercício das atividades compreendidas no regime do Licenciamento Zero. Deixa-se também claro que isso deve ser feito respeitando o princípio do balcão único, como facilitador do acesso à informação e da tramitação administrativa, e não através da criação de novos pontos de contacto eletrónicos (Sobre esta questão, cfr. anotação ao artigo 3º).

SECÇÃO III – Taxas

Artigo 18º – Divulgação das taxas no «Balcão do empreendedor»

1 – As taxas devidas pelo procedimento ou a fórmula do seu cálculo são determinadas por cada município e divulgadas pelos mesmos no «Balcão do empreendedor».

2 – Quando esteja em causa a utilização do espaço público, as taxas referidas no número anterior podem ser devidas pela utilização durante um determinado período de tempo.

3 – A falta de introdução por um município da informação referida nos números anteriores determina que não seja devida qualquer taxa.

4 – A liquidação do valor das taxas é efetuada automaticamente no «Balcão do empreendedor», salvo nos seguintes casos em que os elementos necessários à realização do pagamento por via eletrónica podem ser disponibilizados pelo município nesse balcão, no prazo de cinco dias após a comunicação ou o pedido:

a) Taxas devidas pelos procedimentos respeitantes a operações urbanísticas;

b) Taxas devidas pela ocupação do espaço público cuja forma de determinação não resulta automaticamente do «Balcão do empreendedor».

COMENTÁRIO

1. As taxas como requisito indispensável do exercício das atividades
2. Licenciamento zero e autonomia regulamentar em matéria de taxas
3. O fundamento jurídico das taxas no âmbito do Licenciamento Zero
4. Falta de divulgação das taxas no «Balcão do empreendedor»
5. Exceção à liquidação automática das taxas

1. As taxas são consideradas, no presente diploma, como um requisito essencial para a efetivação dos efeitos das comunicações realizadas.

Com efeito, nos termos deste Decreto-Lei, as meras comunicações são títulos que permitem imediatamente a realização do ato pretendido, *"após pagamento das taxas devidas"* (artigo 4º, nº 2; artigo 8º, nº 3; artigo 9º, nº 3 e artigo 12º, nº 2) e as comunicações prévias com prazo *"só se consideram entregues quando acompanhas de todos os elementos considerados obrigatórios (...) e se mostrarem pagas as taxas devidas"* (artigo 15º, nº1).

Trata-se, assim, de um requisito indispensável para a obtenção do título das comunicações a que se refere o regime do Licenciamento Zero (cfr. artigo 16º que se refere ao comprovativo do pagamento das taxas).

2. Não há, com o regime do Licenciamento Zero, qualquer redução da autonomia regulamentar municipal em matéria de taxas. Com efeito, nos termos do presente artigo, as taxas devidas pelo procedimento e a fórmula do seu cálculo são determinadas por cada município sendo divulgadas no «Balcão do empreendedor».

3. Poderia perguntar-se, se não havendo lugar a licenciamento (Licenciamento Zero), não deveria ocorrer uma correspondente ausência de cobrança de taxas.

Refira-se, porém, que os procedimentos em apreço (mera comunicação prévia ou comunicação prévia com prazo) são procedimentos necessários para permitir o exercício de uma atividade que, sem eles, não poderia ser levada a cabo, pelo que estes procedimentos têm como efeito a remoção de um limite legal ao livre exercício de uma atividade, traduzindo-se, para o interessado, num benefício equivalente ao que decorria dos procedimentos de controlo que o Licenciamento Zero veio substituir. Assim acontece na maioria das situações previstas neste diploma, ainda que não em todas, como é o caso da comunicação do horários de funcionamento que, na verdade, se traduz no cumprimento de um mero dever de informação ao município e não de uma declaração que possibilita a remoção de um qualquer limite legal.

Estamos assim, em muitos casos, perante um dos fundamentos que, nos termos do artigo 3º da Lei nº 53-E/2006, de 29 de dezembro, que aprovou o regime geral das taxas das autarquias locais, justifica a liquidação de uma taxa: a "*remoção de um obstáculo jurídico ao comportamento dos particulares*", justificando-se esta taxa (e o seu valor) precisamente, no benefício que é concedido.

Maior dificuldade parece haver para justificar o valor da taxa com base no critério (auxiliar) da *cobertura dos custos* (custo real ou previsível do serviço), embora seja mais fácil de o fazer no caso da comunicação prévia com prazo, a qual pressupõe uma atuação administrativa de apreciação da pretensão que lhe é comunicada. Consideramos, por isso, haver motivo para diferenciar o valor das taxas na mera comunicação prévia e na comunicação prévia com prazo.

Note-se ainda que a expressão «taxas devidas pelo procedimento», utilizada no nº 1, não pode ser aqui entendida como referindo-se exclusivamente ao procedimento burocrático. Aliás, isso resulta imediatamente da conjugação desse nº 1 com o nº 2 deste mesmo artigo, referente à ocupação do espaço público. Com efeito, aí determina-se que nas taxas procedimentais se incluem também as taxas devidas como contrapartida da utilização privativa do domínio público.

Uma dúvida que pode colocar-se é a de saber se o valor da taxa a cobrar nestes casos pode ser fundamentada em critérios que a doutrina tem vindo a apelidar de extra fiscais, designadamente o do desincentivo (ou incentivo) de certos comportamentos.

Não obstante as dúvidas que o recurso a este tipo de critérios suscita, por serem pouco coerentes com a natureza das taxas – se estas visam remunerar uma prestação individualizada que o sujeito passivo recebe, o valor deve ter como parâmetro o *benefício alcançado* e encontrar uma correspondência no *custo do serviço*, o que em regra inviabiliza que a mesma possa alcançar um valor excessivo desincentivador do comportamento do sujeito passivo – o nº 2 do artigo 4º da Lei nº 53-E/2006 admite-o expressamente ao estipular que "*o valor das taxas, respeitando a necessária proporcionalidade, pode ser fixado com base em critérios de desincentivo à prática de certos atos ou operações*".

Dada esta sua admissão legal, julgamos que este tipo de critérios pode, como já o dissemos, também ser mobilizado no caso das taxas a cobrar no âmbito do regime do Licenciamento Zero, servindo ora para agravar o montante a cobrar (quando se pretende desincentivar uma determinada atividade, por exemplo, num determinado local ou em determinadas circunstâncias) ora para o desagravar (quando a intenção é incentivar determinado tipo de comportamentos).

Sobre a não existência de um sinalagma que justifique a cobrança de taxa no caso da mera *comunicação prévia do mapa de horário e das suas alterações* (exceto nos casos em que se pretende um "horário à medida", aquém ou além dos limites legais e regulamentares) cfr. ponto 5 da anotação ao artigo 34º.

4. Chama-se particular atenção para o facto de que a falta de introdução por um município dos montantes das taxas respetivas no balcão, não é suprível por qualquer meio de caráter subsidiário. Com efeito, determina o nº 3 do artigo aqui em anotação que neste caso não haverá, pura e simplesmente, lugar à liquidação e cobrança de qualquer taxa, até ao momento em que município disponibilize essa informação no «Balcão do empreendedor».

5. O presente normativo prevê a liquidação automática do valor das taxas no «Balcão do empreendedor», com duas exceções: nas taxas devidas pelos procedimentos respeitantes a operações urbanísticas, no caso em que elas aí possam ser comunicadas (cfr. anotação ao artigo 8º), e nas taxas devidas pela ocupação do espaço público, cuja determinação do montante não possa resultar automaticamente do «Balcão do empreendedor».

Em ambas as situações o município terá cinco dias contados da comunicação ou pedido para disponibilizar os elementos necessários ao pagamento da taxa por via eletrónica.

Artigo 19º – Pagamento de taxas

As taxas devidas no âmbito do regime previsto no presente capítulo devem poder ser pagas por via eletrónica junto dos destinatários, designadamente dos municípios.

COMENTÁRIO

Pagamento das taxas

Liquidada a taxa, nos termos do artigo anterior, segue-se o respetivo pagamento o qual deve poder ser feito por via eletrónica junto dos destinatários.

Refira-se que esta liquidação e o pagamento estão obviamente dependentes da informação que o interessado no exercício da atividade fornecer ao sistema.

Dito de outra forma, o valor da taxa a pagar é calculado pelo sistema em função dos dados que forem introduzidos pelo particular. Pelo que deverá também ocorrer fiscalização nesta sede, dando os passos fundamentais no sentido de verificar se o declarado corresponde ao efetivamente existente. Veja-se o exemplo da ocupação de espaço público, cujo valor de taxa é normalmente apurado em função dos m^2 ocupados. Pode o particular comunicar menos para se furtar ao pagamento de mais taxa, situação que cairá no âmbito das falsas declarações que, nos termos do corpo do nº 1 do artigo 28º consubstancia crime de falsas declarações. Para além de que, não tendo sido paga a taxa devida, a qual é condição de eficácia do exercício da atividade, poderão ser desencadeadas medidas provisórias com vista ao encerramento do estabelecimento.

Já nas situações em que se verifica que o montante da taxa pago foi efetivamente inferior ao devido por qualquer vicissitude dissociada de desconformidade de declarações, terá o interessado de ser notificado do pagamento adicional, apenas podendo ser desencadeadas medidas provisórias se não for efetuado o pagamento em falta dentro do prazo estipulado.

SECÇÃO IV – Verificação da informação e proteção de dados

Artigo 20º – Verificação da informação

1 – A informação relativa à CAE e os dados das pessoas coletivas é confirmada através de ligação ao Sistema de Informação da Classificação Portuguesa de Atividades Económicas (SICAE) e às bases de dados do Instituto dos Registos e do Notariado, I. P. (IRN, I. P.), em termos a definir por protocolo a celebrar entre o IRN, I. P., o Instituto das Tecnologias de Informação na Justiça, I. P. (ITIJ, I. P.), a AMA, I. P., e a DGAE.

2 – A informação relativa à CAE e aos dados das pessoas singulares é confirmada através de ligação à base de dados da Direção-Geral dos Impostos (DGCI) nos termos da legislação em vigor, definidos por protocolo a celebrar entre a DGCI, a Direção-Geral de Informática e Apoio aos Serviços Tributários e Aduaneiros (DGITA), a AMA, I. P., e a DGAE.

3 – Antes da celebração dos protocolos referidos nos números anteriores o seu conteúdo deve ser comunicado à Comissão Nacional de Proteção de Dados (CNPD).

COMENTÁRIO

Verificação de informação e colaboração entre entidades da Administração central

O presente artigo concretiza um *princípio de colaboração* entre diferentes entidades da Administração central para efeitos de confirmação da informação declarada pelos particulares no Balcão do Empreendedor.

A comunicação eletrónica de dados entre as diferentes entidades aqui previstas confere maior *segurança e rigor à informação* recolhida através do «Balcão do empreendedor» para os diferentes efeitos previstos neste diploma, podendo ser concretizada através do preenchimento automático de alguns campos dos formulários aí utilizados.

Caso o titular da exploração do estabelecimento seja uma pessoa coletiva, a sua informação é confirmada através do Sistema de Informação de Classificação Português de Actividades Económicas (SICAE) e da base de dados do Instituto de Registos e Notariado (nomeadamente, SIRCOM e RNPC). Se se tratar de uma pessoa singular, recorre-se à base de dados das Direção-Geral dos Impostos (DGCI) e da Direção-Geral de Informática e Apoio aos Serviços Tributários e Aduaneiros (DGITA), entidades atualmente fundidas na *Autoridade Fiscal e Aduaneira* que também absorveu a Direção-Geral das Alfândegas e Impostos Especiais de Consumo (DGAIEC) (cfr. Decreto-Lei nº 11/2011, de 15 de dezembro). Será, portanto, esta nova Autoridade a parceira do protocolo a celebrar com a AMA, IP e a DGAE.

O conteúdo dos protocolos mencionados *tem que ser comunicado à CNPD,* visto que o seu objeto inclui a confirmação de dados pessoais (artigo 27º da Lei nº 67/98, de 26 de outubro, conhecida como Lei de Proteção de Dados, doravante designada por LPD. Sobre o conceito de dados pessoais, cfr. anotação ao artigo 22º).

Como mostraremos *infra,* no comentário ao artigo 23º, garantir a exatidão e a atualização da informação, como vertentes da sua qualidade, é um dever da entidade responsável pelo seu tratamento, logo na fase da recolha dos dados, contribuindo o sistema aqui previsto para que tal venha acontecer. No regime do Licenciamento Zero, esse dever recai também sobre o titular da informação, por exemplo, em matéria de instalação, modificação e encerramento de estabelecimentos (nº 4 do artigo 4º) e de ocupação de espaço público (nº 7 do artigo 12º). O titular da exploração do estabelecimento é obrigado a manter atualizados todos os dados comunicados, devendo proceder a essa atualização no prazo máximo de 60 dias após a ocorrência de qualquer alteração, sob pena de contraordenação.

Artigo 21º – Entidade competente para a organização e manutenção dos registos sectoriais de comércio e serviços

1 – A DGAE organiza e mantém atualizada a informação relativa aos estabelecimentos de restauração ou de bebidas, de comércio de bens ou de prestação de serviços e de armazenagem, bem como a respeitante às atividades de distribuidores grossistas.

2 – A informação referida no número anterior tem como objetivos:

a) Identificar e caracterizar o universo de estabelecimentos de restauração ou de bebidas, com vista à constituição de uma base de informação que permita a realização de estudos sobre o setor e o acompanhamento da sua evolução;

b) Identificar e caracterizar a oferta comercial, em estabelecimento comercial e através de outras modalidades de venda, com vista à constituição de uma base de informação que permita a realização de estudos sobre o setor comercial e o acompanhamento da sua evolução;

c) Facilitar o controlo de atividades exercidas em estabelecimentos de comércio por grosso e a retalho de produtos não alimentares e de prestação de serviços que podem envolver riscos para a saúde e a segurança das pessoas;

d) Servir de base ao controlo oficial em matéria de segurança alimentar nos setores da restauração ou de bebidas e do comércio, nos termos do artigo 6º do Regulamento (CE) nº 852/2004, do Parlamento Europeu e do Conselho, de 29 de abril.

3 – Sem prejuízo da divulgação periódica de informação estatística pela DGAE e da proteção dos dados pessoais nos termos do respetivo regime legal, a informação constante dos registos sectoriais de comércio e serviços é pública, devendo ser promovida a sua reutilização.

COMENTÁRIO

1. **Organização e atualização da informação relativa às atividades de restauração ou de bebidas, de comércio de bens ou de prestação de serviços e de armazenagem**
2. **Finalidades da informação**
3. **Reutilização da informação: administração aberta e iniciativas para a disponibilização de dados**

1. O artigo em anotação atribui à DGAE a responsabilidade pela conservação e atualização da informação comunicada no «Balcão do empreendedor», parte da qual está na base da organização do cadastro comercial, nos termos definidos no artigo 14º deste diploma.

A informação acima mencionada é referente a pessoas coletivas, enquanto titulares de estabelecimentos comerciais, de restauração e bebidas, de serviços e de armazenagem, e a empresários em nome individual que desempenhem qualquer dessas atividades. Naquela informação, compreendem-se ainda os elementos relativos a outras modalidades de comércio a retalho, como por exemplo o comércio em feiras e mercados, por correspondência, pela internet ou através de outros formatos, comunicados para efeitos de cadastro.

Sobre as responsabilidades especiais da DGAE em matéria de conservação e atualização dos dados pessoais contidos nesta informação, cfr. *infra* anotação ao artigo 24º deste diploma.

2. No nº 2, indicam-se as duas finalidades que devem orientar o tratamento da informação feito pela DGAE. Essas finalidades são: i) *realizar estudos* (ou permitir a sua realização por terceiros) sobre a oferta comercial de restauração e de bebidas, de serviços e de armazenagem, bem como sobre outras modalidades comerciais; ii) *facilitar o controlo, pelas entidades referidas no artigo 25º do regime do Licenciamento Zero,* tanto de atividades exercidas em estabelecimentos de comércio e de prestação de serviços não alimentar, que possam envolver riscos para a saúde e a segurança das pessoas, como em matéria de segurança alimentar, dando cumprimento ao artigo 6º do Regulamento (CE) nº 852/2004, do Parlamento Europeu e do Conselho, de 29 de abril.

3. No nº 3 deste artigo, consagra-se um princípio de *administração aberta* em matéria de disponibilização de dados. Sem prejuízo da divulgação periódica de informação estatística, estipula-se aqui expressamente uma obrigação de tornar públicos os dados constantes dos registos sectoriais de comércio e de o fazer em formatos abertos (dados brutos), de modo a que possam ser reutilizados por terceiros.

Por conseguinte, facilita-se o desenvolvimento de projetos de *dados abertos* (*open data*), como os que existem atualmente em muitos países (EUA, Reino Unido, França, entre outros), e em Portugal, estando atualmente disponíveis em formatos abertos dados da Administração central (em www.dados.gov.pt) e do município de Lisboa («Open Data LX», em www.lisboaparticipa.pt). Para além de conferirem transparência à informação pública, o objetivo deste tipo de iniciativas é estimular a *cocriação*, isto é, o processo de pensar e criar novos serviços ou produtos através da colaboração entre entidades públicas, empresas e cidadãos, que combinem a informação pública aberta com outro tipo de informação, por exemplo, aplicações georreferenciadas para localização de restaurantes com esplanada na baixa de Lisboa.

Existindo dados pessoais entre aqueles que são organizados pela DGAE, a informação que seja publicamente disponibilizada terá que ser previamente descaracterizada, assegurando a proteção dos dados nos termos da LPD. (Sobre o conceito de dados pessoais, cfr. ponto 1 da anotação ao artigo 22º; e sobre os deveres de proteção e segurança, cfr. anotação ao artigo 23º).

Artigo 22º – Dados pessoais

1 – Compete à DGAE, nos termos do artigo anterior, e às demais entidades responsáveis pelo tratamento da informação que consta das comunicações previstas no presente capítulo, a proteção dos dados pessoais constantes da mesma nos termos da Lei nº 67/98, de 26 de outubro.

2 – Sem prejuízo do disposto no número anterior, os dados pessoais constantes das comunicações realizadas nos termos deste Decreto-Lei são disponibilizados às seguintes entidades:

a) Município onde se localiza o estabelecimento ou o armazém;

b) Entidades com competência para fiscalizar ou verificar o cumprimento das obrigações legais e regulamentares;

c) DGAE;

d) IRN, I. P.;

e) AMA, I. P.

3 – O titular da informação que consta da mera comunicação prévia tem o direito de, a todo o tempo, verificar os seus dados pessoais e solicitar a sua retificação quando os mesmos estejam incompletos ou inexatos.

COMENTÁRIO

1. O conceito de dados pessoais
2. Os dados das pessoas coletivas e dos empresários em nome individual
3. O conceito de tratamento de dados pessoais e as entidades por ele responsáveis
4. Os princípios a observar no tratamento de dados pessoais
5. Os direitos do titular da informação

1. O conceito de dados pessoais para o efeito de tratamento de dados é o que consta da alínea *a)* do artigo 3º da LPD, que por sua vez segue a definição contida na alínea *a)* do nº 2, do artigo 2º da Diretiva nº 95/46/CE, do Parlamento Europeu e do Conselho, de 24 de outubro de 1995, que a LPD transpôs para a ordem jurídica portuguesa.

Entende-se por dados pessoais «*qualquer informação, de qualquer natureza e independentemente do respetivo suporte, incluindo som e imagem, relativa a uma pessoa singular identificada ou identificável (o titular dos dados)*». (Sobre o conceito de dados pessoais, cfr., em especial, Catarina Castro, *Direito da Informática, Privacidade e Dados Pessoais*, Coimbra, Almedina, 2005, pp. 70-71).

São considerados dados pessoais não apenas o nome da pessoa, mas também outra informação que lhe diga respeito, como a sua morada, os seus números de identificação perante entidades públicas e privadas, o seu número de telefone, o seu endereço de email, os seus dados biométricos, a gravação da sua voz ou da sua imagem, etc. Basta que a pessoa seja identificável, isto é, que possa ser identificada direta ou indiretamente «*por referência a um número de identificação ou a um ou mais elementos específicos da sua identidade física, fisiológica, psíquica, económica, cultural ou social*» (alínea *a)* do artigo 3º da LPD). Logo, *não são dados pessoais* os «dados estatísticos descaracterizados que não permitem voltar a saber a que pessoa se referiam» mesmo quando, em abstrato, se baseiam em dados pessoais (por exemplo, o número, idade e qualificação dos trabalhadores de estabelecimentos comerciais) – cfr. Catarina Castro, *ob. cit.*, p. 72).

Note-se ainda que a lei atribui uma proteção reforçada aos chamados *dados pessoais sensíveis*, tais como a convicção religiosa, a origem racial ou étnica, a filiação partidária e sindical, não permitindo, em regra, o seu tratamento (artigo 7º da LPD).

2. Os dados pessoais que beneficiam de proteção, na lei portuguesa, são apenas os *dados relativos a pessoas singulares e não a pessoas coletivas* (cfr. Parecer nº 14/97 da Comissão Nacional de Proteção de Dados – CNPD, sobre o Projeto de Decreto-Lei que integra na Direção-Geral dos Registos e do Notariado o Registo Nacional de Pessoas Coletivas (RNPC)). Contudo, a CNPD tem entendido que os dados dos *empresários em nome individual* devem também ser protegidos a título de dados pessoais, embora estejam apenas relacionados com a sua atividade profissional. (cfr. Autorizações nº 31/96, nº 32/96, nº198/2002 e nº1191/2010, da CNPD).

Assim, no que se refere aos *dados comunicados no «Balcão do empreendedor»*, são dados pessoais para efeitos da aplicação da LPD, designadamente, os referentes aos *empresários em nome individual*, a *titulares de outras modalidades de comércio e a diretores de pessoas coletivas, bem como os dados dos trabalhadores* que a qualquer título sejam ali comunicados, mas já não o são o nome ou a morada da pessoa coletiva.

O facto de a informação relativa às pessoas coletivas não ser protegida a título de dados pessoais, não exclui que o responsável pelo seu tratamento tenha de observar deveres de sigilo sobre essa informação, sempre que a sua divulgação possa afetar o segredo do negócio dessas empresas. Aliás, de acordo com Catarina Castro (*ob. cit.* p.102), as pessoas coletivas gozam de todos os direitos que sejam compatíveis com a sua natureza.

Sobre os deveres de proteção que incumbem ao responsável pelo tratamento dos dados pessoais, cfr. anotação ao artigo 23º.

3. No nº 1 do artigo 22º, estipula-se que os dados recolhidos no «Balcão do empreendedor» são objeto de *tratamento* pela DGAE e demais entidades responsáveis pelo tratamento da informação que consta das comunicações feitas nesse Balcão.

No caso dos dados pessoais, entende-se por *tratamento* qualquer «operação ou conjunto de operações sobre dados pessoais, efetuada ou não com meios automatizados, tais como a recolha, o registo, a organização, a adaptação ou a alteração, a recuperação, a consulta, a utilização, a comunicação por transmissão, por difusão ou por qualquer outra forma de colocação á disposição, com comparação ou interconexão, bem como o bloqueio, apagamento ou destruição» (alínea *b)* do artigo 3º da LPD).

O *responsável pelo tratamento* dos dados pessoais é, nesta situação, a autoridade pública, serviço ou organismo que, individualmente ou em conjunto com outrem, determine as finalidades e os meios de tratamento dos dados pessoais (alínea *d)* do artigo 3º da Lei 67/98, de 26 de outubro).

Os dados comunicados no «Balcão do empreendedor» podem ser partilhados, no todo ou em parte, com as entidades referidas no nº 2 do artigo 22º, que assim têm, por força da lei, legitimidade para o seu tratamento (alínea *b)* do artigo 6º da LPD). Essas entidades são: a DGAE, para os efeitos referidos nos artigos 21º e 14º deste diploma (organização do cadastro comercial); os municípios onde se localiza o estabelecimento ou o armazém ou decorre a atividade; as entidades de fiscalização, como a ASAE; a AMA, IP, enquanto responsável pela organização e manutenção do «Balcão do empreendedor» (artigo 3º) e o IRN, IP.

Pese embora o nº 2 do artigo 22º se refira apenas ao acesso aos dados pessoais pelas entidades aí mencionadas, nem todos os dados recolhidos no «Balcão do empreendedor» e comunicados a essas entidades assumem a natureza de dados pessoais, como é o caso da informação sobre pessoas coletivas, como esclarecemos *supra*. Contudo, só o *tratamento dos dados pessoais*, em qualquer das suas vertentes, tem de ser *previamente notificado à CNPD*, nos termos do artigo 27º da LPD, recaindo apenas sobre esses dados os deveres especiais de proteção (cfr. nº 1 do artigo 22º) e de segurança (cfr. artigo 23º).

4. Os *princípios que devem ser observados no tratamento de dados pessoais* de modo a proteger os direitos dos titulares e a qualidade dos dados, em especial, a sua adequação, exatidão, correção e atualização, constam do artigo 5º da LPD. De acordo com Catarina Castro (*ob. cit.*, pp. 229-237), são três os princípios contidos neste artigo: o princípio *da transparência*, o princípio da *finalidade* e o princípio da *qualidade* dos dados.

O princípio da *transparência* confere ao titular o direito à informação e ao acesso aos dados, previsto nos artigos 10º e 11º da LPD.

O princípio da *finalidade* implica que os dados pessoais só possam ser utilizados para a finalidade determinante da recolha, salvo autorização da CNPD. A este princípio associa-se o princípio da *adequação, pertinência e proporcionalidade* em função da finalidade de cada tratamento e o princípio da *exatidão e atualização* dos dados, igualmente aferido em função da finalidade do tratamento.

Por último, o princípio da *qualidade* dos dados tem como corolários o princípio da *licitude*, ou seja, a exigência de cumprimento de regras comunitárias, europeias e internacionais e um tratamento não contrário à boa fé; e o da *lealdade*, o qual «inclui o dever de abstenção de um comportamento que possa falsear o objetivo de determinado tratamento de dados» exigindo, por isso, a transparência e o direito de informação do titular (cfr. a Autorização nº 31/98, da CNPD).

5. No nº 3 do artigo ora em análise, atribui-se ao titular da informação, que consta da mera comunicação prévia, o direito a verificar, a todo o tempo, os seus dados pessoais e solicitar a sua retificação quando os mesmos estejam incompletos ou inexatos. Entendemos que aqui ainda se compreende o direito ao apagamento ou bloqueio dos dados, se estes tiverem sido conservados para além do prazo definido por lei ou do prazo necessário para o seu tratamento (cfr. alínea *e)*, do nº 1 do artigo 5º da LPD).

Embora o legislador se tenha referido apenas ao titular da informação que consta da mera comunicação prévia, este *direito é de todos titulares de dados pessoais comunicados no «Balcão do empreendedor»*, seja através de mera comunicação prévia, de comunicação prévia com prazo ou em virtude do cumprimento de deveres de informação, por exemplo, para efeitos de cadastro (artigo 14º). Trata-se de um direito muito importante para a proteção de dados pessoais, o qual mesmo que não fosse aqui expressamente previsto, sempre resultaria da aplicação do disposto no nº 1 do artigo 35º da CRP e no artigo 11º da LPD, para todos os dados pessoais comunicados no «Balcão do empreendedor» que sejam objeto de tratamento.

O exercício do direito acima referido não precisa de ser justificado, pode ser exercido livremente e sem restrições, com periodicidade razoável, sem demoras e custos excessivos. Como defende Catarina Castro (*ob.cit.* no ponto 1, p. 247), trata-se de um «direito "à curiosidade", ou seja, o direito de saber se sobre si são tratadas quaisquer informações; e de as corrigir e atualizar, se isso for necessário».

Compete à entidade responsável pelo tratamento dos dados proceder a essa retificação, atualização, bloqueio ou apagamento num prazo razoável, sob pena de contraordenação, nos termos da alínea *b)*, nº1 artigo 38º da LPD.

Caso exista mais do que um responsável pelo tratamento dos *mesmos* dados, como pode acontecer no âmbito do regime do Licenciamento Zero (nº 2, do artigo 22º), na ausência de outra regulamentação, deve entender-se que essas obrigações recaem sobre qualquer um deles, cabendo ao titular dos dados a escolha da entidade a quem dirigir-se. Se houver lugar a retificações, atualizações, apagamento ou bloqueio de dados, nos termos da alínea *b)* do nº 1 do artigo 11º da LPD, deve a entidade com quem o titular dos dados interagiu notificar obrigatoriamente as restantes entidades a quem esses mesmos dados tenham sido comunicados para que procedam em conformidade.

Como já foi referido *supra*, no âmbito do regime do Licenciamento Zero, o *dever de atualização* dos dados no «Balcão do empreendedor», sejam ou não pessoais, recai também sobre o titular da informação, por exemplo, em matéria de instalação, modificação e encerramento de estabelecimentos (nº 4 do artigo 4º) e de ocupação de espaço público (nº 7 do artigo 12º), sob pena de contraordenação.

Artigo 23º – Segurança da informação

A DGAE e demais entidades responsáveis pelo tratamento dos dados mencionados no presente capítulo adotam as medidas técnicas e organizativas adequadas para os proteger contra a destruição acidental ou ilícita, a perda acidental, a alteração, a difusão ou o acesso não autorizados, nos termos da lei de proteção de dados pessoais.

COMENTÁRIO

1. As medidas de proteção e de segurança dos dados pessoais
2. A proteção de dados e a externalização do seu tratamento

1. De acordo com o artigo 14º da LPD, o *responsável pelo tratamento dos dados* «deve pôr em prática as medidas técnicas e organizativas adequadas para proteger os dados pessoais contra a destruição, acidental ou ilícita, a perda acidental, a alteração, a difusão ou o acesso não autorizados, nomeadamente quando o tratamento implicar a sua transmissão por rede, e contra qualquer outra forma de tratamento ilícito; estas medidas devem assegurar, atendendo aos conhecimentos técnicos disponíveis e aos custos resultantes da sua aplicação, um nível de segurança adequado em relação aos riscos que o tratamento apresenta e à natureza dos dados a proteger». Por conseguinte, ele está obrigado a adotar mecanismos de prevenção para a proteção os dados e a resolver problemas que tenham afetado a sua segurança.

A segurança da informação implica a sua salvaguarda, a manutenção da sua integridade, a assunção de medidas que impossibilitem a sua difusão ou acesso não autorizados, garantindo-se com isso a sua confidencialidade. Obriga ainda a tomar medidas adequadas que permitam a acessibilidade à informação por todas as entidades que estejam autorizadas a ela aceder (cfr. Catarina Castro, *o Direito da Informática, Privacidade e Dados Pessoais*, Coimbra, Almedina, 2005, p. 267 e ss.)

De entre as medidas de segurança que podem ser adotadas, umas dirão respeito ao próprio edifício, limitando o acesso às instalações onde as máquinas se encontram instaladas, e outras à segurança dos sistemas de informação, por exemplo, através de «cópias de back-up dos dados, *password* de acesso às informações, sistemas de processamento de *backup* e sistemas de alarme e resposta» (cfr. Autorização nº 1181/2010, da CNPD).

2. A *subcontratação do tratamento de dados pessoais* não dispensa o responsável legal pelo seu tratamento do cumprimento dos deveres em matéria de proteção e de segurança de dados. Deste modo, a entidade legalmente responsável tem deveres de diligência na escolha do subcontratante, definido pela alínea *e)* do artigo 3º da LPD como sendo a «*pessoa singular ou coletiva, a autoridade pública, o serviço ou qualquer outro organismo, que trate os dados pessoais por conta do responsável pelo tratamento*» (designação imprópria visto que, de facto, é um subcontratado), o qual deve oferecer garantias suficientes em relação às medidas de segurança técnica e de organização do tratamento a efetuar, cabendo-lhe ainda fiscalizar a aplicação dessas medidas (nº 2 do artigo 14º da LPD).

Esta questão torna-se especialmente relevante num momento em que se abrem possibilidades de tratamento de dados em sistema de *cloud computing* ("computação em nuvem" ou "nebulosa computacional", tradução usada no relatório da Comissão Europeia sobre a Estratégia Europa 2020), ou seja, utilizando a memória e as capacidades de armazenamento de computadores e servidores compartilhados e acessíveis através da Internet. Desse modo, usam-se recursos que são pagos como um serviço a um determinado fornecedor, em função da capacidade utilizada em cada momento, em vez de se investir numa infraestrutura própria de computadores e servidores, dimensionada para os picos de utilização. Assim, a entidade que a recolhe os dados deixa de ser a responsável direta pelo seu armazenamento e por vezes até pelo seu tratamento.

Artigo 24º – Conservação dos dados

1 – Os dados constantes das comunicações reguladas no presente decreto-lei são conservados enquanto se mantiver o exercício da atividade, sem prejuízo do disposto no número seguinte.

2 – Após a cessação da atividade, os dados são conservados durante o prazo previsto nos regulamentos arquivísticos das respetivas entidades competentes.

COMENTÁRIO

Período temporal de conservação dos dados

No regime do Licenciamento Zero, o prazo para a conservação dos dados é igual ao da existência do estabelecimento comercial, de restauração e bebidas ou de serviços ou armazenagem, ou do exercício de outras modalidades de comércio sem estabelecimento. No caso de informação comunicada por outros estabelecimentos, ao «Balcão do empreendedor», por exemplo, para fins de ocupação do espaço público, a conservação dessa informação deve igualmente ocorrer até ao momento em que cessar essa ocupação.

Após a cessação da atividade, os dados são conservados de acordo com os regulamentos arquivísticos de cada uma das entidades que a eles têm acesso. Presume-se que o interesse nessa conservação por tempo mais longo será relevante para entidades como a DGAE, para efeitos de realização de estudos económicos, mas já não tanto para outras entidades, como as que têm competências de fiscalização. Em suma, os prazos de conservação variarão conforme a natureza da informação e as finalidades com que é feito o seu tratamento.

SECÇÃO V – Fiscalização e regime sancionatório

Artigo 25º – Fiscalização

A fiscalização do cumprimento das regras estabelecidas no presente capítulo compete à Autoridade de Segurança Alimentar e Económica (ASAE), sem prejuízo das competências próprias dos municípios, no âmbito do RJUE e da tutela do espaço público, e das competências das demais entidades nos termos da lei.

COMENTÁRIO

1. Função da fiscalização
2. Competência

1. As operações de fiscalização destinam-se a verificar o cumprimento das normas legais e regulamentares em vigor. Estamos, neste caso, perante um controlo sucessivo das mesmas.

Note-se que, mesmo que isentas de controlo preventivo, as atividades sujeitas ao regime do Licenciamento Zero devem cumprir as disposições legais e regulamentares aplicáveis encontrando-se, por isso, sujeitas a fiscalização nos termos desta Secção.

O objetivo do legislador foi precisamente dispensar o maior número de hipóteses de situações sujeitas a controlo preventivo, mas acentuar o seu controlo sucessivo através da fiscalização. Compreendemos esta opção em face de um esforço para reduzir custos de contexto através da simplificação administrativa, mas lembramos que a mesma exige um reforço de atuação dos serviços de fiscalização, mormente os municipais, que devem ser adequados a tal propósito, não só eventualmente em número de efetivos mas, acima de tudo, na definição de um novo modelo de concretizar essa fiscalização. Para além da organização de ações de formação, sempre indispensáveis quando se alteram paradigmas de regulação como é o caso deste diploma, a criação de "*check lists*" e/ou da elaboração de manuais com orientações para os serviços de fiscalização municipal contribuirão seguramente para uma maior eficácia da sua atuação.

O reforço dos meios de controlo sucessivo sobre o exercício das atividades económicas é feito, designadamente, através: i) do acesso à informação registada no «Balcão do empreendedor» por todas as autoridades com interesse relevante no seu conhecimento; ii) da verificação das declarações prestadas nas comunicações efetuadas e do cumprimento dessas comunicações no respetivo prazo; iii) do poder concedido aos municípios para remover os elementos que ocupem o domínio público ilicitamente, sendo as respetivas despesas suportadas pelo agente económico infrator; iv) da aplicação de sanções acessórias que podem ser de interdição do exercício da atividade ou de encerramento do estabelecimento por um período até dois anos..

2. O presente artigo define as competências de fiscalização, as quais, sem prejuízo das competências próprias no âmbito do RJUE e da tutela do espaço público, bem como das competências que intervêm no domínio dos requisitos específicos aplicáveis, são atribuídas à ASAE, à semelhança do que já acontecia nos regimes por este revogados (v.g. artigo 20º do Decreto-Lei nº 234/2007, de 19 de junho).

A ASAE é também competente para a fiscalização das regras relativas à higiene a que estão sujeitos os géneros alimentícios, nos termos do Regulamento CE nº 852/2004 do Parlamento Europeu e do Conselho, de 29 de abril de 2004, do Decreto-lei nº 113/2006, de 12 de junho e da Portaria nº 699/2008, de 29 de julho. Nestes casos há ainda que atender às competências das autoridades de saúde que são concorrentes nesta matéria, as quais se encontram previstas no Decreto-Lei nº 336/93, de 29 de setembro.

A ASAE é, de acordo com a sua Lei orgânica – Decreto-Lei nº 274/2007, de 30 de julho –, a autoridade administrativa nacional especializada no âmbito da segurança alimentar e de fiscalização económica. Nos termos do regime jurídico da atividade de inspeção, auditoria e fiscalização dos serviços da administração direta e indireta do Estado (Decreto-Lei nº 276/2007, de 31 de julho), é responsável pela avaliação e comunicação dos riscos na cadeia alimentar, bem como pela disciplina do exercício das atividades económicas nos setores alimentar e não alimentar, mediante a fiscalização e prevenção do cumprimento da legislação reguladora das mesmas.

Importa ainda voltar a referir que as autoridades de fiscalização, em especial a ASAE, dispõem agora de um recurso precioso para aceder à informação necessária ao exercício dos seus poderes, o «Balcão do empreendedor», dispensando-se de a ter de solicitar ao particular ou a outras entidades da Administração pública quando essa informação já tenha ali sido comunicada. Esta possibilidade certamente contribuirá para desburocratizar a própria fiscalização e para a tornar mais eficiente e eficaz.

Sobre a competência de fiscalização no âmbito do RJUE, cfr. Fernanda Paula Oliveira, Maria José Castanheira Neves, Dulce Lopes e Fernanda Maças, *Regime Jurídico da Urbanização e Edificação. Comentado*, 3ª Edição, Coimbra, Almedina, 2011, anotação ao artigo 94º, p. 517.

Artigo 26º – Ocupação ilícita do espaço público

1 – Os municípios podem, notificado o infrator, remover ou por qualquer forma inutilizar os elementos que ocupem o espaço público em violação das disposições no presente capítulo.

2 – Os municípios, notificado o infrator, são igualmente competentes para embargar ou demolir obras quando contrariem o disposto no presente capítulo.

COMENTÁRIO

1. **Âmbito de aplicação**
2. **Executoriedade dos atos administrativos e tipo de procedimento executivo**
3. **Notificação como pressuposto de validade da execução**

1. O presente artigo dispõe que os municípios gozam do privilégio de remoção dos elementos que ilicitamente ocupem o espaço público nos casos em que, tendo notificado o infrator para os remover, este não o tenha feito no prazo determinado pelo município. E tal sem necessidade de ter de esperar por uma decisão judicial nesse sentido.

2. A possibilidade de a Administração executar coativamente os seus atos, sem o prévio recurso ao tribunal – executoriedade – encontra-se prevista no artigo 149º do CPA. Não obstante a aparente amplitude desta possibilidade consagrada no referido artigo (amplitude que vem sendo negada pela doutrina em nome do princípio da proporcionalidade – cfr. José Eduardo Figueiredo Dias, Fernanda Paula Oliveira, *Noções Fundamentais de Direito Administrativo*, Coimbra, Almedina, 2010, pp. 236 e ss), a mesma é limitada pelo próprio CPA ao admitir que os atos administrativos apenas podem ser executados coativamente pelas formas e nos termos previstos nele previstos ou noutras leis.

A previsão legal expressa, como sucede no caso em apreço, é uma das exigências que a doutrina vem formulando para que a Administração possa legitimamente recorrer à execução coerciva dos seus atos. No caso do artigo ora em anotação, trata-se de uma execução para prestação de facto fungível, que deve seguir os termos previstos no artigo 157º do CPA.

Previsão semelhante consta, aliás, do regime de administração dos bens do domínio público e privado. De facto, em sede deste regime já dispõe o artigo 21º, sob a epígrafe "Autotutela" que a «Administração tem a obrigação de ordenar aos particulares que cessem a adoção de comportamentos abusivos, não titulados, ou, em geral, que lesem o interesse público a satisfazer pelo imóvel e reponham a situação no estado anterior, devendo impor coercivamente a sua decisão, nos termos do Código do Procedimento Administrativo e demais legislação aplicável».

Esta mesma filosofia inspirou o regime do Licenciamento Zero em matéria de proteção do espaço público (parte do domínio público).

3. A necessidade de notificação prévia do infrator constitui um princípio fundamental do procedimento executivo – o da prévia notificação da execução ao destinatário por forma a que este possa ainda proceder ao cumprimento voluntário da conduta devida. Denota assim que a execução coerciva é uma medida de *ultima ratio* para o cumprimento das obrigações ou o respeito das limitações contidas em ato administrativo, a ser utilizada apenas "*omissio voluntatis*". A notificação pode ocorrer em simultâneo com a notificação do próprio ato exequendo nos termos do artigo 132º do CPA.

Sobre o procedimento executivo *vide* Diogo Freitas do Amaral, João Caupers, João Martins Claro, João Raposo, Maria da Glória Dias Garcia, Pedro Siza Vieira e Vasco Pereira da Silva, *Código do Procedimento Administrativo Anotado*, Coimbra, Almedina, 2007, anotação ao artigo 152º, p. 269 e José Eduardo Figueiredo Dias e Fernanda Paula Oliveira, *Noções Fundamentais de Direito Administrativo, ob. cit.* p. 239.

Artigo 27º – Custos da remoção

Os encargos com a remoção de elementos que ocupem o espaço público, ainda que efetuada por serviços públicos, são suportados pela entidade responsável pela ocupação ilícita.

COMENTÁRIO

Execução para prestação de facto: termos

Revestindo a natureza de uma execução para prestação de facto fungível a mesma segue, como se referiu, os termos previstos no artigo 157º do CPA, mais concretamente o disposto no seu nº 2, segundo o qual se estabelece que se o obrigado não cumprir dentro do prazo fixado, a administração optará por realizar a execução diretamente ou por intermédio de terceiro, ficando neste caso todas as despesas, incluindo indemnizações e sanções pecuniárias, por conta do obrigado. No caso de esta não pagar, tem aplicação o artigo 155º do CPA (execução para pagamento de quantia certa).

Saliente-se que a execução de prestação de facto pela Administração ou por terceiro está sempre dependente do não cumprimento voluntário pelo obrigado dentro do prazo.

Artigo 28º – Regime sancionatório

1 – Sem prejuízo da punição pela prática de crime de falsas declarações e do disposto noutras disposições legais, constituem contra-ordenação:

a) A emissão de uma declaração a atestar o cumprimento das obrigações legais e regulamentares, ao abrigo do disposto na alínea *f*) do nº 3 do artigo 4º ou da alínea *d*) do nº 3 do artigo 12º, que não corresponda à verdade, punível com coima de € 500 a € 3500, tratando-se de uma pessoa singular, ou de € 1500 a € 25 000, no caso de se tratar de uma pessoa coletiva;

b) A não realização das comunicações prévias previstas nos nºs 1 e 5 do artigo 4º, no nº 1 do artigo 5º, no nº 1 do artigo 6º, no nº 1 do artigo 10º, punível com coima de € 350 a € 2500, tratando-se de uma pessoa singular, ou de € 1000 a € 7500, no caso de se tratar de uma pessoa coletiva;

c) A falta, não suprida em 10 dias após notificação eletrónica, de algum elemento essencial das meras comunicações prévias previstas nos nºs 1 e 5 do artigo 4º, no nº 1 do artigo 5º e no nº 1 do artigo 10º, punível com coima de € 200 a € 1000, tratando-se de uma pessoa singular, ou de € 500 a € 2500, no caso de se tratar de uma pessoa coletiva;

d) A não atualização dos dados e a falta da comunicação de encerramento do estabelecimento previstas nos n.os 4 e 6 do artigo 4º e no nº 7 do artigo 12º, punível com coima de € 150 a € 750, tratando-se de uma pessoa singular, ou de € 400 a € 2000, no caso de se tratar de uma pessoa coletiva;

e) O cumprimento fora do prazo do disposto nos n.os 1 e 4 a 6 do artigo 4º e no nº 7 do artigo 12º e a violação do disposto no nº 1 do artigo 14º, punível com coima de € 50 a € 250, tratando-se de uma pessoa singular, ou de € 200 a € 1000, no caso de se tratar de uma pessoa coletiva;

f) O cumprimento do disposto no nº 1 do artigo 14º fora do prazo referido no nº 2 do mesmo artigo, punível com coima de € 30 a € 100, tratando-se de uma pessoa singular, ou de € 100 a € 500, no caso de se tratar de uma pessoa coletiva.

2 – A negligência é sempre punível nos termos gerais.

3 – Sem prejuízo do disposto no número seguinte, a instrução dos processos compete à ASAE e a competência para aplicar as respetivas coimas cabe à Comissão de Aplicação de Coimas em Matéria Económica e de Publicidade (CACMEP).

4 – É apenas da competência dos municípios a instrução dos processos referidos nas alíneas *a*), *b*), *c*), *d*) e *e*) do nº 1, na sequência das seguintes infrações:

a) Emissão de uma declaração a atestar o cumprimento das obrigações legais e regulamentares, ao abrigo do disposto na alínea *d*) do nº 3 do artigo 12º, que não corresponda à verdade;

b) Não realização das comunicações prévias previstas no nº 1 do artigo 10º;

c) Falta de algum elemento essencial da mera comunicação prévia prevista no nº 1 do artigo 10º;

d) Violação do disposto no nº 7 do artigo 12º;

e) Cumprimento fora do prazo do disposto no nº 7 do artigo 12º

COMENTÁRIO

1. O ilícito de mera ordenação social
2. Competência
3. Tipos de ilícito

4. Coimas aplicáveis: diferentes valores mínimos das coimas aplicáveis às pessoas singulares e às coletivas
5. A negligência

1. A presente norma estabelece o regime sancionatório das infrações administrativas ao disposto no presente diploma.

O regime adjetivo do direito de mera ordenação social consta fundamentalmente do Decreto-Lei nº 433/82, de 27 de outubro, (alterado pelos Decretos-Lei nºs 356/89, de 17 de outubro, e 244/95, de 14 de setembro, 323/2001, de 17 de dezembro, e Decreto-Lei nº 109/2001, de 24 de dezembro), aplicando-se, subsidiariamente, os preceitos reguladores do processo criminal que, contudo, dadas as naturais diferenças entre ilícito pena e de mera ordenação social, devem ser aplicadas com as devidas adaptações (artigo 41º do mencionado diploma).

2. A competência para determinar a instauração dos processos de contraordenações, eventualmente na sequência dos resultados dos processos de fiscalização, e para designação do instrutor é da ASAE, (cfr. anotação ao artigo 25º). Mas já a competência para aplicar (e graduar) as coimas pertence, nos termos do Regime do Licenciamento Zero, à Comissão de Aplicação de Coimas em Matéria Económica e de Publicidade (CACMEP), cuja orgânica foi aprovada pelo Decreto-Lei nº 143/2007, de 27 de abril. Esta Comissão foi extinta, tendo a suas competências sido transferidas para a ASAE, salvo no que respeita à publicidade, matéria que passou para a competência da Direção Geral do Consumidor (cfr. alínea g) do nº 3 do artigo 40º do Decreto-Lei nº 126-C/2011, de 29 de dezembro – Lei Orgânica do Ministério da Economia e do Emprego).

Da decisão de aplicação da coima, nos termos do nº 10 do artigo 98º, cabe recurso para os Tribunais Judiciais (comuns) – o tribunal em cuja área territorial se tiver consumado a infração (artigo 61º, nº 1, do Decreto-Lei nº 433/82, de 27 de outubro, com as alterações introduzidas pelos seguintes diplomas: Decreto-Lei nº 356/89, de 17 de outubro; Decreto-Lei nº 244/95, de 14 de setembro; Decreto-Lei nº 323/2001, de 17 de dezembro, e Decreto-Lei nº 109/2001, de 24 de dezembro).

É de realçar que os tribunais têm jurisdição plena o que significa que podem não apenas anular ou declarar a nulidade da decisão administrativa, mas também absolver o arguido ou manter ou alterar a condenação (artigo 64º, 2ºs 3, 4, e 5 do Decreto-Lei nº 433/82, de 27 de outubro). Por outro lado, segundo o disposto no artigo 72º-A do mesmo diploma, está proibida a *reformatio in pejus*.

3. Os tipos de ilícito previstos no nº 1 do artigo 98º correspondem a uma condensação das principais obrigações e proibições previstas ao longo do regime do Licenciamento Zero, pelo que não os repetiremos nesta sede. Apontaremos, por isso, apenas alguns exemplos que consideramos mais críticos:

a) As falsas declarações dos titulares da exploração dos estabelecimentos a atestar o cumprimento das obrigações legais e regulamentares quer em sede de instalação das atividades quer em sede de ocupação do espaço público são objeto de dupla valoração, quer como ilícitos contraordenacionais, nas alíneas a) do nº 1 e a) do nº 4 do artigo 28º, quer como ilícitos penais, de acordo com o nº 1, o que não se revela consentâneo com uma diferenciação material entre estas duas categorias de ilícito. Assim, para António Pereira da Costa, *Direito dos Solos e da Construção*, Braga, 2000, p. 150, como ninguém pode ser julgado duas vezes pelo mesmo facto, o infrator deve ser punido a título de crime, *apud* Fernanda Paula Oliveira, Maria José Castanheira Neves, Dulce Lopes e Fernanda Maças, *Regime Jurídico da Urbanização e Edificação. Comentado*, 3ª Edição, Coimbra, Almedina, 2011 anotação ao artigo 98º, pp. 523-530.

b) A não realização das comunicações prévias;

c) A não atualização dos dados ou a sua feitura fora do prazo devido;

d) A comunicação dos dados necessários para efeitos de inscrição do cadastro comercial fora do prazo.

4. No regime geral das contraordenações, a contraordenação é definida numa perspetiva formal, como "*todo o facto ilícito e censurável que preenche um tipo legal no qual se comine uma coima*". Portanto, é esta sanção específica que caracteriza o ilícito de mera ordenação social pelo que se torna necessário definir alguns dos seus contornos.

De acordo com o Acórdão do Tribunal Constitucional nº 56/84 (*Diário da República* I Série, nº 184, de 9 de agosto de 1984), apesar de o regime geral de punição das contraordenações ser da exclusiva responsabilidade do Governo, pode o mesmo (sem autorização legislativa) criar tipos de ilícito por diploma especial, desde que continue a constar do regime geral o quadro rígido das sanções aplicáveis e os montantes máximo e mínimo das coimas.

De facto, é esta moldura sancionatória diferenciada, mas respeitadora destes limites gerais, que decorre dos nº 2 a 7 do artigo 98º. Sendo a tentativa e a negligência puníveis expressamente, deve fazer-se uma adaptação destes montantes ao disposto no regime geral das contraordenações quanto ao montante da coima.

Também a determinação da coima em concreto deve obedecer aos critérios estabelecidos no artigo 18º desse regime geral, fazendo-se "*em função da gravidade da contraordenação, da culpa, da situação económica do agente e do benefício que este retirou da prática da*". Não obstante estas indicações, é comum, no plano municipal, a inexistência de critérios uniformes aplicáveis aos procedimentos sancionatórios de contraordenação, o que determina soluções distintas para casos especificamente idênticos.

Sobre estas e outras questões no âmbito dos processos de contraordenação vide Fernanda Paula Oliveira, Maria José Castanheira Neves, Dulce Lopes e Fernanda Maçãs, *Regime Jurídico da Urbanização e Edificação Comentado, ob. cit.*, anotação ao artigo 98º, p. 523-530.

5. Estipula-se no nº 2 do presente artigo que a negligência é sempre punível remetendo para a lei geral o que significa convocar o Código Penal.

Nos termos desse Código (artigo 15º), «age com negligência quem, por não proceder com o cuidado a que, segundo as circunstâncias, está obrigado e de que é capaz, representar como possível a realização de um facto que preenche um tipo de crime mas atuar sem se conformar com essa realização ou não chegar sequer a representar a possibilidade de realização do facto». De acordo com o artigo 8º do Regime Geral das Contraordenações só é punível a negligência nos casos expressamente previstos na lei.

Artigo 29º – Produto das coimas

1 – O produto das coimas apreendido nos processos de contraordenação reverte:

a) 60% para o Estado ou para as regiões autónomas, consoante o local de ocorrência da ação que consubstancia a infração;

b) 30% para a autoridade administrativa que faz a instrução do processo;

c) 10% para a CACMEP.

2 – O produto das coimas apreendido nos processos de contraordenação que sejam da responsabilidade das autoridades administrativas municipais reverte na totalidade para os municípios respetivos.

COMENTÁRIO

Âmbito de aplicação

O artigo em anotação procede à repartição e distribuição do produto das coimas liquidado e efetivamente recebido após processo contraordenacional e fá-lo em função das entidades que no corpo do diploma estabeleceu como competentes nos seus diversos domínios.

Assim, sempre que em causa esteja a instalação de atividades, as entidades beneficiárias do produto das coimas são o Estado ou as Regiões Autónomas, a ASAE e a CACMEP. Tendo em conta que a CACMEP foi extinta (cfr. ponto 2 da anotação ao artigo 28º), a parte que lhe caberia reverte para as entidades que herdaram as suas competências, neste caso a ASAE.

Quando se trate de ocupação do espaço público o produto das coimas reverte na totalidade para os municípios, que são os responsáveis pela fiscalização, visto que o que está em causa é o domínio público municipal. Terá sido esta uma forma de incentivar o desencadear destes procedimentos e o seu efetivo desfecho (o que não é a regra em sede de diplomas especiais, em que o produto das coimas é normalmente repartido por várias entidades, tal como consta do nº 1). Mais, havendo lugar a recurso da decisão de aplicação de uma coima (recurso este que segue os seus trâmites nos tribunais judiciais) ou a cobrança judicial das mesmas, também o produto das coimas deve reverter para o município.

Artigo 30º – Sanções acessórias

1 – Em função da gravidade da infração e da culpa do agente, simultaneamente com a coima, podem ser aplicadas as sanções acessórias de encerramento de estabelecimento e de interdição do exercício de atividade, com os seguintes pressupostos de aplicação:

a) A interdição do exercício de atividade apenas pode ser decretada se o agente praticar a contra-ordenação com flagrante e grave abuso da função que exerce ou com manifesta e grave violação dos deveres que lhe são inerentes;

b) O encerramento do estabelecimento apenas pode ser decretado quando a contra-ordenação tenha sido praticada por causa do funcionamento do estabelecimento.

2 – A duração da interdição do exercício de atividade e do encerramento do estabelecimento não pode exceder o período de dois anos.

COMENTÁRIO

1. Sanções acessórias

2. Competência

3. Relacionamento com a suspensão imediata e temporária do exercício da atividade do estabelecimento

1. Simultaneamente à aplicação de coimas, que são sanções pecuniárias, admite o regime do Licenciamento Zero, na esteira do regime geral das contraordenações, a aplicação de sanções acessórias aos infratores.

Compreende-se esta previsão de aplicação simultânea de coimas e de sanções acessórias, tendo em conta uma das vertentes do paradigma subjacente ao regime do Licenciamento Zero, já mencionada na anotação ao artigo 1º: uma maior confiança depositada no cidadão tem como contrapartida a sua maior responsabilização pelas declarações que presta e o agravamento das sanções caso estas sejam falsas. O efeito dissuasor e a eficácia do regime sancionatório tornam-se assim aspetos essenciais para que o regime seja bem sucedido. Sobre esta questão, cfr. também Maria Manuel Leitão Marques e Mariana Maia Rafeiro, «Licenciamento Zero e Espaço Público», in *Revista de Direito Regional e Local*, nº 16, outubro/dezembro, 2011, p. 13 e ss.

As sanções acessórias previstas são: i) o encerramento do estabelecimento e a ii) a interdição do exercício de atividade.

Dada a sua onerosidade, apenas podem ser aplicadas quando a gravidade do ilícito o imponha, exigindo o normativa em anotação que: *a*) a interdição do exercício de atividade apenas pode ser decretada se o agente praticar a contraordenação com flagrante e grave abuso da função que exerce ou com manifesta e grave violação dos deveres que lhe são inerentes; *b*) o encerramento do estabelecimento apenas pode ser decretado quando a contra-ordenação tenha sido praticada por causa do funcionamento do estabelecimento.

Devem, ainda, segundo o regime geral das contraordenações ter a duração máxima de 2 anos (nº 2 do artigo 21º e nº 2 do presente artigo).

2. As sanções acessórias de encerramento ou a interdição do exercício da atividade por ser determinada pela CACMEP, que, como já referimos no ponto 1 da anotação ao artigo 28º, foi extinta, tendo as suas competências sido transferidas para a ASAE no que aqui importa relevar. No Decreto-Lei nº 234/2007, de 19 de junho, previa-se ainda que cumulativamente pudesse ser determinada a publicidade da aplicação da sanção mediante a afixação de cópia da decisão no próprio estabelecimento e em lugar bem visível pelo período de 30 dias, solução que não foi agora acolhida.

3. De salientar que a aplicação da sanção acessória de interdição do exercício da atividade não se pode confundir com a possibilidade de suspensão imediata e temporária do exercício da atividade do estabelecimento. Os momentos em que ocorrem contribuem para que seja mais fácil distingui-las: a interdição do exercício da atividade e o encerramento do estabelecimento são determinados na fase decisória do procedimento contraordenacional e aplicados conjuntamente com a coima.

Diferentemente se passam as coisas quando em causa está a determinação da suspensão imediata e temporária do exercício da atividade do estabelecimento, que consubstancia uma medida cautelar, a qual pode ser determinada pelas entidades fiscalizadoras mormente sempre que se verifique um incumprimento das disposições referentes à higiene dos géneros alimentícios (Regulamento CE nº 882/2004, de 29 de abril e Regulamento CE 852/2004, de 29 de abril).

Sobre este assunto, cfr. José António Dias Figueiredo, *O Novo Regime da Instalação e Funcionamento dos Estabelecimentos de Restauração e Bebidas, Anotado e Comentado.* Coimbra: Almedina, 2009.

CAPÍTULO III – Alterações legislativas

Artigo 31º – Alteração à Lei nº 97/88, de 17 de agosto

Os artigos 1º, 2º e 4º da Lei nº 97/88, de 17 de agosto, alterada pela Lei nº 23/2000, de 23 de agosto, passam a ter a seguinte redação:

«Artigo 1º

[...]

1 – A afixação ou inscrição de mensagens publicitárias de natureza comercial obedece às regras gerais sobre publicidade e depende do licenciamento prévio das autoridades competentes, salvo o disposto no nº 3.

2 – ....

3 – Sem prejuízo das regras sobre a utilização do espaço público e do regime jurídico da conservação da natureza e biodiversidade, a afixação e a inscrição de mensagens publicitárias de natureza comercial não estão sujeitas a licenciamento, a autorização, a autenticação, a validação, a certificação, a atos emitidos na sequência de comunicações prévias com prazo, a registo ou a qualquer outro ato permissivo, nem a mera comunicação prévia nos seguintes casos:

a) Quando as mensagens publicitárias de natureza comercial são afixadas ou inscritas em bens de que são proprietárias ou legítimas possuidoras ou detentoras entidades privadas e não são visíveis ou audíveis a partir do espaço público;

b) Quando as mensagens publicitárias de natureza comercial são afixadas ou inscritas em bens de que são proprietárias ou legítimas possuidoras ou detentoras entidades privadas e a mensagem publicita os sinais distintivos do comércio do estabelecimento ou do respetivo titular da exploração ou está relacionada com bens ou serviços comercializados no prédio em que se situam, ainda que sejam visíveis ou audíveis a partir do espaço público;

c) Quando as mensagens publicitárias de natureza comercial ocupam o espaço público contíguo à fachada do estabelecimento e publicitam os sinais distintivos do comércio do estabelecimento ou do respetivo titular da exploração ou estão relacionadas com bens ou serviços comercializados no estabelecimento.

4 – No caso dos bens imóveis, a afixação ou a inscrição de mensagens publicitárias no próprio bem consideram-se abrangidas pelo disposto na alínea *b*) do número anterior.

5 – Compete aos municípios, para salvaguarda do equilíbrio urbano e ambiental, a definição dos critérios que devem ser observados na afixação e inscrição de mensagens publicitárias não sujeitas a licenciamento nos termos das alíneas *b*) e *c*) do nº 3.

6 – No caso de o município não definir os critérios nos termos do número anterior, aplicam-se subsidiariamente os critérios referidos no anexo IV do presente decreto-lei, do qual faz parte integrante.

7 – Os critérios definidos nos termos do nº 5 apenas produzem efeitos após a sua divulgação no 'Balcão do empreendedor', acessível pelo Portal da Empresa, sem prejuízo da sua publicação nos sítios da Internet dos respetivos municípios.

COMENTÁRIO

1. Âmbito

2. A publicidade como atividade relativamente proibida

3. As mensagens publicitárias de natureza comercial não sujeitas a licenciamento

4. Razão de ser da isenção
5. Articulação com outras disposições normativas:
a) O regime simplificado de ocupação do espaço público
b) O regime jurídico da conservação da natureza e biodiversidade
6. Os critérios municipais a observar na afixação e na inscrição de mensagens publicitárias de natureza comercial não sujeitas a licenciamento
7. Fluxograma: Regime das mensagens pubicitárias e do respetivo suporte

1. A principal alteração introduzida à Lei nº 97/88, de 17 de agosto (vulgarmente conhecida como Lei da Publicidade), pelo diploma do Licenciamento Zero, teve como objetivo isentar de licenciamento as mensagens publicitárias de natureza comercial elencadas nas alíneas *a)* a *c)* do nº 3 do seu artigo 1º.

Como mostraremos ao longo desta anotação, as mensagens publicitárias de natureza comercial isentas de licenciamento não são mensagens publicitárias *proprio sensu*, são sobretudo aquelas mensagens que constituem elementos essenciais para a identificação do próprio estabelecimento ou do titular da sua exploração e/ou para a divulgação dos produtos e serviços nele comercializados. O artigo 1º da Lei da Publicidade identifica essas mensagens no seu nº 3, deixando claro nos números seguintes que o facto de serem isentas de licenciamento não as dispensa de observarem os critérios definidos pelo município para salvaguarda do equilíbrio urbano e ambiental (nº 5), os quais devem ser carregados no «Balcão do empreendedor» (nº 7).

2. Esta alteração ao artigo 1º da Lei da Publicidade é especialmente relevante visto que o exercício da atividade publicitária não é plenamente livre, dependendo, em geral, de um licenciamento prévio dos municípios, em nome da salvaguarda do equilíbrio urbano e ambiental, conforme estipula o nº 2 do já referido artigo 1º. Trata-se de uma restrição ou exigência que se mantém (nº 1 do artigo 1º), -a não ser nos casos acima referidos abrangidos por uma isenção, visto que as disposições alteradas foram tão-só as que importavam de forma mais direta ao exercício de atividades económicas.

O fundamento para o referido licenciamento de mensagens publicitárias ficou claro no Acórdão do Tribunal Constitucional nº 177/2010, de 5 de maio (processo nº 742/09), publicado no Diário da República nº 110, II Série, de 8 de junho de 2010, onde se escreve que do Código de Publicidade (aprovado pelo Decreto-Lei nº 330/90, de 23 de outubro, alterado pelos Decretos-Lei nºs 74/93, de 10 de março, 6/95, de 17 de janeiro, e 61/97, de 25 de março) «(...) resulta que a publicidade (conceptualizada no seu artigo 3º) e, mais concretamente, a atividade publicitária (esta conceptualizada no artigo 4º), não é uma forma livre de comunicação. De facto, a mesma deverá ser pautada por determinados princípios que o legislador entendeu por bem estabelecer, e é passível de restrições da mais variada sorte (cf. artigos 17º e seguintes; cf., ainda, a nível de direito interno, e a título meramente exemplificativo, os diplomas reguladores da publicidade dos medicamentos, produtos farmacêuticos e produtos homeopáticos para uso humano – Decretos-Lei números 72/91, de 8 de fevereiro, 100/94, de 19 de abril, e 94/95, de 9 de maio –, dos géneros alimentícios – Decreto-Lei nº 170/92, de agosto, com as alterações decorrentes do Decreto-Lei nº 273/94, de 28 de outubro –, dos brinquedos – Decreto-Lei nº 237/92, de 27 de outubro –, do tabaco – Decreto-Lei nº 226/83, de 27 de maio, alterado pelos Decretos-Lei números 393/88, de 8 de novembro, e 253/90, de 4 de agosto, Decretos-Lei nºs 52/87, de 30 de janeiro, e 346/88, de 29 de setembro –, da publicidade exterior junto de estradas municipais e dentro das áreas urbanas – Decreto-Lei nº 637/76, de 29 de junho; a nível internacional convencional e por entre muito mais que se poderia citar, a Convenção Europeia sobre a Televisão Transfronteiras, *maxime* o que aí se dispõe nos seus artigos 11º e seguintes, a Resolução do Conselho da Europa nº 543, de 17 de maio de 1973, que adotou os princípios estabelecidos na chamada Carta de Proteção do Consumidor, e a Diretiva nº 84/450/CEE, de 10 de setembro de 1984 do Conselho das Comunidades Europeias em matéria de publicidade enganosa)».

Conclusão idêntica retira-se da leitura do Acórdão do Supremo Tribunal Administrativo, de 12 de janeiro de 2011 (processo nº 752/10), disponível para consulta em www.dgsi.pt, onde se defende que o regime do licenciamento publicitário «de forma alguma (...) pode ser perspetivado como um obstáculo jurídico arbitrário, como uma intervenção abusivamente limitadora do *jus utendi* de um bem privado, com o único fito de obter receitas. Independentemente da posição adotada quanto a saber se a iniciativa publicitária corresponde ou não ao gozo de uma faculdade contida no direito de propriedade privada, não sofre dúvida de que tal regime se encontra objetivamente legitimado pela tutela de reais interesses públicos, cuja preservação é condição indispensável da "qualidade ambiental das povoações e da vida urbana", nos termos constitucionalmente exigidos (alínea e) do artigo 66º da CRP)».

3. As mensagens publicitárias de natureza comercial que a alteração constante do diploma do Licenciamento Zero veio isentar de licenciamento, autorização, autenticação, validação, certificação, atos emitidos na sequência de comunicações prévias com prazo, registo, qualquer outro ato permissivo ou mera comunicação prévia são *apenas* as taxativamente elencadas nas alíneas *a)* a *c)* do nº 3 do artigo 1º da Lei nº 97/88, de 17 de agosto.

Na alínea *a)* isentam-se as *mensagens publicitárias de natureza comercial em virtude da respetiva localização.* Trata-se de mensagens: i) afixadas ou inscritas em bens de que são proprietárias ou legítimas possuidoras ou detentoras entidades privadas e ii) de forma a não serem visíveis a partir do espaço público (Cfr. Fluxograma – Regime das mensagens publicitárias e do respectivo suporte, no final da anotação a este artigo). Exemplos de mensagens publicitárias de natureza comercial que podem ser abrangidas por esta alínea, desde que reúnam as características acima referidas, são o cartaz de gelados afixado no interior de um café ou a ementa afixada no interior de um restaurante. No âmbito de vários regulamentos municipais esta já não era uma mensagem publicitária sujeita a qualquer tipo de controlo preventivo por parte da Administração pelo que o diploma do Licenciamento zero limita-se a confirmar a desnecessidade de qualquer controlo apriorístico.

Na alínea *b)* isentam-se as *mensagens publicitárias de natureza comercial em virtude, simultaneamente, do respetivo teor e localização.* Quanto ao *teor*, a mensagem publicitária só pode dizer respeito aos sinais distintivos do comércio do estabelecimento ou do respetivo titular da exploração ou estar relacionada com bens ou serviços comercializados no prédio em que se situam; quanto à *localização*, a mensagem publicitária é afixada ou inscrita de forma visível e/ou audível a partir do espaço público, podendo, inclusivamente, ser afixada ou inscrita no próprio bem imóvel, segundo o nº 4 do artigo 1º da Lei nº 97/88, de 17 de agosto. Exemplos de mensagens publicitárias de natureza comercial que podem ser abrangidas pela alínea *b)*, desde que reúnam as características acima referidas, são o cartaz de gelados afixado no interior da montra de um café ou a ementa afixada na fachada de um restaurante, a marca do café ou da cerveja, etc.

É importante realçar que o âmbito da alínea *b)* abrange as mensagens publicitárias de natureza comercial que dizem respeito a bens e a serviços comercializados no *prédio* em que se afixam ou inscrevem tais mensagens. O legislador quis dar um escopo mais abrangente a esta alínea para que pudesse beneficiar também os estabelecimentos que, em virtude do local onde estão instalados dentro do prédio, não disponham de fachada (situados no interior do prédio) ou em que a fachada, na prática, permita que a mensagem publicitária seja visível, mas não legível a partir do espaço público (por se situar, por exemplo, num 15º andar).

A experiência mostra que nos casos acima referidos, muitas vezes, o titular da exploração do estabelecimento opta por afixar/inscrever a mensagem publicitária que divulga os seus bens ou serviços na parte da fachada junto à entrada principal do prédio. Mantendo-se as premissas fundamentais quanto ao teor e à localização que levaram o legislador a decidir pela isenção de qualquer permissão administrativa relativamente a determinadas mensagens publicitárias de natureza comercial, por maioria de razão compreende-se que aquele tenha optado por inserir no âmbito da alínea *b)* as mensagens publicitárias que tenham o mesmo teor das isentas e uma localização quase idêntica, por serem afixadas/inscritas no prédio em que se situa o seu estabelecimento, sujeitando-as apenas ao cumprimento das regras relativas à ocupação do espaço público e ao regime jurídico da conservação da natureza e da biodiversidade.

Por último, na alínea *c)* isentam-se as *mensagens publicitárias de natureza comercial em virtude do respetivo teor e localização, como na alínea b), com uma diferença: agora a mensagem ocupa o espaço público.* Quanto ao *teor*, a mensagem publicitária, de novo, diz respeito aos sinais distintivos do comércio do estabelecimento ou do respetivo titular da exploração ou está relacionada com bens ou serviços comercializados no estabelecimento; quanto à *localização*, a mensagem publicitária ocupa o espaço público contíguo à fachada do estabelecimento.

Entendemos que é por força da conjugação desses dois fatores que o âmbito desta alínea é menos abrangente do que o da alínea *b)*. Com efeito, na alínea *c)* a isenção de licenciamento, de qualquer permissão administrativa e de mera comunicação prévia abrange as mensagens publicitárias com o teor referido relativas a bens ou serviços comercializados *apenas no estabelecimento a que digam respeito e não no prédio em que se situam*. A restrição do âmbito desta alínea face ao âmbito da alínea *b)* deve-se, na nossa opinião, não apenas ao facto de pressupor que os suportes em que são afixadas/inscritas as mensagens publicitárias *ocupam* o espaço público (utilizando um bem comum de forma privativa), mas ainda à relação de proximidade que normalmente tem de existir entre este tipo de mensagens e o estabelecimento a que dizem respeito para que produza efeitos sobre os potenciais clientes (por exemplo, o tripé com o menu próximo da porta do restaurante).

Note-se que a ocupação permitida do espaço público referida na alínea *c)* deve ser conjugada com o disposto na alínea *e)* do nº 1 do artigo 10º do regime do Licenciamento Zero e com os limites estabelecidos pela alínea *e)* do nº 2 do artigo 12º do mesmo regime.

Ainda no que diz respeito à *localização*, determina-se na alínea *c)* que a ocupação tem que ser contígua à fachada do estabelecimento.

O regime do Licenciamento Zero não define o adjetivo "contígua" para fins da sua aplicação em matéria de ocupação de espaço público, porquanto tal definição caberá ao município, no âmbito do exercício do seu poder regulamentar. Caso o município opte pela utilização dos critérios subsidiários a observar na ocupação do espaço público com suportes publicitários, que constam do Anexo IV ao regime, então a definição de "contígua" resultará da aplicação concreta das disposições constantes desse Anexo. Todavia, sempre poderá dizer-se que o adjetivo "contígua" deve ser entendido com o seu sentido literal, donde a ocupação do espaço público referida nesta alínea *c)* terá que corresponder a área *imediatamente* após a fachada do estabelecimento ou na sua proximidade.

4. Ao contrário de outras soluções adotadas em matérias também objeto do regime do Licenciamento Zero, o legislador não procedeu aqui a uma mera desgraduação do controlo prévio das mensagens publicitárias de natureza comercial, substituindo uma licença por outro tipo de permissão administrativa menos exigente ou até por um mero dever de comunicação. Nas situações identificadas nas alíneas a) a c) do nº 3 do artigo 1º da Lei da Publicidade *as mensagens publicitárias foram completamente liberalizadas,* não estando sujeitas a licenciamento, a autorização, a autenticação, a validação, a certificação, a atos emitidos na sequência de comunicações prévias com prazo, a registo ou a qualquer outro ato permissivo, *nem sequer a mera comunicação prévia*. Nas restantes situações, como referimos no ponto 2. desta anotação, manteve-se o mesmo grau de controlo continuando, assim, a considerar-se que a atividade publicitária é, em certas circunstâncias, uma atividade relativamente proibida. Vejamos então o que distingue estas mensagens publicitárias das restantes, a sua *differentia specifica* que justifica este tratamento mais favorável por parte do legislador.

As mensagens publicitárias de natureza comercial beneficiadas pelo Licenciamento Zero apresentam, cumulativamente, as seguintes características:

i) Quanto à sua *localização*, o bem em que são afixadas ou inscritas é privado ou sendo público limita-se ao espaço público contíguo à fachada do estabelecimento;

ii) Quanto ao seu *teor*, as mensagens publicitárias só podem dizer respeito à identificação do estabelecimento comercial ou do titular da exploração e/ou dos bens ou serviços nele comercializados, salvo nos casos em que não são visíveis nem audíveis do espaço público;

iii) Quanto ao *objeto* onde as mesmas podem ser afixadas, o legislador refere-se a bens, não distinguindo entre bens imóveis e bens móveis devendo-se, à luz do brocardo *ubi lex non distinguire nec nos non distinguere debemos,* extrair que a intenção é abranger na isenção ambos os tipos de bens: os bens imóveis e os bens móveis, como seja o automóvel do titular da exploração que faz publicidade, mormente, ao nome do estabelecimento. Só assim se percebe, aliás, a disposição do nº 4 que refere expressamente os bens imóveis.

O legislador, como já se referiu *supra*, entendeu que estas mensagens não são uma forma de publicidade *proprio sensu*. São, sobretudo, elementos essenciais e intrínsecos ao exercício pleno da atividade económica desenvolvida pelo titular da exploração do estabelecimento. Basta ter em conta que nas mensagens publicitárias isentas de licenciamento ficam incluídas, por exemplo, a inscrição num toldo do nome do estabelecimento ou a afixação da especialidade da casa num tripé colocado à porta do estabelecimento.

O legislador ponderou também, é certo, outros valores e interesses que a referida isenção de licenciamento de mensagens publicitárias de natureza comercial pode afetar. Esses valores e interesses são os previstos no artigo 66º da CRP, em que se estipula que cabe ao Estado ordenar e promover o ordenamento do território, tendo em vista uma correta localização das atividades, um equilibrado desenvolvimento socioeconómico e a valorização da paisagem [alínea *b)*]; bem como promover, em colaboração com as autarquias locais, a qualidade ambiental das povoações e da vida urbana [alínea *e)*]. No entanto, tendo em conta a natureza própria deste tipo de mensagens, designadamente, a importância que assumem para a divulgação e conhecimento público das atividades económicas a que dizem respeito, e ainda o facto de a isenção não prejudicar a aplicação das regras sobre a utilização do espaço público e do regime jurídico da conservação da natureza e biodiversidade, como mostraremos no ponto seguinte, justifica-se uma ponderação de valores mais favorável à liberdade de iniciativa económica.

A manutenção do licenciamento do tipo de mensagens publicitárias agora isentas serviria apenas para impor um custo administrativo desproporcionado aos empresários, sem que dele adviesse um benefício significativo para o ordenamento do território ou para o ambiente que não pudesse ser obtido por um meio menos penalizador. Convém não esquecer que é também função do Estado incentivar a atividade empresarial, entre outros aspetos, aliviando-a de custos administrativos desnecessários (nº 1 do artigo 86º da CRP).

5. A isenção de controlo prévio das mensagens publicitárias de natureza comercial tipificadas nas alíneas *a)* a *c)* do nº 3 do artigo 1º da Lei nº 97/88, de 17 de agosto, *não prejudica a aplicação das regras sobre a utilização do espaço público e também do regime jurídico da conservação da natureza e biodiversidade*:

a) No que diz respeito à *ocupação do espaço público*, a isenção de licenciamento, prevista no artigo 1º da Lei nº 97/88, de 17 de agosto, é relativa às mensagens publicitárias e não aos suportes publicitários em que estas sejam inscritas ou afixadas.

Compreende-se que assim seja, visto que as mensagens publicitárias de natureza comercial isentas podem ser *visíveis ou audíveis a partir do espaço público* (alínea *b)* ou ser inscritas ou afixadas num suporte que *ocupe o espaço público contíguo à fachada do estabelecimento* (alínea *c*).

São três as situações em que as disposições normativas relativas às mensagens publicitárias isentas de licenciamento se cruzam com as relativas à utilização do espaço público:

i) Mensagens publicitárias afixadas ou inscritas em bens de que são proprietárias ou legítimas possuidoras ou detentoras entidades privadas, mas que são visíveis ou audíveis a partir do espaço público (alínea *b)* do nº 3 do artigo 1º da Lei nº 97/88, de 17 de agosto). O facto de estas mensagens serem visíveis ou audíveis a partir do espaço público conduz a que possam ter impacto na qualidade ambiental e estética das povoações e da vida urbana. Nestes casos, devem também ser respeitadas as regras estabelecidas para o ordenamento desse espaço, mesmo quando o respetivo suporte publicitário não o ocupe, não estando por isso sequer sujeito a mera comunicação prévia (por exemplo, o cartaz de gelados afixado no interior da montra de um estabelecimento comercial). Como escrevemos na anotação ao artigo 1º, esta disposição, tal como outras deste diploma, reflete a tendência para a substituição do enfoque na apreciação casuística do processo individual pela definição de condições gerais e abstratas que regulam o exercício da atividade. As regras *supra* referidas podem ser fixadas em regulamento municipal, dentro dos limites estipulados no artigo 4º da Lei nº 97/88, de 17 de agosto; caso não exista um regulamento municipal em matéria de publicidade, as regras são as que constam do regime supletivo constante do anexo IV ao regime do Licenciamento Zero e do já referido artigo 4º da Lei nº 97/88, de 17 de agosto.

ii) Mensagens publicitárias inscritas diretamente na própria fachada do bem imóvel onde se situa o estabelecimento ou afixadas em suportes publicitários na fachada, como por exemplo um anúncio luminoso com a indicação do nome do café (cfr. nº 4 do artigo 1º da Lei nº 97/88, de 17 de agosto). Se o interessado na exploração do estabelecimento comercial pretender que uma mensagem publicitária, abrangida pela alínea *b)*, seja inscrita diretamente na fachada ou nela afixada através de um dos suportes publicitários previstos nas alíneas do nº 1 do artigo 12º do Licenciamento Zero, deve não só cumprir as regras já referidas no ponto anterior, mas ainda efetuar uma mera comunicação prévia ou uma comunicação prévia com prazo, conforme o tipo de ocupação pretendida, ao abrigo da alínea *e)* do nº 1 e do artigo 10º do nº II da alínea *e)* do nº 1 ou do nº 4 do artigo 12º do Licenciamento Zero.

iii) Mensagens publicitárias afixadas ou inscritas em suportes publicitários que ocupem a área contígua à fachada ou em mobiliário urbano, por exemplo, o tripé que anuncia a especialidade da casa, (alínea *c)* do nº 3 do artigo 1º da Lei nº 97/88, de 17 de agosto). Nestas situações, terão que ser observados os regulamentos sobre ocupação do espaço público ou, na sua ausência, o que está disposto no regime supletivo constante do Anexo IV ao regime do Licenciamento Zero, em ambos os casos observando sempre os limites previstos no artigo 4º da Lei nº 97/88, de 17 de agosto. Mais uma vez a colocação dos suportes publicitários ou a instalação do mobiliário urbano em que se pretende afixar ou inscrever as mensagens publicitárias de natureza comercial isentas de licenciamento dependem de mera comunicação prévia ou de comunicação prévia com prazo, conforme o tipo de ocupação pretendida.

Do exposto, conclui-se que estando uma mensagem publicitária, em virtude do seu teor e da sua localização, isenta de controlo prévio, tal não significa que a *ocupação* do espaço público pelo suporte publicitário ou mobiliário urbano em que ela seja inscrita ou afixada também o esteja. Pelo contrário, da leitura conjugada da alínea *e)* do nº 1 do artigo 10º, da alínea *e)* do nº 1 do artigo 12º e dos nºs 4 e 5 do mesmo artigo 12º, todos do regime do Licenciamento Zero, bem como da alínea *c)* do nº 3 do artigo 1º da Lei nº 97/88, de 17 de agosto, resulta que aquele tipo de ocupação do espaço público está sujeito a mera comunicação prévia ou a comunicação prévia com prazo, conforme o tipo de ocupação pretendida.

Sem prejuízo dos critérios definidos pelos municípios, *a mera comunicação prévia* para ocupação do espaço público é sempre aplicável nos casos em que os suportes publicitários onde se inscrevam ou afixam as mensagens publicitárias:

i) Sejam usados para afixar ou inscrever mensagens publicitárias de natureza comercial isentas de licenciamento na fachada (ponto ii) da alínea *e)* do nº 1 do artigo 12º do Regime do Licenciamento Zero e alínea *b)* do nº 3 do artigo 1º da Lei nº 97/88, de 17 de agosto);

ii) Ocupem o espaço público contíguo à fachada do estabelecimento (alínea *c)* do nº 3 do artigo 1º da Lei nº 97/88, de 17 de agosto) e essa ocupação não exceda a largura do estabelecimento (ponto i) da alínea *e)* do nº 1 do artigo 12º do regime do Licenciamento Zero); ou

iii) Correspondam ao mobiliário urbano previsto nas alíneas do nº 1 do artigo 12º do regime do Licenciamento Zero (ponto ii) da alínea *e)* do nº 1 do artigo 12º do regime do Licenciamento Zero e alíneas *b)* e *c)* do nº 3 do artigo 1º da Lei nº 97/88, de 17 de agosto).

Por sua vez a *comunicação prévia com prazo* aplica-se sempre que a localização e/ou as características do mobiliário urbano não respeitem os limites fixados no nº 1 do artigo 12º do regime do Licenciamento Zero.

b) No nº 3 do artigo 1º da Lei nº 97/88, de 17 de agosto, salvaguarda-se ainda o *regime jurídico da conservação da natureza e da biodiversidade*, aprovado através do Decreto-Lei nº 142/2008, de 17 de agosto. Na alínea *a)* do nº 4 do seu artigo 43º, classifica-se *como contraordenação ambiental leve «a instalação, afixação, inscrição ou pintura mural de mensagens de publicidade ou propaganda, temporárias ou permanentes, de cariz comercial ou não, incluindo a colocação de meios amovíveis»* em áreas criadas ou reclassificadas como áreas protegidas, nos respetivos diplomas regulamentares ou nos regulamentos dos planos de ordenamento de áreas protegidas.

De acordo com o artigo 11º do Regime Jurídico da Conservação da Natureza e da Biodiversidade, as áreas protegidas podem ter âmbito nacional, regional ou local. São classificadas, de acordo com as tipologias previstas no nº 2 do mesmo preceito, como parque nacional, parque natural, reserva natural, paisagem protegida e monumento natural, sem prejuízo das áreas protegidas privadas consagradas no artigo 21º daquele regime.

6. Nos termos do artigo 11º da Lei nº 97/88, de 17 de agosto, *a elaboração dos regulamentos necessários à execução desta lei compete à Assembleia Municipal, por iniciativa própria ou sob proposta da Câmara Municipal.* Por sua vez, o nº 5 do artigo 1º atribui competência aos municípios para definir os critérios que devem ser observados na afixação e inscrição de mensagens publicitárias abrangidas pelas já citadas duas alíneas *b)* e *c)* do nº 3. Na definição desses critérios, os municípios devem assegurar a salvaguarda do equilíbrio urbano e ambiental e o respeito pelas demais disposições legais aplicáveis, nomeadamente, o artigo 4º da Lei nº 97/88, de 17 de agosto. Para que os critérios definidos pelos municípios sejam eficazes, é necessária a sua divulgação no «Balcão do empreendedor» (cfr. nº 6 do artigo 1º da Lei nº 97/88, de 17 de agosto).

Caso os municípios não definam os critérios a observar na afixação e inscrição de mensagens publicitárias abrangidas pelas alíneas *b)* e *c)*, aplicam-se subsidiariamente os critérios referidos no Anexo IV do regime do Licenciamento Zero (cfr. nº 5 do artigo 1º da Lei nº 97/88, de 17 de agosto).

A aplicação de um regime subsidiário, nos casos mencionados, tal como acontece em matéria de ocupação do espaço público, está intrinsecamente ligada ao principal objetivo do diploma Licenciamento Zero: simplificar o regime de exercício de diversas atividades económicas, através da criação de um regime simplificado para a instalação e a modificação de estabelecimentos de restauração ou de bebidas, de comércio de bens, de prestação de serviços ou de armazenagem, e da eliminação de licenciamentos habitualmente conexos com aquelas atividades económicas e que são fundamentais ao seu exercício, como é o caso da isenção de licenciamento das mensagens publicitárias de natureza comercial previstas no nº 3 do artigo 1º da Lei nº 97/88, de 17 de agosto.

Ora, como já frisámos no ponto 2. da anotação ao artigo 11º, para que o diploma do Licenciamento Zero possa lograr cumprir esse objetivo é fundamental que o facto de o município não exercer o seu poder regulamentar ou não o fazer num prazo razoável desde a entrada em vigor do diploma não impeça a aplicação do regime de isenção nele previsto. Assim, a solução encontrada foi a de criar um regime subsidiário, que se aplicará nas situações atrás referidas, garantindo que todos os cidadãos e empresas beneficiem do regime de isenção introduzido pelo Licenciamento Zero na Lei nº 97/88, de 17 de agosto. Os critérios contidos nesse regime subsidiário são semelhantes aos que constavam de muitos regulamentos municipais sobre publicidade então em vigor, representando, de certo modo, o maior denominador comum do que neles estava previsto.

Contudo, entendemos que a existência de um regime subsidiário não representa um incentivo para que os *municípios deixem de elaborar os seus próprios regulamentos sobre publicidade.* Ninguém melhor do que o município sabe quais os critérios que devem conformar a publicidade afixada ou inscrita na área da sua competência territorial, nomeadamente porque esses critérios serão sempre uma expressão da política municipal de ambiente e da estética urbana. O próprio legislador também assim o entendeu ao estipular que compete aos municípios a elaboração de critérios em matéria de publicidade e ao estabelecer que os critérios que constam do anexo IV do diploma do Licenciamento Zero *são meramente subsidiários e não imperativos.*

7. Para facilitar a compreensão de todas as situações em que o regime previsto na Lei da Publicidade se tem que articular com o regime simplificado de ocupação do espaço público consagrado no Licenciamento Zero, inclui-se, de seguida, um fluxograma que sistematiza essas situações.

FLUXOGRAMA – REGIME DAS MENSAGENS PUBLICITÁRIAS E DO RESPETIVO SUPORTE

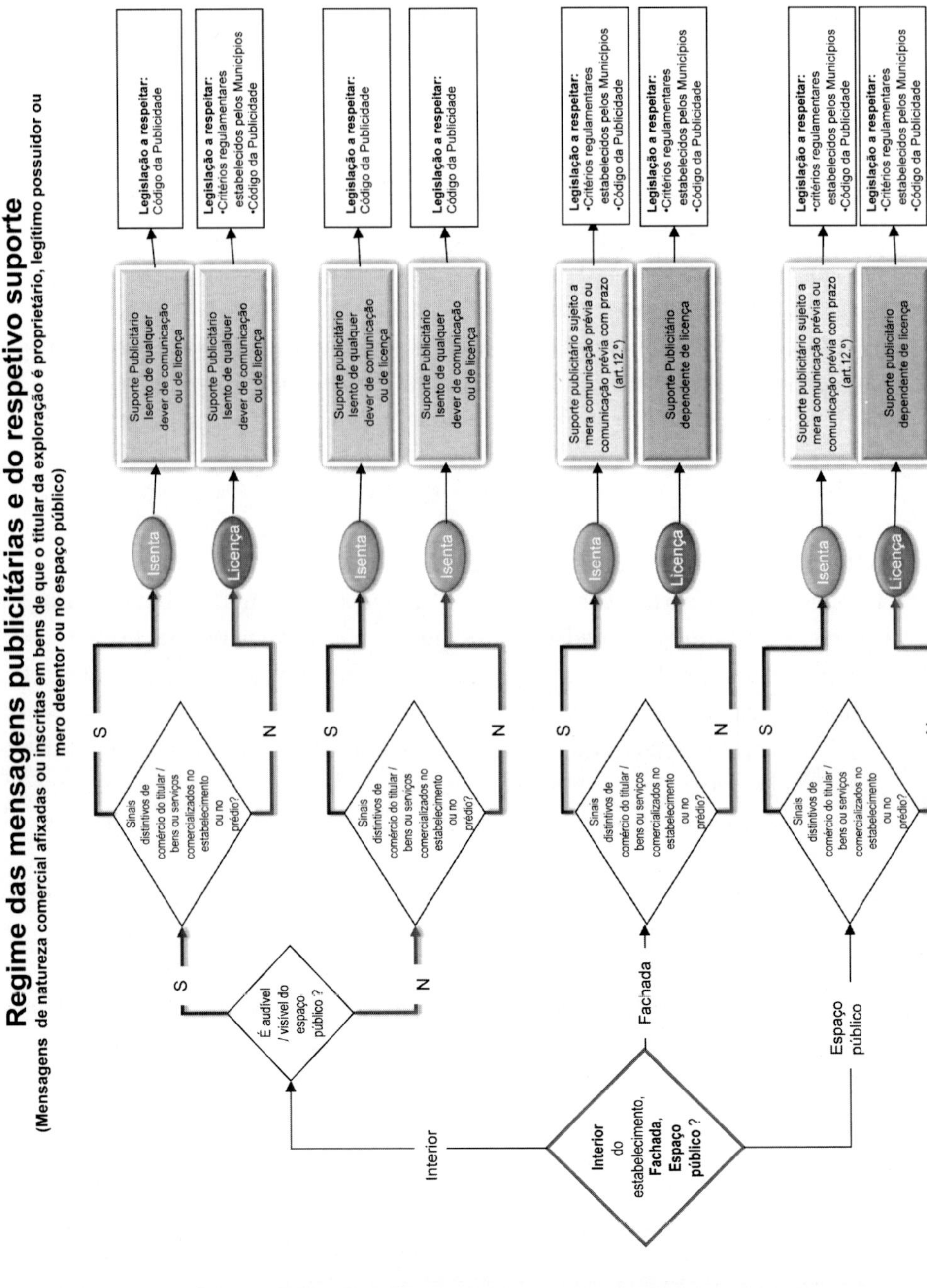

Artigo 2º

[...]

1 – ....

2 – A deliberação da câmara municipal deve ser precedida de parecer das entidades com jurisdição sobre os locais onde a publicidade for afixada, nomeadamente:

a) O Instituto de Gestão do Património Arquitetónico e Arqueológico, I. P.;

b) A Estradas de Portugal, S. A.;

c) O Instituto da Mobilidade e dos Transportes Terrestres, I. P.;

d) O Turismo de Portugal, I. P.;

e) O Instituto da Conservação da Natureza e da Biodiversidade, I. P.;

f) A Autoridade Nacional de Segurança Rodoviária.

3 – ....

COMENTÁRIO

Âmbito

Este artigo estipula que o pedido de licenciamento das mensagens publicitárias não abrangidas pelo nº 3 do artigo 1º da Lei nº 97/88, de 17 de agosto, é dirigido ao presidente da câmara municipal territorialmente competente.

O regime do Licenciamento Zero limita-se a atualizar a designação de algumas das entidades públicas que devem dar parecer antes do licenciamento, referido *supra,* ser concedido.

É o caso típico das mensagens publicitárias não isentas afixadas ou inscritas em imóveis junto a estradas nacionais, caso em que, por um lado, terão que ser sujeitas a licenciamento e por outro lado, dependem ainda de parecer prévio da Estradas de Portugal, S.A..

A natureza do parecer a emitir dependerá da força jurídica que cada legislação especial lhe atribuir mas, em regra, trata-se de pareceres vinculativos, nomeadamente, quando desfavoráveis.

Nos casos em que haja lugar a licenciamento municipal com intervenção de outras entidades é também a legislação especial que determina a questão das taxas devidas, isto é, se são pagas a todas as entidades que intervém no processo de licenciamento, em função da repartição da intervenção de cada uma delas.

Para mais desenvolvimentos sobre a articulação entre os municípios e demais entidades para efeitos de ocupação do espaço público ao abrigo do regime do Licenciamento Zero cfr. artigo 13º.

Artigo 4º

[...]

1 – Os critérios a estabelecer no licenciamento da publicidade comercial e na afixação e inscrição de mensagens publicitárias não sujeitas a licenciamento nos termos das alíneas b) e c) do nº 3 do artigo 1º, assim como o exercício das atividades de propaganda, devem prosseguir os seguintes objetivos:

a) ....

b) ....

c) ....

d) ....

e) ....

f) ....

2 – ....

3 – É proibido, em qualquer caso, a realização de inscrições ou pinturas murais em monumentos nacionais, edifícios religiosos, sedes de órgão de soberania, de regiões autónomas ou de autarquias locais, tal como em sinais de trânsito, placas de sinalização rodoviária, interior de quaisquer repartições ou edifícios públicos e centros históricos como tal declarados ao abrigo da competente regulamentação urbanística.

4 – É proibida a afixação e a inscrição de mensagens publicitárias em qualquer bem sem o consentimento dos proprietários, possuidores ou detentores dos mesmos.»

COMENTÁRIO

1. **Objetivos a prosseguir pelos critérios utilizados no licenciamento da publicidade comercial e na afixação e inscrição de mensagens publicitárias não sujeitas a licenciamento, assim como no exercício de atividades de propaganda**
2. **Proibições de afixação e inscrição de mensagens publicitárias**

1. Defendemos já que o legislador escolheu isentar de licenciamento determinadas mensagens publicitárias de natureza comercial pelo facto de o seu teor e a sua localização as tornarem em elementos intrínsecos e essenciais ao desenvolvimento de uma atividade económica, não sendo por isso mensagens publicitárias *proprio sensu*.

O facto de determinadas mensagens publicitárias estarem isentas de licenciamento não significa, contudo, como mostrámos antes, que não tenham que respeitar as regras sobre utilização do espaço público, ou porque são visíveis ou audíveis a partir do espaço público (alínea b) do nº 3 do artigo 1º) ou porque os seus suportes ocupam o espaço público contíguo à fachada do estabelecimento (alínea c) do nº 3 do artigo 1º).

Consequentemente, o regime do Licenciamento Zero alterou o nº 1 do artigo 4º da Lei nº 97/88, de 17 de agosto, para que não houvesse dúvidas que na afixação e inscrição de mensagens publicitárias não sujeitas a licenciamento nos termos das alíneas b) e c) do nº 3 do artigo 1º do diploma mencionado, os objetivos a prosseguir pelos municípios são os mesmos que são observados em matéria de licenciamento de publicidade e no exercício de atividades de propaganda. Esses objetivos são os seguintes: i) não provocar obstrução de perspetivas panorâmicas ou afetar a estética ou o ambiente dos lugares ou da paisagem; ii) não prejudicar a beleza ou o enquadramento de monumentos nacionais, de edifícios de interesse público ou outros suscetíveis de ser classificados pelas entidades públicas; iii) não causar prejuízos a terceiros; iv) não afetar a segurança das pessoas ou das coisas, nomeadamente na circulação rodoviária ou ferroviária; v) não apresentar disposições, formatos ou cores que possam confundir-se com os da sinalização de tráfego; vi) não prejudicar a circulação dos peões, designadamente dos deficientes.

2. É proibida a utilização, em qualquer caso, de materiais não biodegradáveis na afixação e inscrição de mensagens de publicidade, isentas ou não de licenciamento, e de propaganda (cfr. nº 2 do artigo 4º da Lei nº 97/88, de 17 de agosto).

É também proibida, em qualquer caso, a realização de inscrições ou pinturas murais em monumentos nacionais, edifícios religiosos, sedes de órgão de soberania, de regiões autónomas ou de autarquias locais, tal como em sinais de trânsito, placas de sinalização rodoviária, interior de quaisquer repartições ou edifícios públicos e centros históricos como tal declarados ao abrigo da competente regulamentação urbanística (cfr. nº 3 do artigo 4º da Lei nº 97/88, de 17 de agosto).

Por último, é ainda proibida a afixação e a inscrição de mensagens publicitárias em qualquer bem sem o consentimento dos proprietários, possuidores ou detentores dos mesmos (cfr. nº 4 do artigo 4º da Lei nº 97/88, de 17 de agosto).

O regime do Licenciamento Zero harmonizou o leque de proibições que constam dos nºs 3 e 4 do artigo 4º às finalidades que presidiram ao aditamento dos números 3 a 7 ao artigo 1º da Lei nº 97/88, de 17 de agosto.

Tendo em conta as anotações anteriores aos artigos 1º e 4º da Lei nº 97/88, de 17 de agosto, verificamos que o objetivo do legislador não é o de facilitar o exercício da atividade publicitária em geral, *mas sim o de a simplificar sempre e na medida em que essa atividade esteja conexa com o exercício de uma atividade económica e a possa ajudar a estimular.*

Assim, se o diploma isenta de licenciamento determinadas mensagens publicitárias por serem elementos essenciais ao exercício de uma atividade económica, não faz sentido manter a proibição de fazer inscrições ou pinturas murais no interior de um edifício franqueado ao público, incluindo estabelecimentos comerciais. Por um lado, porque se não forem visíveis a partir do espaço público, essas mensagens são isentas de licenciamento. Por outro lado, mesmo que sejam visíveis a partir do espaço público, estando no interior do estabelecimento não se justifica a sua proibição. Se o «Café República» pode, por exemplo, inscrever o seu nome na fachada, dependendo apenas de uma mera comunicação prévia, nada explicaria que não o possa fazer no interior, bastando que respeite o código da publicidade e as regras de utilização do espaço público, caso a mensagem se veja a partir daí (cfr. alínea *a) e b)* do nº 3 do artigo 1º da Lei nº 97/88, de 17 de agosto).

Idêntico raciocínio presidiu ao aditamento do nº 4 deste artigo que estipula que uma mensagem publicitária isenta de licenciamento não pode ser afixada e inscrita em qualquer bem móvel ou imóvel. Ou seja, daquela isenção não decorre a inobservância das regras legais atinentes à propriedade, posse e detenção, pelo que a afixação/inscrição de tais mensagens carece sempre de consentimento dos proprietários, possuidores ou detentores dos bens.

Artigo 32º – Aditamento à Lei nº 97/88, de 17 de agosto

São aditados à Lei nº 97/88, de 17 de agosto, alterada pela Lei nº 23/ /2000, de 23 de agosto, os artigos 3º-A e 10º-A, com a seguinte redação:

«Artigo 3º-A
Critérios elaborados por outras entidades

Sempre que entendam haver interesse relevante, as entidades com jurisdição sobre os locais onde a publicidade é afixada ou inscrita podem definir critérios, os quais são comunicados à Direção-Geral das Autarquias Locais e aos municípios, com o fim de serem incorporados nos respetivos regulamentos.

COMENTÁRIO

Âmbito de aplicação do artigo 3º-A

Este artigo permite que as entidades com jurisdição sobre os locais onde as mensagens publicitárias são afixadas ou inscritas definam critérios para salvaguardar os valores que visam prosseguir no exercício das suas competências, sempre que entendam haver nisso um interesse relevante. Esses critérios serão comunicados à Direção Geral das Autarquias Locais e aos municípios, com o fim de serem incorporados nos regulamentos municipais sobre publicidade e, assim, serem observados aquando da afixação e inscrição de mensagens publicitárias.

Não se faz qualquer distinção entre mensagens publicitárias licenciadas e isentas de licenciamento, pelo que devemos concluir que os critérios elaborados pelas entidades públicas acima referidas tanto podem dizer respeito à afixação e inscrição de mensagens licenciadas como das isentas. Aliás, idêntica conclusão já resultaria da leitura conjugada deste artigo com o artigo 4º da Lei nº 97/88, de 17 de agosto, visto que nesse artigo 4º se determina expressamente que os municípios podem elaborar critérios a observar no licenciamento da publicidade comercial e *também na afixação e inscrição de mensagens publicitárias não sujeitas a licenciamento*, nos termos das alíneas *b)* e *c)* do nº 3 do artigo 1º da Lei nº 97/88, de 17 de agosto. Portanto, por maioria de razão as demais entidades públicas com jurisdição sobre os locais onde as mensagens publicitárias são afixadas e inscritas poderão fazer o mesmo.

Note-se ainda que, nos casos em que as mensagens publicitárias dependam de licenciamento prévio das autoridades competentes e não tenham sido elaborados critérios pelas entidades com jurisdição sobre os locais onde aquele tipo de mensagens publicitárias são afixadas ou inscritas, a Câmara Municipal tem de obter parecer daquelas entidades antes de emitir a licença (cfr. nº 2 do artigo 2º da Lei nº 97/88, de 17 de agosto).

Artigo 10º-A
Sanções acessórias

1 – Em função da gravidade da infração e da culpa do agente, simultaneamente com a coima podem ser aplicadas as sanções acessórias de encerramento de estabelecimento e de interdição do exercício de atividade, com os seguintes pressupostos de aplicação:

a) A interdição do exercício de atividade apenas pode ser decretada se o agente praticar a contra – ordenação com flagrante e grave abuso da função que exerce ou com manifesta e grave violação dos deveres que lhe são inerentes;

b) O encerramento do estabelecimento apenas pode ser decretado quando a contra-ordenação tenha sido praticada por causa do funcionamento do estabelecimento.

2 – A duração da interdição do exercício de atividade e do encerramento do estabelecimento não pode exceder o período de dois anos.»

COMENTÁRIO

1. **Âmbito de aplicação do artigo 10º-A**
2. **Os princípios do Licenciamento Zero e as sanções acessórias**

1. O artigo 10º da Lei nº 97/88, de 17 de agosto, estabelece no seu nº 1 que é contraordenação punível com coima a violação do disposto nos artigos 1º, 3º, nº 2, 4º e 6º dessa mesma lei. Por sua vez, no nº 3 do mesmo artigo 10º estatui-se que às sanções acessórias se aplicam as disposições constantes do Decreto-Lei nº 433/82, de 27 de outubro. No artigo 21º deste Decreto-Lei, na redação dada pelo Decreto-Lei nº 244/95, de 14 de setembro, *estipula-se que a lei poderá determinar*, simultaneamente com a coima, *a aplicação das sanções acessórias aí elencadas*, em função da gravidade da infração e da culpa do agente. E o seu artigo 21º-A fixa os pressupostos de aplicação de sanções acessórias.

Com o regime do Licenciamento Zero introduz-se, então, na Lei nº 97/88, de 17 de agosto, a previsão legal necessária para a aplicação de sanções acessórias ao titular da exploração do estabelecimento sempre que, em função da gravidade da infração praticada e da sua culpa:

i) O agente pratique a contraordenação com flagrante e grave abuso da função que exerce ou com manifesta e grave violação dos deveres que lhe são inerentes;

ii) A contraordenação seja praticada por causa do funcionamento do estabelecimento.

Na primeira situação acima referida, a sanção acessória aplicável é a interdição do exercício de atividade; na segunda situação, a sanção acessória é o encerramento do estabelecimento. Nenhuma das duas sanções acessórias pode durar mais de dois anos (cfr. nº 2 do Artigo 10º-A da Lei nº 97/88, de 17 de agosto).

2. A isenção de controlo prévio das mensagens publicitárias elencadas no nº 3 do artigo 1º da Lei nº 97/88, de 17 de agosto, é feita com base no princípio da proporcionalidade ao risco, por se entender que o controlo prévio a que aquelas mensagens publicitárias estavam sujeitas era demasiado oneroso e desnecessário para garantir a salvaguarda dos valores e interesses invocados para o justificar, ou seja, um adequado ordenamento urbano e ambiental. Da isenção de controlo prévio, o Licenciamento Zero faz decorrer uma maior responsabilização dos particulares pelo cumprimento da lei e dos regulamentos que se aplicam à respetiva atividade.

A verificação dos pressupostos que permitirão ao titular da exploração de um estabelecimento beneficiar da isenção de licenciamento de publicidade será, eventualmente, efetuada sucessivamente, tendo sido dispensado o controlo preventivo. Contudo, como já referimos em anotações anteriores, a maior confiança depositada no particular e na sua iniciativa económica tem como contrapartida uma punição mais grave em caso de incumprimento, através da possibilidade da aplicação simultânea de coimas e de sanções acessórias que podem implicar o encerramento do estabelecimento ou a interdição de exercício da atividade.

Artigo 33º – Alteração ao Decreto-Lei nº 48/96, de 15 de maio

Os artigos 4º e 5º do Decreto-Lei nº 48/96, de 15 de maio, alterado pelos Decretos-Leis nºs 126/96, de 10 de agosto, e 111/2010, de 15 de outubro, passam a ter a seguinte redação:

«Artigo 4º

1 – ....

2 – Após a entrada em vigor do presente diploma, e até que se verifique o disposto no número anterior, devem os titulares dos estabelecimentos comerciais adaptar os respetivos períodos de abertura aos previstos no

artigo 1º ou manter o período de abertura que vinha sendo praticado com base no regulamento municipal existente para o efeito, comunicando esse facto à câmara municipal da área em que se situa o estabelecimento.

3 – ....

Artigo 5º

1 – *(Revogado.)*

2 – Constitui contra-ordenação punível com coima:

a) De € 150 a € 450, para pessoas singulares, e de € 450 a € 1500, para pessoas coletivas, a falta de mera comunicação prévia do horário de funcionamento, bem como das suas alterações e a falta da afixação do mapa de horário de funcionamento, em violação do disposto nos nºs 1 e 2 do artigo 4º-A;

b) De € 250 a € 3740, para pessoas singulares, e de € 2500 a € 25 000, para pessoas coletivas, o funcionamento fora do horário estabelecido.

3 – *(Revogado pelo Decreto-Lei nº 111/2010, de 15 de outubro.)*

4 – ....

5 – ....

6 – ....

COMENTÁRIO

1. **O horário de funcionamento das grandes superfícies comerciais: a articulação do regime do Licenciamento Zero com os Decretos-Lei nºs 48/96, de 15 de maio e 111/2010, de 15 de outubro**
2. **Âmbito de aplicação artigo 5º: a sanção acessória de encerramento do estabelecimento**

1. O Decreto-Lei nº 48/96, de 15 de maio, alterado pelos Decretos-Lei nºs 126/96, de 10 de agosto e 111/2010, de 15 de outubro, fixa o *regime do horário de funcionamento dos estabelecimentos comerciais*, estabelecendo o seu artigo 4º que compete aos municípios elaborar (ou rever) regulamentos sobre horários de funcionamento dos estabelecimentos comerciais de acordo com os critérios estabelecidos no artigo 1º.

O regime do Licenciamento Zero veio alterar o nº 2 deste artigo 4º para o adaptar ao estatuído no Decreto-Lei nº 111/2010, de 15 de outubro, que, por sua vez, revoga os nºs 6 e 7 do artigo 1º do Decreto-Lei nº 48/96, de 15 de maio.

As disposições legais revogadas dizem respeito ao *horário de funcionamento das grandes superfícies comerciais contínuas e dos estabelecimentos situados em centros comerciais com áreas de venda contínua*, tal como definidas no Decreto-Lei nº 258/92, de 20 de novembro, com a redação dada pelo Decreto-Lei nº 83/95, de 26 de abril (cfr. também o artigo 27º do Decreto-Lei 21/2009, de 19 de janeiro). Os horários de funcionamento desse tipo de estabelecimentos eram fixados pela Portaria nº 153/96, de 15 de maio. Com o regime do Licenciamento Zero passam a ser determinados de acordo com os critérios fixados no artigo 1º do Decreto-Lei nº 48/96, de 15 de maio ou no competente regulamento municipal sobre horários de funcionamento, caso exista, tal como acontece com os restantes estabelecimentos.

Para o efeito, o Decreto-Lei nº 111/2010, de 15 de outubro, assegura um regime transitório para as *grandes superfícies comerciais contínuas e para os estabelecimentos situados em centros comerciais com áreas de venda contínua*, que podem, até à entrada em vigor dos novos regulamentos municipais sobre horários de funcionamento, adaptar os seus horários de funcionamento dentro dos limites previstos no artigo 1º do Decreto-Lei nº 48/96, de 15 de maio, desde que o comuniquem ao município competente com um dia útil de antecedência.

Refira-se, porém que a faculdade concedida às grandes superfícies comerciais contínuas e aos estabelecimentos situados em centros comerciais com áreas de venda contínua de adaptarem os seus horários de funcionamento em conformidade com os limites previstos no artigo 1º do Decreto-Lei nº 48/96, de 15 de maio, não prejudica a competência dos municípios para restringirem ou aumentarem esses limites, nos termos do artigo 3º e do nº 3 do artigo 4º daquele diploma legal e do nº 2 do artigo 3º do Decreto-Lei nº 111/2010, de 15 de outubro.

A competência dos municípios para restringir ou alargar os limites fixados no artigo 1º do Decreto-Lei nº 48/96, de 15 de maio, depende da audição prévia dos sindicatos, associações patronais e de consumidores e da Junta de Freguesia onde o estabelecimento se situe, sendo a audição desta entidade uma novidade introduzida pelo Decreto-Lei nº 111/2010, de 15 de outubro, certamente justificada pelo conhecimento mais próximo e preciso que as juntas de freguesia têm do tecido social e empresarial do local onde o estabelecimento está inserido, razão pela qual muitos dos regulamentos municipais sobre horários de funcionamento em vigor já preveem a sua audição, bem como, por vezes, a audição da entidade policial com competência territorial.

Ainda assim, *os municípios só podem restringir os horários de funcionamento* previstos na lei em casos devidamente fundamentados, que se prendam com razões de segurança ou de proteção da qualidade de vida dos cidadãos; por sua vez, *o alargamento* só pode ser feito em localidades em que os interesses de certas atividades profissionais, nomeadamente as ligadas ao turismo, o justifiquem. Em suma, a liberdade de os municípios alargarem ou restringirem os horários de funcionamento é limitada pelos critérios estipulados na própria lei. Tanto as restrições como os alargamentos podem vigorar em todas as épocas do ano ou apenas em épocas determinadas. Em todo o caso refira-se que, ao contrário do que acontece com as demais situações, tanto a restrição como ao alargamento exigem um procedimento de decisão casuístico.

A prática corrente, porém, por parte de muitos municípios é de estipularem nos respetivos regulamentos municipais as situações passíveis de configurar casos de restrição e casos de alargamento de horários. E se não vemos inconveniente na adoção desta prática afigura-se-nos essencial que se assegure o envolvimento das entidades referidas no artigo 3º a título prévio e não, como também recorrentemente acontece, apenas em sede de consulta pública do próprio regulamento. De facto, nos casos do artigo 3º o município não pode decidir sozinho devendo, a título de pressuposto de validade da decisão e da norma regulamentar, acautelar a audição prévia das referidas entidades.

São exemplos de situações passíveis de fundamentar uma restrição de horários em vários regulamentos municipais o funcionamento de discotecas e bares que dispõem de espaços destinados a dança em edifícios sujeitos a propriedade horizontal ou em núcleos urbanos habitacionais; e de situações passíveis de fundamentar um alargamento, os períodos festivos, como as "festas da cidade" a semana académica, a latada, as feiras internacionais, o período de verão nomeadamente nas cidades costeiras.

A finalizar entendemos necessário, para acautelar o princípio da participação dos interessados, que os fundamentos constantes da deliberação do alargamento e da redução de horário acompanhem a versão do regulamento que é posta em consulta pública.

Ressalte-se a necessidade de os titulares de estabelecimentos comerciais comunicarem às câmara municipais da área respetiva se pretendem aderir aos horários fixados por lei ou se pretendem manter aqueles que vinham praticando ao abrigo do regulamento municipal mesmo que se trate de horário obtido em sede do artigo 3º. Ou seja, para que os estabelecimentos mantenham os horários devem comunicar esse facto à câmara municipal respetiva, sob pena de se aplicarem, após a entrada em vigor do diploma, os estipulados na lei. Trata-se do cumprimento de um dever de informação e não de qualquer procedimento de controlo.

2. O artigo 33º do regime do Licenciamento Zero tem ainda como objeto a alteração da redação do artigo 5º do Decreto-Lei nº 48/96, de 15 de maio, revogando o seu nº 1, o qual passa a constar do nº 2 do artigo 4º-A, uma vez que por razões sistemáticas as sanções para falta de mera comunicação prévia do horário de funcionamento, bem como das suas alterações e para a falta da afixação do mapa de horário de funcionamento devem fazer parte do mesmo artigo onde se estabelece a forma e o meio de comunicação daquele horário.

A redação dada a este artigo 5º pelo Decreto-Lei nº 111/2010, de 15 de outubro, permite agora ao Presidente da Câmara da área em que se situa o estabelecimento aplicar uma sanção acessória de encerramento do estabelecimento por um período não inferior a 3 meses e não superior a 2 anos, em caso de reincidência e sempre que a culpa do agente e a gravidade da infração o justifique, para além das coimas previstas no nº 2.

Anteriormente, a sanção acessória aqui prevista aplicava-se apenas às grandes superfícies comerciais contínuas que funcionassem fora do respetivo horário de funcionamento. Após a introdução da alteração contida no regime do Licenciamento Zero, a sanção acessória pode ser aplicada a todos os estabelecimentos comerciais, em caso de funcionamento fora do horário fixado ou quando não tenha sido feita uma mera comunicação prévia do horário de funcionamento, das suas alterações, ou não tenha sido afixado o mapa de horário de funcionamento em lugar bem visível.

Artigo 34º – Aditamento ao Decreto-Lei nº 48/96, de 15 de maio

É aditado ao Decreto-Lei nº 48/96, de 15 de maio, o artigo 4º-A, com a seguinte redação:

«Artigo 4º-A

1 – O titular da exploração do estabelecimento, ou quem o represente, deve proceder à mera comunicação prévia, no 'Balcão do empreendedor', do horário de funcionamento, bem como das suas alterações.

2 – Cada estabelecimento deve afixar o mapa de horário de funcionamento em local bem visível do exterior.

3 – O horário de funcionamento de cada estabelecimento, as suas alterações e o mapa referido no número anterior não estão sujeitos a licenciamento, a autorização, a autenticação, a validação, a certificação, a atos

emitidos na sequência de comunicações prévias com prazo, a registo ou a qualquer outro ato permissivo.»

COMENTÁRIO

1. Os princípios do Licenciamento Zero e o aditamento do artigo 4º-A
2. Comunicação do horário de funcionamento: quem, como e através de que meio
3. Mapa de horário de funcionamento: definição e dever de afixação
4. Âmbito do artigo 4º-A e pedidos de alargamento e de restrição do horário de funcionamento
5. Mera comunicação prévia do horário de funcionamento e suas alterações: dever ou opção?
6. O anexo V do diploma do Licenciamento Zero

1. O nº 1 do artigo 4º-A consubstancia uma alteração ao regime dos horários de funcionamento dos estabelecimentos contido no Decreto-Lei nº 48/96, de 15 de maio, apenas no que se refere à *forma* como o seu titular os deve comunicar ao município onde se encontra instalado, ao estabelecer que *o horário de funcionamento e sucessivas alterações deixam de estar sujeitos a licenciamento ou de depender de qualquer outro ato com natureza de permissão administrativa*. Basta agora ao titular do estabelecimento proceder a uma *mera comunicação prévia* do horário que vai praticar, de acordo com as regras previamente definidas pela lei e pelo município em regulamento.

Pelo motivo acima referido, trata-se de um dos artigos emblemáticos do paradigma que subjaz ao regime do Licenciamento Zero: por um lado, a adequação das obrigações impostas ao particular ao que é necessário para garantir a salvaguarda de outros valores, como, neste caso, a garantia da disponibilização de informação correta ao consumidor e o auxílio na verificação do cumprimento da lei e do regulamento municipal aplicável; e, por outro, uma maior confiança da Administração no cidadão.

Na verdade, pese embora o facto de o Decreto-Lei nº 48/96, de 15 de maio, estabelecer apenas que compete aos municípios elaborar ou rever os seus regulamentos sobre horários de funcionamento dos estabelecimentos de acordo com os critérios estabelecidos no artigo 1º, na prática, os municípios não se limitavam a fixar aqueles horários, determinavam também a forma como o titular do estabelecimento os deveria comunicar ao município.

Assim, a maioria dos regulamentos municipais sobre horários de funcionamento, aplicáveis até à entrada em vigor do regime do Licenciamento Zero, estabelecia que o horário de funcionamento estava sujeito a licenciamento ou a outro tipo de autorização administrativa. Essa licença ou autorização tinha como contrapartida o pagamento de uma taxa justificada pela apreciação do pedido e pelo facto de ser o próprio município que, por vezes, emitia um documento contendo o mapa de horário de funcionamento do estabelecimento. Tal documento era com frequência validado com a assinatura do próprio presidente da autarquia e devia, depois disso, ser afixado no estabelecimento em local visível do exterior.

Com o aditamento do artigo 4º-A, o titular da exploração do estabelecimento, ou quem o represente, continua a ter o dever de comunicar o horário de funcionamento do seu estabelecimento, bem como as suas alterações, e ainda a ter que afixar o respetivo mapa em local bem visível do exterior, para informação ao consumidor. No entanto, a grande mudança é que agora aquela comunicação é efetuada eletronicamente no «Balcão do empreendedor» e não pode, para além disso, ser sujeita a qualquer procedimento de controlo preventivo.

Deste modo, põe-se fim a algumas práticas administrativas adversas que nem sequer levavam em linha de conta as últimas alterações legislativas, nomeadamente no que se refere ao valor jurídico dos alvarás das autorizações de utilização de edifícios ou das respetivas frações autónomas.

Com efeito, desde a Lei nº 60/2007, de 4 de setembro, diploma que procedeu à alteração do Decreto-Lei 555/99 (RJUE), que se prevê que o alvará da autorização de utilização é apenas título, deixando de ser com este diploma também condição de eficácia para que o edifício ou as suas frações sejam utilizados para o fim aprovado. Para o efeito basta que tenha havido deferimento expresso ou tácito da autorização de utilização e que tenham sido pagas as taxas, sendo o prazo de decisão fixado pelo legislador em 10 dias. Tal significa que um particular, no fim dos mencionados 10 dias pode utilizar o edifício para o fim pretendido, desde que pagas as taxas devidas.

Porém, uma atividade comercial, de restauração ou de bebidas ou de armazenagem, necessita, além disso, de ter um horário de funcionamento. Ora é neste âmbito que os municípios "prevaricavam" nas suas práticas porquanto apenas emitiam o horário de funcionamento desde que o pedido fosse instruído com o alvará de autorização de utilização, criando desta forma, etapas procedimentais não previstas na lei e gerando mais burocracia e deseconomias.

2. No número 1 do artigo 4º – A, estabelece-se *quem pode fazer a comunicação do horário de funcionamento e das suas alterações, de que forma e através de que meio.* Assim, a comunicação é feita pelo titular do estabelecimento ou quem o represente, através da submissão de uma mera comunicação prévia, no «Balcão do empreendedor».

Nos termos do artigo 16º do regime do Licenciamento Zero, *o comprovativo* emitido pelo «Balcão do empreendedor», aquando do envio pelo titular do estabelecimento ou quem o represente da mera comunicação prévia do horário de funcionamento ou das suas alterações, *é título suficiente para provar o cumprimento da obrigação* prevista neste nº 1 (cfr. anotação ao artigo 16º).

3. O legislador utiliza as expressões *"mapa de horário de funcionamento"* e *"horário de funcionamento"*, pelo que importa distingui-las.

O *"horário de funcionamento"* é o horário que é fixado de acordo com os critérios estabelecidos no artigo 1º do Decreto-Lei nº 48/96, de 15 de maio, sem prejuízo da competência dos municípios para, ao abrigo do artigo 3º do diploma atrás referido, restringirem ou aumentarem os limites fixados naquele artigo 1º.

O *"mapa de horário de funcionamento"*, na falta de definição legal para o mesmo, é suscetível de ser definido em regulamento municipal, podendo o referido mapa incluir, para além do horário de funcionamento, outra informação relevante e com ele relacionada como, por exemplo, o dia de descanso semanal, ou até o tipo de estabelecimento de acordo com o grupo a que pertence, caso o regulamento municipal tenha classificado os estabelecimentos por grupos.

O regulamento municipal pode ainda, se o município assim o entender por razões de proteção do consumidor e/ou de estética urbana, fixar um modelo de mapa que deva ser utilizado pelos agentes económicos, determinando, por exemplo, o tamanho do documento (se em formato A4 ou A5), o tipo de grafismo que deve ser utilizado ou o tamanho das letras, uniformizando, assim, os mapas de horário de funcionamento para que sejam mais facilmente identificáveis e legíveis pelos consumidores. Caso tal aconteça, o modelo de mapa de horário de funcionamento, ou seja o conjunto de características a observar, deverá ser disponibilizado pelo município no «Balcão do empreendedor», sem qualquer custo para o titular do estabelecimento.

Se os municípios não regulamentarem o conteúdo do mapa de horário de funcionamento, é apenas obrigatório dele constarem as horas de abertura e as de encerramento do estabelecimento, para que o titular do estabelecimento cumpra a obrigação constante deste nº 2, o qual mantém o *dever de o titular do estabelecimento afixar o mapa de horário de funcionamento* em local bem visível do exterior, sob pena de incorrer na prática de uma contraordenação, à semelhança do que constava da redação do nº 1 do artigo 5º do Decreto-Lei nº 48/96, de 15 de maio antes de ser revogado pelo regime do Licenciamento Zero (cfr. anotação ao artigo 33º sobre as alterações ao artigo 5º do Decreto – Lei nº 48/96, de 15 de maio). Qualquer outra informação adicional sobre o funcionamento do estabelecimento, bem como as características do documento em que tais dados são inseridos serão opcionais.

Este dever visa essencialmente assegurar uma informação simples ao consumidor, em especial, quando o estabelecimento se encontra encerrado. Acessoriamente facilita também a fiscalização sucessiva. Na verdade, embora todas as entidades com competências de fiscalização – neste caso em concreto, os municípios – tenham acesso aos dados comunicados no «Balcão do empreendedor», facilita-se o trabalho daquelas entidades se os dados comunicados estiveram expostos em local visível do exterior, possibilitando aferir também se coincidem com os horários efetivamente praticados pelos estabelecimentos.

O mapa de horário de funcionamento será válido enquanto a informação dele constante esteja atualizada.

4. As alterações do horário de funcionamento que consubstanciem um pedido de alargamento ou de restrição daquele horário fora dos limites fixados em lei ou regulamento, quer o pedido seja feito pelo titular do estabelecimento ou peticionado por terceiros, não são abrangidas pelo âmbito do nº 1 do artigo 4º-A, não podendo ser objeto de uma mera comunicação prévia, no Balcão do Empreendedor.

Tal deve-se ao facto de uma mera comunicação prévia ser uma declaração que permite ao interessado proceder imediatamente de acordo com o declarado, após pagamento das taxas devidas se estas forem exigidas, sem que tenha de aguardar pela prática de qualquer ato permissivo. Ora, isso não é compatível com as alterações ao horário de funcionamento fora dos limites regulamentares, as quais têm sempre que ser sujeitas a uma permissão administrativa, emitida pelo município competente, dado que a sua autorização depende: i) da apreciação da fundamentação do pedido; ii) e da audição prévia de entidades determinadas por lei.

Vejamos, apenas a título de exemplo, o caso de um regulamento municipal que classifique os vários estabelecimentos em grupos, pertencendo os restaurantes ao Grupo I. Esse grupo está autorizado a abrir diariamente entre as 8h e as 2h. Suponhamos agora que o titular da exploração do restaurante "Lá em Casa" efetua uma mera comunicação prévia, através do «Balcão do empreendedor», na qual transmite ao município competente que o seu estabelecimento de restauração funcionará das 12h até às 22h. Meses depois, decide alterar o horário de funcionamento do seu estabelecimento passando a funcionar das 11h até às 00h. Deve, então, efetuar uma nova mera comunicação prévia da qual conste o novo horário visto que a alteração pretendida está dentro dos limites legais e regulamentares fixados pelo município onde se situa o estabelecimento. A situação será diferente se o titular da exploração do "Lá em Casa" pretender alargar o seu horário de funcionamento para além dos referidos limites legais e regulamentares, por exemplo, mantendo o seu estabelecimento aberto até às 3h da madrugada. Neste caso, a alteração já depende de uma permissão administrativa e não pode ser meramente comunicada no «Balcão do empreendedor».

Em síntese, quer nos casos em que o titular da exploração do estabelecimento peça o alargamento do seu horário de funcionamento para além dos limites legais e/ou regulamentarmente fixados, quer quando é peticionada a restrição do horário de funcionamento de determinado(s) estabelecimento(s), impedindo a sua abertura em períodos compreendidos nos limites legal e/ou regulamentarmente fixados, os pedidos terão de ser formulados e instruídos nos termos previstos em regulamento municipal.

5. No nº 3 do artigo 4º-A, alinhado com o previsto na alínea f) do nº 2 do artigo 1º, estabelece-se, como já foi referido, que *o horário de funcionamento, as suas alterações, e o mapa de horário de funcionamento não estão sujeitos a licenciamento, a autorização, a autenticação, a validação, a certificação, a atos emitidos na sequência de comunicações prévias com prazo, a registo ou a qualquer outro ato permissivo.* Com esta norma o legislador impede que, por via regulamentar, os municípios sujeitem os dados atrás referidos a qualquer forma de permissão administrativa, inclusivamente a uma comunicação prévia com prazo.

Desse modo, o titular do estabelecimento ou quem o represente deve limitar-se a efetuar uma mera comunicação prévia do seu horário de funcionamento, através do «Balcão do empreendedor», e ulteriormente a colocar os dados comunicados, assim como outros que por via regulamentar lhe possam ser exigidos, num documento denominado de mapa de horário de funcionamento, o qual deve afixar em local bem visível do exterior no seu estabelecimento.

Ao não ser passível de sujeição a qualquer ato administrativo permissivo, deixa também de existir a possibilidade do mapa de horário de funcionamento ser emitido pelas associações representativas do setor comercial a que pertencem, tal como muitos regulamentos municipais determinavam.

Questão importante é a de saber o município pode continuar a *cobrar taxas pela comunicação prévia do mapa de horário e das suas alterações.* Como referimos anteriormente, a propósito da mera comunicação prévia da ocupação do espaço público, o facto de não estarmos perante uma permissão administrativa não significa, por si só, que deixe de ser possível cobrar taxas. No caso da utilização do espaço público, elas são justificadas dado que se verifica um uso privativo do domínio público municipal. Natureza diferente tem, no nosso entender, a mera comunicação prévia do horário de funcionamento. Aqui o particular limita-se a informar o município sobre qual o horário que pratica, nos limites do permitido pela lei e pelo regulamento, de modo a facilitar uma eventual fiscalização posterior. Em boa verdade, o legislador poderia até limitar-se a exigir que o titular do estabelecimento afixasse o mapa do horário de funcionamento em local visível do exterior de tal modo que este fosse facilmente legível pelos consumidores e pela fiscalização. Por isso, entendemos não poder ser cobrada de qualquer taxa por esta comunicação, dado a ausência de sinalagma que a justifique.

Os municípios podem obviamente cobrar uma taxa a quem pretenda um "*horário à medida*", ou seja, a quem deseje praticar um horário fora dos limites legais e regulamentares, o qual, como referimos, depende de permissão administrativa prévia para que possa ser praticado.

6. O anexo V do diploma procede à republicação do Decreto-Lei nº 48/96, de 15 de maio. Têm surgido dúvidas sobre o prazo de 120 dias previsto no artigo 4º republicado como prazo de adaptação dos regulamentos municipais. Nesta sede, cumpre referir que este prazo consta de um número que não foi alterado pelo regime do Licenciamento Zero, o que significa que o que aí está em causa é o prazo determinado pelo decreto-lei "mãe" e não uma opção própria do diploma aqui em anotação. Assim, não há qualquer prazo que seja imposto aos municípios para adaptarem os seus regulamentos municipais até porque estes podem tomar a opção de não regulamentar.

Artigo 35º – Alteração ao Decreto-Lei nº 310/2002, de 18 de dezembro

Os artigos 1º, 35º, 36º e 47º do Decreto–Lei nº 310/2002, de 18 de dezembro, passam a ter a seguinte redação:

«Artigo 1º

[...]

O presente diploma regula o regime jurídico do exercício e da fiscalização das seguintes atividades:

a) ....
b) ....
c) ....
d) ....
e) ....
f) ....
g) ....
h) ....
i) *(Revogada.)*

Artigo 35º

Princípio geral

1 – A venda de bilhetes para espetáculos ou divertimentos públicos em agências ou postos de venda não está sujeita a licenciamento, a autorização, a autenticação, a validação, a certificação, a atos emitidos na sequência de comunicações prévias com prazo, a registo ou a qualquer outro ato permissivo, nem a mera comunicação prévia.

2 – *(Revogado.)*

Artigo 36º

[...]

1 – A venda de bilhetes para espetáculos ou divertimentos públicos em agências ou postos de venda deve ser efetuada em estabelecimento privativo, com boas condições de apresentação e de higiene e ao qual o público tenha acesso, ou em secções de estabelecimentos de qualquer ramo de comércio que satisfaçam aqueles requisitos.

2 – ....

3 – É obrigatória a afixação nas agências ou postos de venda, em lugar bem visível, das tabelas de preços de cada casa ou recinto cujos bilhetes comercializem.

Artigo 47º

[...]

1 – Constituem contra-ordenações:

a) ....

b) ....

c) ....

d) ....

e) ....

f) ....

g) ....

h) ....

i) ....

j) *(Revogada.)*

k) A venda de bilhetes por preço superior ao permitido ou fora dos locais permitidos, bem como a violação do disposto nas alíneas *c*) e *d*) do artigo 38º, punidas com coima de € 60 a € 250;

l) ....

m) *(Revogada.)*

n) ....

2 – ....

3 – ....

4 – ....»

COMENTÁRIO

1. **Âmbito de aplicação do Decreto-Lei nº 310/2002, de 18 de dezembro**
2. **Alterações introduzidas pelo artigo 35º do regime do Licenciamento Zero ao exercício da atividade de venda de bilhetes para espetáculos ou divertimentos públicos em agências ou postos de venda**

1. O Decreto-Lei nº 310/2002, de 18 de dezembro, alterado pelos Decretos--Lei nºs 9/2007, de 17 de janeiro e 114/2008, de 1 de julho, versa sobre o regime jurídico do licenciamento do exercício e da fiscalização de diversas atividades, entre as quais se encontra a *venda de bilhetes para espetáculos ou divertimentos* *públicos em agências ou postos de venda*. Nos termos do artigo 2º do Decreto-Lei nº 310/2002, de 18 de dezembro, o exercício da referida atividade carece de licenciamento municipal, estabelecendo-se ao longo daquele diploma as regras para a atribuição das correspondentes licenças.

2. O regime do Licenciamento Zero altera os artigos 1º, 35º, 36º e 47º do Decreto-Lei nº 310/2002, de 18 de dezembro, *isentando de licenciamento o exercício da atividade de agências de venda de bilhetes* para espetáculos ou divertimentos públicos, isto é, dispensa-se o controlo preventivo e a necessidade do cumprimento prévio de qualquer formalidade para o exercício da referida atividade. Com efeito, o licenciamento da venda de bilhetes para espetáculos ou divertimentos públicos previsto no nº 1 do artigo 35º do Decreto-Lei nº 310/2002, de 18 de dezembro, representava um encargo administrativo adicional que recaía sobre empresas que no momento da sua constituição já tinham sido objeto de uma autorização específica para o exercício daquela atividade.

O regime do Licenciamento Zero não exclui um eventual controlo sucessivo dessa atividade [cfr *supra* anotação ao artigo 25º, sobre as entidades com competência de fiscalização)] por considerar que essa forma de controlo é adequada e suficiente para verificar se, de facto, os titulares da exploração da agência ou do posto de venda cumprem os requisitos e as proibições que recaem sobre o exercício daquela atividade e que constam dos artigos 36º e 38º do Decreto-Lei nº 310/2002, de 18 de dezembro. Por isso, e à semelhança do que já referimos na anotação ao artigo 34º, as alterações ao Decreto-Lei nº 310/2002, de 18 de dezembro, são igualmente representativas do paradigma que subjaz ao regime do Licenciamento Zero: adequação do tipo de controlo aos interesses que é preciso salvaguardar e uma maior confiança da Administração no cidadão.

Tendo em conta que o mesmo Decreto-Lei nº 310/2002, de 18 de dezembro, sujeita o exercício de outras atividades económicas a licenciamento municipal, pensamos que a avaliação que for sendo feita da aplicação do regime Licenciamento Zero, tanto nesta como em outras das suas vertentes, poderá servir de fundamento a uma extensão deste regime a algumas dessas atividades, sempre que se julgue igualmente pertinente a desgraduação do respetivo regime de acesso. Na verdade, ao contrário do que acontecia tradicionalmente com reformas desta natureza, é hoje frequente uma abordagem que comporte *fases de experimentação* prévias à generalização de novos regimes. (Cfr., a este propósito, Christian Bason, *Leading Public Setor Innovation*, Policy Press, 2010, pp142-143). Assim, em vez de um diploma se aplicar de imediato a todo o território nacional em todas as suas vertentes, começa-se, numa fase piloto, pela sua aplicação parcial e/ou em zonas limitadas (alguns municípios) (Cfr. artigo 42º e Portaria nº 131/2011, de 4 de abril). Isso permite ajustar orientações, os sistemas de informação de suporte, se existirem, e por vezes até a própria regulamentação.

Por último, convém salientar que o regime do Licenciamento Zero apenas simplifica o regime de acesso à atividade de venda de bilhetes para espetáculos ou divertimentos públicos. O legislador, em momento algum se debruça – porque não era esse o seu objetivo – sobre a simplificação dos requisitos exigidos para o exercício dessa mesma atividade como, por exemplo, o requisito de as agências ou postos de venda não poderem funcionar a menos de 100 metros das bilheteiras de qualquer casa ou recinto de espetáculos ou divertimentos públicos (nº 2 do artigo 36º do Decreto-Lei nº 310/2002, de 18 de dezembro). Entendemos que se trata de um requisito que deverá ser eliminado, desde logo para adaptar esse regime ao disposto no Decreto-Lei nº 92/2010, de 26 de julho, que transpõe para o ordenamento jurídico português a "Diretiva de Serviços".

Esta é uma das disposições cuja produção de efeitos não pressupõe a existência do «Balcão do empreendedor», o que significa que o regime nela previsto entrou em vigor em de 2 de maio de 2011. É o que resulta da leitura conjugada do artigo 42º do Decreto-lei nº 48/2011 e do número 3 do artigo 7º da Portaria 131/2011, de 4 de abril, portaria que cria o «Balcão do empreendedor».

Artigo 36º – Alteração à organização sistemática ao Decreto-Lei nº 310/2002, de 18 de dezembro

É alterada a epígrafe do capítulo VIII, que contém os artigos 35º a 38º, que passa a designar-se «Regime do exercício da atividade de exploração de máquinas de diversão».

COMENTÁRIO

Retificação do âmbito de aplicação do artigo 36º

Verificadas as alterações introduzidas pelo regime do Licenciamento Zero ao Decreto-Lei nº 310/2002, de 18 de dezembro, constata-se que as mesmas não versam sobre o regime da atividade de exploração de máquinas de diversão, mas sim sobre a atividade de venda de bilhetes para espetáculos ou divertimentos públicos em agências ou postos de venda, cujo licenciamento é eliminado (Cfr. artigo 1º e nº 1 do artigo 35º do Decreto-Lei nº 310/2002, de 18 de dezembro, na redação dada pelo regime do Licenciamento Zero).

Em consequência, a alteração à organização do Decreto-Lei nº 310/2002, de 18 de dezembro, constante do artigo ora em análise, que visa apenas substituir o substantivo "licenciamento" por "regime", apenas pode dizer respeito à atividade de venda de bilhetes para espetáculos ou divertimentos públicos em agências ou postos de venda. Assim, onde se lê "(...) «Regime do exercício da atividade de exploração de máquinas de diversão»" deverá ler-se "(...) «Regime do exercício da atividade de venda de bilhetes para espetáculos ou divertimentos públicos em agências ou postos de venda»".

CAPÍTULO IV – Disposições finais e transitórias

Artigo 37º – Identificação clara das obrigações

1 – As obrigações resultantes da legislação referida no anexo III do presente Decreto-Lei, do qual faz parte integrante, devem ser identificadas de forma clara e com recurso a linguagem simples no «Balcão do empreendedor».

2 – Se as obrigações publicitadas no «Balcão do empreendedor» deixarem de estar atualizadas ou se mostrarem incompletas devem ser prontamente atualizadas ou completadas.

3 – O cumprimento do disposto nos números anteriores deve contar com a participação da DGAE, dos municípios e das entidades fiscalizadoras, designadamente da ASAE.

COMENTÁRIO

1. **Linguagem simples e clara no «Balcão do empreendedor»: vantagens para o cidadão e para Administração**
2. **O movimento pela linguagem clara na lei e na comunicação institucional**
3. **A obrigação de atualização e de colaboração entre entidades públicas**

1. No nº 1 deste artigo, estipula-se que as obrigações constantes do anexo III, ou seja, os requisitos que as instalações e os equipamentos dos estabelecimentos por ele abrangidos são obrigados a observar no seu funcionamento, devem ser identificadas no «Balcão do empreendedor» de forma simples e clara.

Uma linguagem simples e clara é aquela que permite perceber à primeira leitura o sentido da informação, a que é pensada à medida de um leitor de compreensão média (tendo em conta o tipo de leitores a quem é destinado o documento em questão), a que usa apenas as palavras necessárias ou a que é direta e simples. Dos manuais de formação neste domínio constam, frequentemente, orientações que permitem alcançar este objetivo, tais como a de evitar frases negativas e complexas, a de utilizar apenas as palavras necessárias, a de evitar termos em desuso e rebuscados, a de empregar a voz ativa ou a de testar a acessibilidade da comunicação junto do público-alvo.

A utilização de linguagem simples e clara é um importante princípio de simplificação administrativa que tem como objetivo facilitar o conhecimento dos direitos e deveres associados a um determinado "evento de vida", como o de abrir um estabelecimento comercial. Se a lei é muitas vezes inevitavelmente complexa, nada impede a sua "tradução" em linguagem mais simples, através de orientações, manuais, de perguntas e respostas, etc. Deste modo, os cidadãos e a Administração pública desperdiçam menos tempo e dinheiro com esclarecimentos e reclamações, favorecendo-se ainda uma aplicação da lei mais normalizada, por se evitarem interpretações avulsas e distintas por parte de diferentes entidades públicas.

Tratando-se de *serviços eletrónicos*, a importância do uso de linguagem simples e clara torna-se ainda maior, visto que o apoio ao cidadão que os utiliza é por natureza remoto.

No caso do «Balcão do empreendedor» previsto no regime do Licenciamento Zero, a utilização de linguagem clara é especialmente importante sempre que o início de atividade se encontra liberalizado ou depende apenas de uma mera comunicação prévia, uma vez que a fiscalização é transferida para um momento ulterior à abertura do estabelecimento. Como tivemos oportunidade de referir em anotações a outros artigos do presente diploma, tal não dispensa o titular do estabelecimento do cumprimento de regras e de requisitos que constem da lei ou de regulamentos municipais, pela qual tem de responsabilizar-se. Por isso mesmo, é fundamental que os referidos requisitos sejam claramente identificados no «Balcão do empreendedor» de forma facilmente compreensível por todos os agentes económicos a quem se destinam.

2. A preocupação com a acessibilidade da linguagem na lei ou em comunicações e formulários administrativos ganhou expressão a partir da década de setenta do século XX, com a criação do movimento da linguagem clara ("*Plain Language Movement*") nos Estados Unidos da América (EUA). As primeiras medidas governamentais centraram-se na simplificação da linguagem de leis e regulamentos com o objetivo de melhorar o acesso ao direito e ajudar os cidadãos a tomarem decisões mais informadas. Diversas iniciativas posteriores concretizaram esse objetivo, tal como o memorando "*Plain Language in Government Writing*", em 1998. Em 2010, no âmbito da iniciativa para um governo aberto e transparente, do Presidente Obama, o "*Plain Writing Act*" obrigou a que todas as comunicações escritas pelos serviços públicos sejam redigidas de modo a que os cidadãos as possam entender com facilidade.

Outros países, como o Reino Unido em 1982, adotaram medidas idênticas às preconizadas no movimento acima referido, fazendo uma revisão simplificadora de todos os formulários administrativos.

Nos últimos anos, alguns serviços públicos portugueses têm, igualmente, desenvolvido iniciativas para a simplificação da linguagem. Foi o caso do "Via Segurança Social" – um centro de contacto telefónico disponibilizado em dezembro de 2008 para prestar informações sobre os produtos e os serviços da Segurança Social –, cujos funcionários trabalham com guiões redigidos em linguagem clara e orientada para as necessidades dos utentes. A disponibilização pública de um conjunto de perguntas e respostas sobre iniciativas legislativas mais complexas constituiu também um esforço com este mesmo objetivo. Por último, em outubro de 2010, no âmbito da iniciativa «Simplegis», o XVIII Governo Constitucional decidiu que os decretos-lei e decretos regulamentares passavam a ser publicados acompanhados de resumos escritos em linguagem simples e clara, em português e inglês, e acessíveis gratuitamente a todos os cidadãos através do Diário da República Eletrónico.

3. O nº 2 deste artigo refere que as obrigações enunciadas no «Balcão do empreendedor» devem ser completas, ou seja, devem cobrir todo o universo de deveres que recaem sobre o titular do estabelecimento em matéria de requisitos de funcionamento, e ser *permanentemente atualizadas*. Essa atualização é, uma vez mais, particularmente relevante sempre que o acesso à atividade foi liberalizado ou depende apenas de mera comunicação prévia, pelos motivos já invocados no ponto 1 desta mesma anotação. O Balcão é, nesses casos, o sítio onde o titular do estabelecimento se informa sobre todas as suas obrigações e assume a responsabilidade pelo seu cumprimento, iniciando de imediato a sua atividade. Por essa razão, foi previsto um regime sancionatório associado à falta do dever de atualização dos dados e/ou da atualização tardia dos mesmos, como decorre das alienas d) e e) do nº 1 do artigo 28º deste diploma.

Por último, no nº 3, salienta-se o que já resultaria de outros preceitos do regime do Licenciamento Zero: *uma obrigação de colaboração entre entidades públicas da Administração central e local*, incluindo as entidades de fiscalização, em especial a ASAE, não só para inscrever no «Balcão do empreendedor», em linguagem simples e clara, todos os requisitos de funcionamento dos estabelecimentos referidos no anexo III, mas também para os manter atualizados. Só deste modo se consegue assegurar que a informação esteja sempre completa e se garante a sua transparência para os agentes económicos que têm de cumprir obrigações dispersas por diferentes diplomas, que vão desde regulamentos comunitários até regulamentos municipais.

Artigo 38º – Aplicação às regiões autónomas

Os atos e os procedimentos necessários à execução do presente decreto-lei nas Regiões Autónomas dos Açores e da Madeira competem às entidades das respetivas administrações regionais com atribuições e competências nas matérias em causa.

COMENTÁRIO

Competência para executar o regime do Licenciamento Zero nas regiões autónomas

Com a previsão desta norma determina-se a aplicação deste diploma às Regiões Autónomas.

A Lei Constitucional nº 1/2004, de 24 de julho, reforçou as competências das Regiões Autónomas da Madeira e dos Açores em matéria de urbanismo, bem como as demais competências que por elas podem ser exercitadas, previstas em geral na CRP e concretizadas nos seus estatutos político-administrativos.

A grande alteração resulta do facto de a sua competência passar apenas a estar limitada negativamente pelas matérias de reserva absoluta e relativa da Assembleia da República e pela reserva de competência legislativa do Governo [artigos 112º, nº 4, 227º, nº 1, alínea a), e 228º da CRP], podendo aquelas Regiões, para além de emanar diplomas próprios, desenvolver as bases dos diplomas de abrangência nacional e exercer competências de regulamentação, ser autorizadas legislativamente pela Assembleia da República a legislar em matéria de reserva relativa desta, designadamente no que se refere às "bases do ordenamento do território e do urbanismo".

Ademais, no que diz respeito à aplicação deste diploma às Regiões Autónomas, este artigo determina a necessidade da sua adaptação prévia a qual se justificará, em nosso entender, em virtude da diferente estrutura organizativa da Administração no âmbito regional, devendo assim ser objeto de diploma regional próprio nas Regiões Autónomas.

Estamos perante uma norma ínsita na maioria dos diplomas legais relacionados com matérias de urbanismo e de ordenamento do território, não revestindo, por isso, caráter inovatório.

Artigo 39º – Norma transitória

1 – Os registos efetuados ao abrigo dos Decretos-Leis nºs 462/99, de 5 de novembro, 234/2007, de 19 de junho, e 259/2007, de 17 de julho, mantêm-se válidos até à verificação de qualquer dos factos referidos nos nºs 4, 5 e 6 do artigo 4º e 1 do artigo 14º

2 – Os titulares da exploração de estabelecimentos de prestação de serviços cujo funcionamento pode envolver riscos para a saúde e para a segurança das pessoas, identificados na lista B do anexo I do presente Decreto-Lei, do qual faz parte integrante, em funcionamento à data de produção de efeitos do presente Decreto-Lei, e que não tenham efetuado o registo ao abrigo do regime previsto no Decreto-Lei nº 259/2007, de 17 de julho, dispõem de um prazo de um ano para efetuar a mera comunicação prévia prevista no nº 1 do artigo 4º do presente Decreto-Lei.

3 – A verificação de um dos factos referidos nos nºs 4, 5 e 6º do artigo 4º e no nº 1 do artigo 14º determina que seja dado cumprimento ao estipulado no presente decreto-lei.

COMENTÁRIO

1. **Razão de ser**
2. **Âmbito**
3. **Tratamento jurídico a deferir a situações anteriores**

1. As regras nascem num determinado momento, visando regular situações futuras que se venham a colocar pelo que, em regra, o direito apenas dispõe para o futuro. Além disso, em caso de igualdade hierárquica e de não existir um critério de especialidade subjacente, o direito novo revoga o direito antigo, não importando, genericamente, a repristinação.

Não obstante o facto acima mencionado, podem surgir conflitos intertemporais, até porque há situações da vida que não se esgotam num momento pontual. Nestes casos de sucessão temporal, coloca-se impreterivelmente a questão de saber qual o direito aplicar: a lei antiga ou a lei nova? Para esta questão surgem dois tipos de solução: i) uma resposta concreta para casos concretos, em que se determina diretamente a lei aplicável para uma determinada situação (direito transitório); ii) uma resposta geral, com a definição de critérios sobre a aplicação da lei no tempo (veja-se os artigos 12º e 13º do CC; 29º e nº 3 do 103º da CRP e, em certa medida, os artigos 140º e 141º CPA).

Em termos de segurança jurídica, a fixação de um direito transitório parece ser a solução desejável. Refira-se que, regra geral, o direito transitório mais não representa do que uma aplicação, pelo legislador, dos critérios gerais de forma a acautelar situações que poderiam levantar dúvidas sensíveis e a evitar lacunas.

Tomando agora em consideração o regime do Licenciamento Zero, torna-se legítimo perguntar qual a validade dos registos anteriormente feitos a coberto dos regimes anteriores por ele revogados.

Podendo o regime transitório revestir duas modalidades – formal ou material – pode concluir-se que, no caso da norma em anotação, o legislador optou por estabelecer um direito transitório formal, uma vez que escolheu, de entre o regime novo e o regime antigo, um deles para regular, no todo ou em parte, o caso concreto. É precisamente o que sucede na primeira parte da presente norma, onde em nome da segurança jurídica e da proteção da confiança dos particulares destinatários do regime jurídico, se estabelece que são os diplomas antigos que se mantêm em vigor, até que ocorra a verificação de qualquer dos factos referidos nos nºs 4, 5 e 6 do artigo 4º e nº 1 do artigo 14º deste diploma, que regula o cadastro comercial.

Dito de outra forma, a aplicação do regime do Licenciamento Zero aos estabelecimentos cujo registo foi efetuado ao abrigo ou do regime de instalação e funcionamento dos estabelecimentos de restauração ou de bebidas – Decreto-Lei nº 234/2007, de 19 de junho – ou do regime de declaração prévia a que estão sujeitos os estabelecimentos de comércio de produtos alimentares e alguns estabelecimentos de comércio não alimentar e de prestação de serviços que podem envolver riscos para a saúde e segurança das pessoas – Decreto-Lei nº 259/2007, de 17 de julho e bem ainda do regime de inscrição no cadastro dos estabelecimentos comerciais – e do Decreto-Lei nº 462/99, de 5 de novembro, só se operará quando: i) haja necessidade de atualização dos dados constantes no nº 3 do artigo 14º (identificação do titular da exploração, endereço do estabelecimento e/ou nome ou insígnia, a CAE das atividades que são desenvolvidas no estabelecimento, a área de venda, as secções acessórias existentes, o número de pessoas ao serviço, o tipo de localização e o método de venda); ii) haja uma modificação decorrente da alteração do ramo de atividade; iii) o estabelecimento seja encerrado. Fora destas situações, mantêm-se válidos os registos efetuados no sistema de cadastro dos estabelecimentos ao abrigo e pelas formas previstas nos *supra* referidos regimes jurídicos anteriores.

2. Para além de esclarecer esta sucessão de leis, o artigo em anotação versa ainda sobre uma questão que legitimamente poderia ser levantada: a situação em que ficariam os estabelecimentos de prestação de serviços cujo funcionamento pode envolver riscos para a saúde e para a segurança das pessoas que não tenham feito a inscrição no cadastro, estando a ela obrigados.

Neste caso, o nº 2 do presente artigo estabelece que os titulares da exploração dos referidos estabelecimentos que estejam em funcionamento à data de produção de efeitos do presente Decreto-Lei sem que tenham efetuado o registo ao abrigo do regime previsto no Decreto-Lei nº 259/2007, de 17 de julho, dispõem de um prazo de um ano para efetuar a mera comunicação prévia prevista no nº 1 do artigo 4º do presente Decreto-Lei.

Ora, uma vez que a produção de efeitos deste diploma, como veremos na anotação que faremos ao artigo 42º *infra*, faz depender a exequibilidade e a eficácia das suas normas da existência do «Balcão do empreendedor», tal significa que estes estabelecimentos de prestação de serviços, desde que em 2 de maio de 2012 estejam em funcionamento, dispõem ainda de 1 ano a contar dessa data para efetuar a mera comunicação prévia prevista neste diploma.

3. Quanto à ocupação de espaço público, como se trata de licenciamento de renovação anual, o novo regime procedimental apenas passará a ser exigível após o termo do prazo de renovação. Relativamente aos horários de abertura dos estabelecimentos, a nova redação do artigo 4º do Decreto-Lei nº 48/96, de 15 de maio, prevê que o interessado possa adaptar os respetivos períodos de abertura aos previstos no artigo 1º ou manter o período de abertura que vinha sendo praticado com base no regulamento municipal existente para o efeito, comunicando esse facto à câmara municipal da área em que se situa o estabelecimento. Por conseguinte, pode o titular da exploração, pela comunicação de alteração beneficiar do regime mais favorável que tenha sido definido em geral pelo município ou continuar a beneficiar do regime mais favorável anteriormente vigente (sobre esta questão, cfr. ponto 1 da anotação ao artigo33º).

Artigo 40º – Requisitos dos estabelecimentos de restauração ou de bebidas

Os requisitos específicos relativos a instalações, funcionamento e regime de classificação de estabelecimentos de restauração ou de bebidas são definidos por portaria conjunta dos membros do Governo responsáveis pelas áreas do turismo e da modernização administrativa, aplicando-se o disposto no artigo 25º.

COMENTÁRIO

1. **Âmbito**
2. **Interpretação sistemática: relação com o anexo III do diploma**

1. O artigo em anotação versa sobre dois aspetos do regime do Licenciamento Zero: i) a regulação dos requisitos específicos referentes à instalação, funcionamento e regime de classificação dos estabelecimentos de restauração e bebidas, os quais são remetidos para diploma infra legal, no caso, uma portaria conjunta dos membros do Governo responsáveis pelas áreas do turismo e da modernização administrativa, que foi já publicada (Portaria nº 215/2001, de 31 de maio); ii) a fiscalização do cumprimento desses requisitos (cfr. anotação ao artigo 25º). Daí resulta que a entidade competente para a fiscalização do cumprimento dos requisitos a estabelecer em Portaria, é também a ASAE.

Os requisitos especificamente regulados são os referentes às instalações e ao funcionamento dos estabelecimentos, constantes do artigo 1º da referida Portaria. Os primeiros dizem respeito a: a) infraestruturas; b) área de serviço; c) zonas integradas; d) cozinhas, copas e zonas de fabrico; e) vestiários e instalações sanitárias destinadas ao uso pessoal; f) área destinada aos clientes; g) instalações sanitárias destinadas aos clientes. Os segundos versam sobre aspetos relativos à: *a*) designação e tipologia dos estabelecimentos; *b*) regras de acesso aos estabelecimentos; *c*) capacidade do estabelecimento; *d*) informações a disponibilizar ao público; *e*) lista de preços; *f*) regras de higiene e segurança alimentar.

A remissão para esta portaria consta ainda do número 2 do Anexo III do diploma agora em anotação e do qual faz parte integrante.

Por se tratar de aspetos técnicos concordamos com a opção legislativa de deixar para diploma infra legal a regulamentação dos mesmos.

2. Em todo o caso relembremos que estes não são os únicos requisitos que os estabelecimentos de restauração e bebidas têm que acautelar na medida em que, tal como resulta do referido anexo III, nomeadamente do seu número 1, outros requisitos deverão ser respeitados por todos os estabelecimentos, a saber:

a) Regulamento Geral de Higiene e Segurança do Trabalho nos Estabelecimentos Comerciais, de Escritórios e Serviços – Decreto-Lei nº 243/86, de 20 de agosto;

b) Regime jurídico da segurança contra incêndios – Decreto-Lei nº 220/2008, de 12 de novembro;

c) Regulamento Geral do Ruído em Edifícios – Decreto-Lei nº 9/2007, de 17 de janeiro, alterado pelo Decreto-Lei nº 278/2007, de 1 de agosto;

d) Regime jurídico da conservação da natureza e da biodiversidade:

Decreto-Lei nº 142/2008, de 24 de julho;

Decreto-Lei nº 140/99, de 24 de abril, alterado pelo Decreto-Lei nº 49/2005, de 24 de fevereiro;

e) Regime Geral da Gestão de Resíduos – Decreto-Lei nº 178/2006, de 5 de setembro, alterado pelos Decretos-Leis nºs 64/2008, de 8 de abril, e 173/2008, de 26 de agosto, pela Lei nº 64-A/2008, de 31 de dezembro, e pelos Decretos-Leis nºs 183/2009, de 10 de agosto, e 92/2010, de 26 de julho.

Para além destes, o anexo III prevê ainda a necessidade de cumprimento de outros requisitos específicos, nomeadamente os que dizem respeito à acessibilidade aos edifícios estabelecimentos que recebem público. Quanto a este ponto em concreto e em virtude de a Portaria nº 215/2011, de 31 de maio, também regular certos aspetos comuns ao diploma que trata a questão das acessibilidades – Decreto-Lei nº 163/2007, de 8 de agosto – haverá naturalmente que harmonizar os dois diplomas em questão, prevalecendo sempre o disposto neste Decreto-Lei sobre a Portaria. Se por hipótese esta contiver normas contrárias ao Decreto-lei terá de entender-se como ilegal face aos princípios da hierarquia das fontes de direito.

Artigo 41º – Norma revogatória

São revogados:

a) A alínea *d*) do nº 2 do artigo 1º do Decreto-Lei nº 122/79, de 8 de maio;

b) O Decreto-Lei nº 339/85, de 21 de agosto;

c) O nº 1 do artigo 5º e o artigo 8º do Decreto-Lei nº 48/96, de 15 de maio;

d) O Decreto-Lei nº 462/99, de 5 de novembro;

e) A Portaria nº 1024-A/99, de 19 de novembro;

f) O nº 2 do artigo 3º do Decreto-Lei nº 309/2002, de 16 de dezembro;

g) A alínea *i*) do artigo 1º, o nº 2 do artigo 35º, os artigos 37º e 41º e as alíneas *j*) e *m*) do artigo 47º do Decreto-Lei nº 310/2002, de 18 de dezembro;

h) A Portaria nº 144/2003, de 14 de fevereiro;

i) O Decreto-Lei nº 234/2007, de 19 de junho;

j) Os artigos 1º a 12º e 14º e 15º do Decreto-Lei nº 259/2007, de 17 de julho;

l) A portaria nº 573/2007, de 17 de julho (2ª série);

m) A Portaria nº 789/2007, de 23 de julho;

n) A Portaria nº 790/2007, de 23 de julho;

o) A Portaria nº 791/2007, de 23 de julho;

p) O Decreto Regulamentar nº 20/2008, de 27 de novembro.

COMENTÁRIO

Identificação dos regimes jurídicos revogados

Os diplomas revogados integralmente e as normas que também resultam revogadas expressamente por intermédio deste artigo, regulavam as seguintes matérias, atualmente cobertas pelo âmbito material de aplicação do Regime do Licenciamento Zero:

a) A alínea *d*) do nº 2 do artigo 1º do Decreto-Lei nº 122/79, de 8 de maio: norma que determinava que eram considerados como vendedores ambulantes aqueles que utilizando veículos automóveis ou reboques neles confecionem, na via pública ou em locais para o efeito determinados pelas câmaras municipais, refeições ligeiras ou outros produtos comestíveis preparados de forma tradicional;

b) O Decreto-Lei nº 339/85, de 21 de agosto: estabelecia a classificação dos vários agentes económicos intervenientes na atividade comercial e fixava os mecanismos de controle das inibições do exercício dessa mesma atividade determinados nos termos da legislação em vigor;

c) O nº 1 do artigo 5º e o artigo 8º do Decreto-Lei nº 48/96, de 15 de maio: ambos pertencentes ao diploma que estabelecia um novo regime dos horários de funcionamento dos estabelecimentos comerciais. O nº 1 do artigo 5º dispunha que o "mapa de horário de funcionamento de cada estabelecimento deve ser afixado em lugar bem visível do exterior; o artigo 8º regulava a entrada em vigor do diploma, fazendo depender a sua exequibilidade de regulamentação por portaria pelo Ministro da Economia;

d) O Decreto-Lei nº 462/99, de 5 de novembro: estabelecia o regime de inscrição no cadastro dos estabelecimentos comerciais;

e) A Portaria nº 1024-A/99, de 19 de novembro: aprovava o modelo do impresso do requerimento para inscrição no cadastro dos estabelecimentos comerciais;

f) O nº 2 do artigo 3º do Decreto-Lei nº 309/2002, de 16 de dezembro, norma constante do diploma que regulava a instalação e o funcionamento de recintos de espetáculos, no âmbito das competências das câmaras municipais: determinava que eram considerados como recintos de diversão os locais onde, de forma acessória, se realizassem espetáculos de natureza artística, nomeadamente bares, discotecas, *r*estaurantes e salões de festas;

g) A alínea *i*) do artigo 1º, o nº 2 do artigo 35º, os artigos 37º e 41º e as alíneas *j*) e *m*) do artigo 47º do Decreto-Lei nº 310/2002, de 18 de dezembro, normas inseridas no diploma legal que regulava o regime jurídico do licenciamento e fiscalização pelas câmaras municipais de atividades diversas anteriormente cometidas aos governos civis:

Na alínea i) do artigo 1º, determinava-se a sujeição a licenciamento e fiscalização a realização de leilões. Refira-se em todo o caso que apesar de ter sido eliminado o licenciamento do **exercício da atividade de realização de leilões**, tal não tem repercussões nos **leilões promovidos no exercício da atividade prestamista** já que os mesmos não dependem de licença, mas tão só da presença de representante do governo civil (ou da entidade para quem seja transferida essa competência, nos termos do Decreto-Lei nº 114/2011, de 30 de novembro), a qual deverá ser requerida com indicação da data, hora e local de realização do leilão e apresentação dos documentos que titulem o exercício da atividade.

Quanto aos restantes artigos, no nº 2 do artigo 35º regulava-se o conteúdo do requerimento que devia ser apresentado pelos interessados para efeitos de licenciamento de venda de bilhetes para espetáculos ou divertimentos públicos em agências ou postos de venda; o artigo 37º referia-se a regras sobre requerimentos; o artigo 41º referia-se aos licenciamentos em sede do exercício da atividade de realização de leilões; a alínea j) do artigo 47º dizia respeito à contraordenação associada à venda de bilhetes sem licença; e a alínea m) do mesmo normativo estabelecia a contraordenação por facto derivado da realização de leilões sem licença;

h) A Portaria nº 144/2003, de 14 de fevereiro: aprovava os impressos necessários para o regular processamento administrativo do registo, licenciamento de exploração, transferência de propriedade e de local de exploração de máquinas automáticas, mecânicas e elétricas ou eletrónicas de diversão a cargo das câmaras municipais e revogava a Portaria nº 44/96, de 15 de fevereiro;

i) O Decreto-Lei nº 234/2007, de 19 de junho: aprovava o novo regime de instalação e funcionamento dos estabelecimentos de restauração ou de bebidas e revoga o Decreto-Lei nº 168/97, de 4 de julho;

j) Os artigos 1º a 12º e 14º e 15º do Decreto-Lei nº 259/2007, de 17 de julho: aprovavam o regime de declaração prévia a que estavam sujeitos os estabelecimentos de comércio de produtos alimentares e alguns estabelecimentos de comércio não alimentar e de prestação de serviços que podiam envolver riscos para a saúde e segurança das pessoas, revogando o Decreto-Lei nº 370/99, de 18 de setembro, e as Portarias nºs 33/2000, de 28 de janeiro, e 1061/2000, de 31 de outubro;

l) A Portaria nº 573/2007, de 17 de julho (2ª série): aprovava o modelo da declaração prévia instituído pelo Decreto-Lei nº 234/2007, de 19 de junho;

m) A Portaria nº 789/2007, de 23 de julho: fixava os requisitos específicos a que devia obedecer a instalação e funcionamento dos estabelecimentos abrangidos pelo Decreto-Lei nº 259/2007, de 17 de julho (registo nº 2167/2007);

n) A Portaria nº 790/2007, de 23 de julho: definia o modelo da declaração instituída pelo Decreto-Lei nº 259/2007, de 17 de julho;

o) A Portaria nº 791/2007, de 23 de julho: identificava os tipos de estabelecimentos abrangidos pelo regime de declaração instituído pelo Decreto-Lei nº 259/2007, de 17 de julho;

p) O Decreto Regulamentar nº 20/2008, de 27 de novembro: estabelecia os requisitos específicos relativos às instalações, funcionamento e regime de classificação de estabelecimentos de restauração ou de bebidas.

Artigo 42º – Produção de efeitos

1 – Tendo em conta a necessidade de proceder à adaptação e ao desenvolvimento de sistemas informáticos e de dar execução ao disposto no artigo 37º, as disposições do presente decreto-lei que pressuponham a existência do «Balcão do empreendedor» aplicam-se aos estabelecimentos e atividades referidas nos nºs 1 a 3 e 5 do artigo 2º e no artigo 6º, de forma faseada e em termos a fixar por portaria dos membros do Governo responsáveis pelas áreas da modernização administrativa, das autarquias locais e da economia.

2 – A aplicação das disposições do presente decreto-lei que pressupõem a existência do «Balcão do empreendedor» a todos os estabelecimentos e atividades referidas nos nºs 1a 3 e 5 do artigo 2.º e no artigo 6.º deve ocorrer até ao termo do prazo de um ano, a contar da data da sua entrada em vigor.

3 – Enquanto o presente Decreto-Lei não se aplicar a determinado estabelecimento ou atividade em virtude do disposto nos números anteriores, aplicam-se a esse estabelecimento ou atividade as disposições revogadas e alteradas pelo presente decreto-lei.

4 – Antes da data de entrada em vigor do presente decreto-lei, as entidades com competência para o efeito podem aprovar os critérios referidos nos nºs 1 e 5 do artigo 11º e nos artigos 31º e 32º, na parte em que alteram o nº 1 do artigo 4º e aditam o artigo 3º-A à Lei nº 97/88, de 17 de agosto, desde que os mesmos apenas produzam efeitos a partir daquela data.

COMENTÁRIO

Eficácia e exequibilidade

A entrada em vigor de grande parte dos regimes previstos no diploma do Licenciamento Zero é feita de forma faseada, seja no que se refere às atividades por ele abrangidas, seja na sua aplicação territorial. Optou-se, como referimos antes na anotação ao artigo 35º, por uma abordagem experimental, tendo em conta a necessidade de desenvolver, adaptar e testar sistemas informáticos, bem como de preparar orientações redigidas em português simples e claro para disponibilizar no «Balcão do empreendedor».

Assim, a Portaria nº 131/2011 de 4 de abril (cfr. *infra* o texto integral deste diploma em «Diplomas Anexos ao Comentário), além de ter definido as funcionalidades, modo de autenticação e meios de acesso ao «Balcão do empreendedor», prevê a organização de um projeto-piloto limitado aos estabelecimentos de restauração, a decorrer em cinco municípios: Porto, Abrantes, Águeda, Palmela e Portalegre. Segundo a referida portaria, aquele projeto-piloto deveria terminar em 31 de dezembro de 2011, altura em que os restantes municípios teriam de iniciar os seus processos de adesão ao «Balcão do empreendedor», nele carregando a informação devida (nomeadamente, regulamentos de ocupa-ção do espaço público, publicidade e taxas) até ao prazo limite de 2 de maio de 2012. Mais, nos termos da referida portaria, prevê-se ainda que "*sem prejuízo do disposto nos artigos 5º e 6º da presente portaria, o Decreto-Lei nº 48/2011 aplica-se aos estabelecimentos e às atividades referidas nos n.1 a 3 e 5 do artigo 2º e no artigo 6º do referido decreto-lei a partir do dia 2 de maio de 2012*».

O facto de a maior parte dos regimes implementados pressupor, como referem os dois diplomas acima mencionados, a existência do «Balcão do empreendedor», significa que a sua efetiva entrada em vigor depende da abertura deste balcão e da sua acessibilidade a todos os municípios. Se tal não acontecer por algum motivo, num período razoável (previa-se que fosse de quatro meses) antes de 2 de maio de 2012, a entrada dos referidos regimes terá de ser necessariamente adiada.

É certo que em certas situações de isenção – como é o caso das mensagens publicitárias referidas na anotação ao artigos 31º – houve já um juízo do legislador sobre o risco envolvido (ou melhor, a sua ausência), que poderia levar a admitir que bastaria que os critérios sobre a publicidade dessas mensagens estivessem disponíveis e publicados, por exemplo, no sítio do cada município para que o diploma entrasse em vigor. Contudo, não foi essa a solução aqui adotada. O diploma faz claramente depender a entrada em vigor das referidas disposições da existência do Balcão. Assim, no artigo 31º que altera a lei da publicidade, estabelece-se que os critérios definidos pelos Municípios só são eficazes se disponibilizados no «Balcão do empreendedor», sem prejuízo de serem publicados nos sítios das autarquias, ou seja, a sua publicação no Balcão é uma condição da sua eficácia. A intenção que subjaz a este propósito é a de que o «Balcão do empreendedor» não seja apenas um sítio onde são publicados os critérios, mas bastante mais do que isso. Ele deve ser *o ponto único de contacto* onde podem ser encontrados e comparados os critérios de todos os municípios, bem como a restante informação relevante para a aplicação deste diploma. Como referimos supra, no ponto 1 da anotação ao artigo 3º, além do mais, tal torna possível uma maior *normalização* de procedimentos em diferentes aspetos. Por essa razão, além de outras, o legislador foi exigente na fixação de uma data para a disponibilização do Balcão, data essa que a não ser observada por qualquer razão justificável, obrigará a alteração da lei para a fixação de uma nova data.

Acrescente-se ainda que da Portaria acima referida consta uma norma que consubstancia uma *válvula de escape* da produção de efeitos do diploma, constante do nº 3 do artigo 42º, ao dispor que, enquanto o Decreto-Lei não se aplicar a determinado estabelecimento ou atividade, aplicam-se as disposições por ele revogadas, no artigo 41º, e por ele alteradas, nos artigos 31º a 36º.

Nos casos em que se eliminaram licenciamentos, sem que fossem substituídos por qualquer comunicação ou outro procedimento (que exija a existência do «Balcão do empreendedor»), o diploma entrou em vigor em 1 de maio de 2011. *Assim acontece com a venda de bilhetes para espetáculos públicos, os leilões e as mensagens publicitárias comerciais não visíveis nem audíveis do espaço público.*

Tenha-se, por fim, em consideração, que a importância atribuída à simplificação operada por este diploma e a sua contribuição para a redução de custos de contexto para a atividade empresarial levou a que no *Memorando de Entendimento sobre Condicionalismos Específicos de Política Económica* assinado entre o Governo português e a "Troika" (Comissão Europeia, Banco Central Europeu e Fundo Monetário Internacional) em 3 de maio de 2011, tenha ficado estabelecido o compromisso não apenas da sua rápida operacionalização (segundo trimestre de 2012), mas também do seu alargamento a outros setores da economia (cfr. ponto 5.35 do Memorando). Também aí o compromisso de eliminar permissões administrativas aparece relacionado com a organização de um ponto único de contato para todas as formalidades administrativas.

Artigo 43º – Republicação

É republicado no anexo V do presente decreto-lei, do qual faz parte integrante, o Decreto-Lei nº 48/96, de 15 de maio, com a redação atual.

COMENTÁRIO

Teleologia da norma

A republicação de diplomas é uma técnica indiciadora da qualidade da legislação produzida e publicada diariamente no Diário da República e é apontada como um dos indicadores de simplificação legislativa coligidos e elencados pela Comissão para a Simplificação Legislativa (cfr. http://www.csl.gov.pt/textos.htm).

Em nome da certeza e segurança jurídicas, os diplomas são republicados, para que a tarefa de cerzimento dos diplomas que se sucedem seja minorada ou até mesmo dispensada. Com a republicação as novidades são colocadas no local próprio do diploma sem necessidade de o aplicador e o intérprete terem de se munir de todos os diplomas legais.

A razão pela qual o legislador se limitou à republicação do Decreto-Lei nº 48/96, de 15 de maio, referente aos horários de funcionamento dos estabelecimentos comerciais, deve-se a uma orientação contida nos referidos indicadores de simplificação legislativa nos termos da qual apenas deve proceder-se à republicação em anexo dos diplomas que sejam objeto de um número significativo de alterações – mais de 20% do articulado do diploma ou alteração de mais de 10 preceitos.

Segundo a referida orientação, a republicação deve ser efetuada sempre que sejam introduzidas alterações por diplomas sucessivos que atinjam aqueles valores acumulados ou, independentemente desses valores, quando existam mais do que três diplomas sucessivos.

Artigo 44º – Entrada em vigor

O presente decreto-lei entra em vigor no 1º dia útil do mês seguinte ao da sua publicação.

COMENTÁRIO

1. Data da entrada em vigor do Regime do Licenciamento Zero
2. Eficácia e exequibilidade: remissão

1. Tendo o presente diploma entrado em vigot no primeiro dia útil do mês seguinte ao da respetiva publicação – o que ocorreu em 2 de maio de 2011 –, a sua plena exequibilidade, isto é, a aplicação prática e exclusiva do regime dele constante prevê-se para mais tarde, atento, por um lado, a complexidade do procedimento de carregamento da informação no «Balcão do empreendedor» e, por outro lado, a consagração quer do regime transitório constante do artigo 39º, quer da norma sobre produção de efeitos constante do artigo 42º.

Na data da entrada em vigor do presente diploma – 2 de maio de 2011 –, entraram também em vigor, por não pressuporem a existência do «Balcão do empreendedor», as regras que determinaram a eliminação do licenciamento da atividade das agências de venda de bilhetes para espetáculos públicos, do licenciamento do exercício da atividade de realização de leilões e a isenção de licenciamento das mensagens publicitárias de natureza comercial não visíveis e audíveis do espaço público.

É também, o que resulta do disposto no nº 3 do artigo 7º da Portaria nº 131/2001, de 4 de abril, diploma que ele próprio entrou, em vigor em 2 de maio de 2011 e que tem de ser necessariamente convocado para a integral perceção do regime da produção de efeitos do diploma em anotação.

2. A eficácia e a exequibilidade das demais alterações introduzidas por este diploma – instalação de atividades, ocupação do espaço público, mensagens publicitárias de natureza comercial previstas nas alíneas b) e c) do nº 3 do artigo 1º da Lei nº 97/88, de 17 de agosto, horários de funcionamento –, como se viu na anotação ao artigo 42º, por pressuporem a existência do «Balcão do empreendedor», ficaram postergadas para 2 de maio de 2012, limite que decorre do previsto no nº 1 do artigo 7º da Portaria 131/2011, de 4 de abril.

Anexos

ANEXO I

[a que refere o artigo 2º]

Listas de CAE (Rev. 3)

LISTA A

Estabelecimentos de comércio

[a que se refere o nº 1 do artigo 2º]

Comércio por grosso – Secção G, divisão 46, subclasses

46311 Comércio por grosso de fruta e de produtos hortícolas, exceto batata.

46312 Comércio por grosso de batata.

46320 Comércio por grosso de carne e produtos à base de carne que não exijam condições de temperatura controlada nos termos da alínea *c*) do nº 2 do artigo 4º do Regulamento (CE) nº 853/2004, do Parlamento Europeu e do Conselho, de 29 de abril.

46331 Comércio por grosso de leite, seus derivados e ovos que não exijam condições de temperatura controlada nos termos da alínea *c*) do nº 2 do artigo 4º do Regulamento (CE) nº 853/2004, do Parlamento Europeu e do Conselho, de 29 de abril.

46332 Comércio por grosso de azeite, óleos e gorduras alimentares que não exijam condições de temperatura controlada nos termos da alínea *c*) do nº 2 do artigo 4º do Regulamento (CE) nº 853/2004, do Parlamento Europeu e do Conselho, de 29 de abril.

46341 Comércio por grosso de bebidas alcoólicas.

46342 Comércio por grosso de bebidas não alcoólicas.

46361 Comércio por grosso de açúcar.

46362 Comércio por grosso de chocolate e de produtos de confeitaria.

46370 Comércio por grosso de café, chá, cacau e especiarias.

46381 Comércio por grosso de peixe, crustáceos e moluscos que não exijam condições de temperatura controlada nos termos da alínea *c*) do nº 2 do artigo 4º do Regulamento (CE) nº 853/2004, do Parlamento Europeu e do Conselho, de 29 de abril.

46382 Comércio por grosso de outros produtos alimentares, n. e. que não exijam condições de temperatura controlada nos termos da alínea *c*) do nº 2 do artigo 4º do Regulamento (CE) nº 853/2004, do Parlamento Europeu e do Conselho, de 29 de abril.

46390 Comércio por grosso não especializado de produtos alimentares, de bebidas e tabaco.

46732 Comércio por grosso de tintas e vernizes para a construção (CAE parcial).

46750 Comércio por grosso de produtos químicos.

46762 Comércio por grosso de outros bens intermédios, n. e.

Comércio a retalho – Secção G, divisão 47, subclasses

47111 Comércio a retalho em supermercados e hipermercados.

47112 Comércio a retalho em outros estabelecimentos não especializados, com predominância de produtos alimentares, bebidas ou tabaco.

47191 Comércio a retalho não especializado, sem predominância de produtos alimentares, bebidas ou tabaco, em grandes armazéns e similares.

47192 Comércio a retalho em outros estabelecimentos não especializados, sem predominância de produtos alimentares, bebidas ou tabaco.

47210 Comércio a retalho de frutas e produtos hortícolas, em estabelecimentos especializados.

47220 Comércio a retalho de carne e produtos à base de carne, em estabelecimentos especializados.

47230 Comércio a retalho de peixe, crustáceos e moluscos, em estabelecimentos especializados.

47240 Comércio a retalho de pão, de produtos de pastelaria e de confeitaria, em estabelecimentos especializados.

47250 Comércio a retalho de bebidas, em estabelecimentos especializados.

47291 Comércio a retalho de leite e de derivados, em estabelecimentos especializados.

47292 Comércio a retalho de produtos alimentares, naturais e dietéticos, em estabelecimentos especializados.

47293 Outro comércio a retalho de produtos alimentares, em estabelecimentos especializados, n. e.

47522 Comércio a retalho de tintas, vernizes e produtos similares, em estabelecimentos especializados.

47761 Comércio a retalho de fertilizantes fitossanitários para plantas e flores, em estabelecimentos especializados (CAE parcial).

47762 Comércio a retalho de animais de companhia e respetivos alimentos, em estabelecimentos especializados.

47784 Comércio a retalho de artigos de drogaria (CAE parcial).

LISTA B

Estabelecimentos de prestação de serviços

[a que se refere o nº 1 do artigo 2º]

Estabelecimentos de prestação de serviços cujo funcionamento pode envolver riscos para a saúde e para a segurança das pessoas

45200 Oficinas de manutenção e reparação de veículos automóveis.

45402 Oficinas de manutenção e reparação de motociclos e de ciclomotores.

96010 Lavandarias e tinturarias.

96021 Salões de cabeleireiro.

96022 Institutos de beleza.

96040 Centros de bronzeamento artificial.

96091 Colocação de *piercings* e tatuagens.

Estabelecimentos de restauração ou de bebidas

5610 Restaurantes (inclui atividades de restauração em meios móveis).

5630 Estabelecimentos de bebidas.

LISTA C
Armazéns

[a que se refere o nº 1 do artigo 2º]

52101 Armazenagem frigorífica de géneros alimentícios que não exijam condições de temperatura controlada nos termos da alínea *c*) do nº 2 do artigo 4º do Regulamento (CE) nº 853/2004, do Parlamento Europeu e do Conselho, de 29 de abril.

52102 Armazenagem não frigorífica de géneros alimentícios (CAE parcial).

LISTA D
Operações industriais realizadas em estabelecimentos comerciais especializados ou em secções acessórias de estabelecimentos comerciais

[a que se refere a alínea *a*) do nº 2 do artigo 2º]

Secção C, divisão 10, subclasses

10130 Fabricação de produtos à base de carne.

10201 Preparação de produtos da pesca e da aquicultura.

10203 Conservação de produtos da pesca.

10320 Fabricação de sumos de frutos e de produtos hortícolas.

10520 Fabricação de gelados e sorvetes.

10711 Panificação.

10712 Pastelaria.

10720 Fabricação de bolachas, biscoitos, tostas e pastelaria de conservação.

10393 Fabricação de doces, compotas, geleias e marmeladas.

10395 Preparação e conservação de frutos e de produtos hortícolas por outros processos.

Secção D, divisão 35, subclasses

35302 Produção de gelo.

LISTA E

Estabelecimentos de restauração ou de bebidas que disponham de instalações destinadas ao fabrico próprio de pastelaria, panificação, gelados e atividades industriais similares ou que vendam produtos alimentares a que corresponda alguma das CAE previstas na divisão 10 da secção C, na secção D e na secção I do anexo I do Decreto-Lei nº 209/2008, de 29 de outubro.

[a que se refere a alínea *b*) do nº 2 do artigo 2º]

Secção C, divisão 10, subclasses

10130 Fabricação de produtos à base de carne.

10201 Preparação de produtos da pesca e da aquicultura.

10202 Congelação de produtos da pesca e da aquicultura.

10203 Conservação de produtos da pesca e da aquicultura em azeite e outros óleos vegetais e outros molhos.

10204 Salga, secagem e outras atividades de transformação de produtos da pesca e aquicultura.

10310 Preparação e conservação de batatas.

10320 Fabricação de sumos de frutos e de produtos hortícolas.

10391 Congelação de frutos e de produtos hortícolas.

10392 Secagem e desidratação de frutos e de produtos hortícolas.

10393 Fabricação de doces, compotas, geleias e marmelada.

10394 Descasque e transformação de frutos de casca rija comestíveis.

10395 Preparação e conservação de frutos e de produtos hortícolas por outros processos.

10411 Produção de óleos e gorduras animais brutos.

10412 Produção de azeite.

10413 Produção de óleos vegetais brutos (exceto azeite).

10414 Refinação de azeite, óleos e gorduras.

10420 Fabricação de margarinas e de gorduras alimentares similares.

10510 Indústrias do leite e derivados.

10520 Fabricação de gelados e sorvetes.

10611 Moagem de cereais.

10612 Descasque, branqueamento e outros tratamentos do arroz.

10613 Transformação de cereais e leguminosas, n. e.

10620 Fabricação de amidos, féculas e produtos afins.

10711 Panificação.

10712 Pastelaria.

10720 Fabricação de bolachas, biscoitos, tostas e pastelaria de conservação.

10730 Fabricação de massas alimentícias, cuscuz e similares.

10810 Indústria do açúcar.

10821 Fabricação de cacau e de chocolate.

10822 Fabricação de produtos de confeitaria.

10830 Indústria do café e do chá.

10840 Fabricação de condimentos e temperos.

10850 Fabricação de refeições e pratos pré-cozinhados.

10860 Fabricação de alimentos homogeneizados e dietéticos.

10891 Fabricação de fermentos, leveduras e adjuvantes para panificação e pastelaria.

10892 Fabricação de caldos, sopas e sobremesas.

10893 Fabricação de outros produtos alimentares diversos, n. e.

Secção D, divisão 35, subclasses

35302 Produção de gelo

Secção I, divisão 56, subclasses

56210 Fornecimento de refeições para eventos (apenas quando o local de preparação das refeições não é o local onde decorrem os eventos).

56290 Outras atividades de serviço de refeições (apenas atividade de preparação de refeições para fornecimento e consumo em local distinto do local de preparação).

LISTA F

Estabelecimentos de comércio

[a que se refere a alínea *a*) do nº 3 do artigo 2º]

Comércio de veículos automóveis, motociclos, suas peças e acessórios – Secção G, divisão 45, subclasses

45110 Comércio de veículos automóveis ligeiros.

45190 Comércio de outros veículos automóveis.

45310 Comércio por grosso de peças e acessórios para veículos automóveis.

45320 Comércio a retalho de peças e acessórios para veículos automóveis.

45401 Comércio por grosso e a retalho de motociclos, de suas peças e acessórios.

Comércio por grosso – Secção G, divisão 46, subclasses

46211 Comércio por grosso de alimentos para animais.

46212 Comércio por grosso de tabaco em bruto.

46213 Comércio por grosso de cortiça em bruto.

46214 Comércio por grosso de cereais, sementes, leguminosas, oleaginosas e outras matérias-primas agrícolas.

46220 Comércio por grosso de flores e plantas.

46230 Comércio por grosso de animais vivos.

46240 Comércio por grosso de peles e couro.

46320 Comércio por grosso de carne e produtos à base de carne que exijam condições de temperatura controlada nos termos da alínea *c*) do nº 2 do artigo 4º do Regulamento (CE) nº 853/2004, do Parlamento Europeu e do Conselho, de 29 de abril.

46331 Comércio por grosso de leite, seus derivados e ovos que exijam condições de temperatura controlada nos termos da alínea *c*) do nº 2 do artigo 4º do Regulamento (CE) nº 853/2004, do Parlamento Europeu e do Conselho, de 29 de abril.

46332 Comércio por grosso de gorduras alimentares que exijam condições de temperatura controlada nos termos da alínea *c*) do nº 2 do artigo 4º do Regulamento (CE) nº 853/2004, do Parlamento Europeu e do Conselho, de 29 de abril.

46350 Comércio por grosso de tabaco.

46381 Comércio por grosso de peixe, crustáceos e moluscos que exijam condições de temperatura controlada nos termos da alínea *c*) do nº 2 do artigo 4º do Regulamento (CE) nº 853/2004, do Parlamento Europeu e do Conselho, de 29 de abril.

46382 Comércio por grosso de outros produtos alimentares, n. e. que exijam condições de temperatura controlada nos termos da alínea *c*) do nº 2 do artigo 4º do Regulamento (CE) nº 853/2004, do Parlamento Europeu e do Conselho, de 29 de abril.

46410 Comércio por grosso de têxteis.

46421 Comércio por grosso de vestuário e de acessórios.

46422 Comércio por grosso de calçado.

46430 Comércio por grosso de eletrodomésticos, aparelhos de rádio e de televisão.

46441 Comércio por grosso de louças em cerâmica e em vidro.

46442 Comércio por grosso de produtos de limpeza.

46450 Comércio por grosso de perfumes e de produtos de higiene.

46460 Comércio por grosso de produtos farmacêuticos.

46470 Comércio por grosso de móveis para uso doméstico, carpetes, tapetes e artigos de iluminação.

46480 Comércio por grosso de relógios e de artigos de ourivesaria e joalharia.

46491 Comércio por grosso de artigos de papelaria.

46492 Comércio por grosso de livros, revistas e jornais.

46493 Comércio por grosso de brinquedos, jogos e artigos de desporto.

46494 Outro comércio por grosso de bens de consumo, n. e.

46510 Comércio por grosso de computadores, equipamentos periféricos e programas informáticos.

46520 Comércio por grosso de equipamentos eletrónicos, de telecomunicações e suas partes.

46610 Comércio por grosso de máquinas e equipamentos agrícolas.

46620 Comércio por grosso de máquinas-ferramentas.

46630 Comércio por grosso de máquinas para a indústria extrativa, construção e engenharia civil.

46640 Comércio por grosso de máquinas para a indústria têxtil, máquinas de costura e de tricotar.

46650 Comércio por grosso de mobiliário de escritório.

46660 Comércio por grosso de outras máquinas e material de escritório.

46690 Comércio por grosso de outras máquinas e equipamentos.

46711 Comércio por grosso de produtos petrolíferos.

46712 Comércio por grosso de combustíveis sólidos, líquidos e gasosos, não derivados do petróleo.

46720 Comércio por grosso de minérios e de metais.

46731 Comércio por grosso de madeira em bruto e de produtos derivados.

46732 Comércio por grosso de materiais de construção (exceto madeira) e equipamento sanitário (com exclusão de tintas e vernizes iteradas na lista A do presente anexo).

46740 Comércio por grosso de ferragens, ferramentas manuais e artigos para canalizações e aquecimento.

46761 Comércio por grosso de fibras têxteis naturais, artificiais e sintéticas.

46771 Comércio por grosso de sucatas e de desperdícios metálicos.

46772 Comércio por grosso de desperdícios têxteis, de cartão e papéis velhos.

46773 Comércio por grosso de desperdícios de materiais, n. e.

46900 Comércio por grosso não especializado.

Comércio a retalho – Secção G, divisão 47, subclasses

47260 Comércio a retalho de tabaco, em estabelecimentos especializados.

47300 Comércio a retalho de combustível para veículos a motor, em estabelecimentos especializados.

47410 Comércio a retalho de computadores, unidades periféricas e programas informáticos, em estabelecimentos especializados.

47420 Comércio a retalho de equipamento de telecomunicações, em estabelecimentos especializados.

47430 Comércio a retalho de equipamento audiovisual, em estabelecimentos especializados.

47510 Comércio a retalho de têxteis, em estabelecimentos especializados,

47521 Comércio a retalho de ferragens e de vidro plano, em estabelecimentos especializados.

47523 Comércio a retalho de material de *bricolage*, equipamento sanitário, ladrilhos e materiais similares, em estabelecimentos especializados.

47530 Comércio a retalho de carpetes, tapetes, cortinados e revestimentos para paredes e pavimentos, em estabelecimentos especializados.

47540 Comércio a retalho de eletrodomésticos, em estabelecimentos especializados.

47591 Comércio a retalho de mobiliário e artigos de iluminação, em estabelecimentos especializados.

47592 Comércio a retalho de louças, cutelaria e de outros artigos similares para uso doméstico, em estabelecimentos especializados.

47593 Comércio a retalho de outros artigos para o lar, n. e., em estabelecimentos especializados.

47610 Comércio a retalho de livros, em estabelecimentos especializados.

47620 Comércio a retalho de jornais, revistas e artigos de papelaria, em estabelecimentos especializados.

47630 Comércio a retalho de discos, CD, DVD, cassetes e similares, em estabelecimentos especializados.

47640 Comércio a retalho de artigos de desporto, de campismo e lazer, em estabelecimentos especializados.

47650 Comércio a retalho de jogos e brinquedos, em estabelecimentos especializados.

47711 Comércio a retalho de vestuário para adultos, em estabelecimentos especializados.

47712 Comércio a retalho de vestuário para bebés e crianças, em estabelecimentos especializados.

47721 Comércio a retalho de calçado, em estabelecimentos especializados.

47722 Comércio a retalho de marroquinaria e artigos de viagem, em estabelecimentos especializados.

47730 Comércio a retalho de produtos farmacêuticos, em estabelecimentos especializados.

47740 Comércio a retalho de produtos médicos e ortopédicos, em estabelecimentos especializados.

47750 Comércio a retalho de produtos cosméticos e de higiene, em estabelecimentos especializados.

47761 Comércio a retalho de flores, plantas e sementes em estabelecimentos especializados (com exclusão dos estabelecimentos de fertilizantes fitossanitários para flores e plantas integrados na lista A do presente anexo).

47770 Comércio a retalho de relógios e de artigos de ourivesaria e joalharia, em estabelecimentos especializados.

47781 Comércio a retalho de máquinas e de outro material de escritório, em estabelecimentos especializados.

47782 Comércio a retalho de material ótico, fotográfico, cinematográfico e de instrumentos de precisão, em estabelecimentos especializados.

47783 Comércio a retalho de combustíveis para uso doméstico, em estabelecimentos especializados.

47784 Comércio a retalho de outros produtos novos, em estabelecimentos especializados, n. e. (com exclusão dos estabelecimentos de artigos de drogaria iterados na lista A do presente anexo).

47790 Comércio a retalho de artigos em segunda mão, em estabelecimentos especializados.

LISTA G

Atividades de comércio sem estabelecimento

[a que se refere a alínea *b*) do nº 3 do artigo 2º]

Distribuidores grossistas enquadrados no Grupo 463 com exceção da CAE 46350 Comércio por grosso de tabaco

47810 Comércio a retalho em bancas de mercados municipais, de produtos alimentares e de bebidas (CAE parcial).

47820 Comércio a retalho em bancas de mercados municipais de têxteis, vestuário, calçado, malas e similares (CAE parcial).

47890 Comércio a retalho em bancas de mercados municipais, de outros produtos (CAE parcial).

47910 Comércio a retalho por correspondência ou via Internet.

47990 Comércio a retalho por outros métodos, não efetuado em estabelecimentos, bancas, feiras ou unidades móveis de venda.

ANEXO II

[a que se referem os n.ºs 4 do artigo 2º e 5 do artigo 10º]

Definições

1 – Restauração e bebidas, comércio e prestação de serviços:

a) «Atividade de comércio por grosso», a atividade de venda ou revenda em quantidade a outros comerciantes, retalhistas ou grossistas, a industriais, a utilizadores institucionais e profissionais ou a intermediários de bens novos ou usados, sem transformação, tal como foram adquiridos, ou após a realização de algumas operações associadas ao comércio por grosso, como sejam a escolha, a classificação em lotes, o acondicionamento e o engarrafamento;

b) «Atividade de comércio a retalho», a atividade de revenda ao consumidor final, incluindo profissionais e institucionais, de bens novos ou usados, tal como são adquiridos, ou após a realização de algumas operações associadas ao comércio a retalho, como a escolha, a classificação e o acondicionamento, desenvolvida em estabelecimentos e fora dos estabelecimentos, em feiras, mercados municipais, de modo ambulante, à distância, ao domicílio e através de máquinas automáticas;

c) «Estabelecimento», a instalação, de caráter fixo e permanente, onde é exercida, exclusiva ou principalmente, de modo habitual e profissional, uma ou mais atividades económicas;

d) «Estabelecimentos de bebidas», os estabelecimentos destinados a prestar, mediante remuneração, serviços de bebidas e cafetaria no próprio estabelecimento ou fora dele;

e) «Estabelecimento comercial», a instalação, de caráter fixo e permanente, onde é exercida, exclusiva ou principalmente, de modo habitual e profissional, uma ou mais atividades de comércio, por grosso ou a retalho, incluídas na secção G da Classificação Portuguesa das Atividades Económicas (CAE);

f) «Estabelecimentos de restauração», os estabelecimentos destinados a prestar, mediante remuneração, serviços de alimentação e de bebidas no próprio estabelecimento ou fora dele, incluindo outros locais de prestação daqueles serviços através da atividade de *catering* e a oferta de serviços de banquetes ou outras, desde que habitualmente efetuados, entendendo-se como tal a execução de pelo menos 10 eventos anuais;

g) «Grossista», a pessoa singular ou coletiva que exerce, de modo habitual e profissional, a atividade de comércio por grosso;

h) «Prestação de serviços de restauração ou de bebidas com caráter não sedentário», a prestação, mediante remuneração, de serviços de alimentação ou de bebidas em unidades móveis ou amovíveis (tais como tendas de mercado e veículos para venda ambulante) ou em instalações fixas onde se realizem menos de 10 eventos anuais;

i) «Retalhista», a pessoa singular ou coletiva que exerce, de modo habitual e profissional, a atividade de comércio a retalho;

j) «Venda automática», o método de venda a retalho sem a presença física simultânea do fornecedor e do consumidor, que consiste na colocação de um bem à disposição do consumidor para que este o adquira mediante a utilização de qualquer tipo de mecanismo e pagamento antecipado do seu custo;

l) «Venda à distância», o método de venda a retalho sem a presença física simultânea do fornecedor e do consumidor, em que a oferta ao consumidor e a celebração do contrato são efetuadas através de uma ou mais técnicas de comunicação à distância, nomeadamente Internet, telefone, correio;

m) «Venda ao domicílio», o método de venda a retalho, em que o contrato é proposto, pelo vendedor ou seus representantes, e concluído no domicílio do consumidor ou:

i) No seu local de trabalho;

ii) Em reuniões em que a oferta de bens é promovida através de demonstração realizada perante um grupo de pessoas reunidas no domicílio de uma delas, a pedido do fornecedor ou seu representante, sem que tenha havido prévio pedido expresso por parte do consumidor;

iii) Durante deslocações organizadas pelo fornecedor ou seu representante;

iv) No local indicado pelo fornecedor, ao qual o consumidor se desloque, por sua conta e risco, na sequência de uma comunicação comercial feita pelo fornecedor ou pelos seus representantes.

2 – Mobiliário urbano (as coisas instaladas, projetadas ou apoiadas no espaço público, destinadas a uso público, que prestam um serviço coletivo ou que complementam uma atividade, ainda que de modo sazonal ou precário):

a) «Anúncio eletrónico», o sistema computorizado de emissão de mensagens e imagens, com possibilidade de ligação a circuitos de TV e vídeo e similares;

b) «Anúncio iluminado», o suporte publicitário sobre o qual se faça incidir intencionalmente uma fonte de luz;

c) «Anúncio luminoso», o suporte publicitário que emita luz própria;

d) «Bandeirola», o suporte rígido que permaneça oscilante, afixado em poste ou estrutura idêntica;

e) «Chapa», o suporte não luminoso aplicado ou pintado em paramento visível e liso, cuja maior dimensão não excede 0,60 m e a máxima saliência não excede 0,05 m;

f) «Esplanada aberta», a instalação no espaço público de mesas, cadeiras, guarda-ventos, guarda-sóis, estrados, floreiras, tapetes, aquecedores verticais e outro mobiliário urbano, sem qualquer tipo de proteção fixa ao solo, destinada a apoiar estabelecimentos de restauração ou de bebidas e similares ou empreendimentos turísticos;

g) «Expositor», a estrutura própria para apresentação de produtos comercializados no interior do estabelecimento comercial, instalada no espaço público;

h) «Floreira», o vaso ou recetáculo para plantas destinado ao embelezamento, marcação ou proteção do espaço público;

i) «Guarda-vento», a armação que protege do vento o espaço ocupado por uma esplanada;

j) «Letras soltas ou símbolos», a mensagem publicitária não luminosa, diretamente aplicada nas fachadas dos edifícios, nas montras, nas portas ou janelas;

l) «Pendão», o suporte não rígido que permaneça oscilante, afixado em poste ou estrutura idêntica;

m) «Placa», o suporte não luminoso aplicado em paramento visível, com ou sem emolduramento, cuja maior dimensão não excede 1,50 m;

n) «Publicidade sonora», a atividade publicitária que utiliza o som como elemento de divulgação da mensagem publicitária;

o) «Sanefa», o elemento vertical de proteção contra agentes climatéricos, feito de lona ou material similar, colocado transversalmente na parte inferior dos toldos, no qual pode estar inserida uma mensagem publicitária;

p) «Suporte publicitário», o meio utilizado para a transmissão de uma mensagem publicitária;

q) «Tabuleta», o suporte não luminoso, afixado perpendicularmente às fachadas dos edifícios, que permite a afixação de mensagens publicitárias em ambas as faces;

r) «Toldo», o elemento de proteção contra agentes climatéricos, feito de lona ou material similar, rebatível, aplicável em qualquer tipo de vãos, como montras, janelas ou portas de estabelecimentos comerciais, no qual pode estar inserida uma mensagem publicitária;

s) «Vitrina», o mostrador envidraçado ou transparente, embutido ou saliente, colocado na fachada dos estabelecimentos comerciais, onde se expõem objetos e produtos ou se afixam informações.

ANEXO III

[a que se refere a alínea *f*) do nº 3 do artigo 4º]

Requisitos que devem observar as instalações e equipamentos dos estabelecimentos comerciais, de prestação de serviços e armazéns para o seu funcionamento

1 – Requisitos a observar em todos os estabelecimentos:

a) Regulamento Geral de Higiene e Segurança do Trabalho nos Estabelecimentos Comerciais, de Escritórios e Serviços – Decreto-Lei nº 243/86, de 20 de agosto;

b) Regime jurídico da segurança contra incêndios – Decreto-Lei nº 220/2008, de 12 de novembro;

c) Regulamento Geral do Ruído em Edifícios – Decreto-Lei nº 9/2007, de 17 de janeiro, alterado pelo Decreto-Lei nº 278/2007, de 1 de agosto;

d) Regime jurídico da conservação da natureza e da biodiversidade: Decreto-Lei nº 142/2008, de 24 de julho; Decreto-Lei nº 140/99, de 24 de abril, alterado pelo Decreto-Lei nº 49/2005, de 24 de fevereiro;

e) Regime Geral da Gestão de Resíduos – Decreto-Lei nº 178/2006, de 5 de setembro, alterado pelos Decretos-Leis nºs 64/2008, de 8 de abril, e 173/2008, de 26 de agosto, pela Lei nº 64-A/2008, de 31 de dezembro, e pelos Decretos-Leis nºs 183/2009, de 10 de agosto, e 92/2010, de 26 de julho.

2 – Requisitos a observar em estabelecimentos de restauração ou de bebidas – portaria a que alude o artigo 40º do presente Decreto-Lei.

3 – Requisitos a observar em estabelecimentos de comércio de produtos alimentares:

a) Higiene dos géneros alimentícios e comercialização de determinados produtos de origem animal destinados ao consumo humano:

Regulamento (CE) nº 178/2002, do Parlamento Europeu e do Conselho, de 28 de janeiro;

Regulamento (CE) nº 852/2004, do Parlamento Europeu e do Conselho, de 29 de abril;

Regulamento (CE) nº 853/2004, do Parlamento Europeu e do Conselho, de 29 de abril;

Decreto-Lei nº 111/2006, de 9 de junho;

Decreto-Lei nº 113/2006, de 12 de junho, alterado pelo

Decreto-Lei nº 223/2008, de 18 de novembro;

b) Estabelecimentos de comércio por grosso ou de armazenagem de géneros alimentícios de origem animal abrangidos pelo disposto na alínea *b*) do nº 3 do artigo 6º do Regulamento (CE) nº 852/2004, do Parlamento Europeu e do Conselho, de 29 de abril, e pelos artigos 1º e 4º do Regulamento (CE) nº 853/2004, do Parlamento Europeu e do Conselho, de 29 de abril – Decreto-Lei nº 370/99, de 18 de setembro;

c) Regulamento das condições higiénicas e técnicas a observar na distribuição e venda de carnes e seus produtos – Decreto-Lei nº 147/2006, de 31 de julho, alterado pelo Decreto-Lei nº 207/2008, de 23 de outubro;

d) Estabelecimentos de comércio de pão e outros produtos similares – Decreto-Lei nº 286/86, de 6 de setembro, alterado pelo Decreto-Lei nº 275/87, de 4 de julho;

e) Qualidade da água destinada ao consumo humano – Decreto-Lei nº 306/2007, de 27 de agosto, alterado pelo Decreto-Lei nº 92/2010, de 26 de julho.

4 – Requisitos a observar em estabelecimentos de comércio de produtos não alimentares, sujeitos a legislação específica:

a) Estabelecimentos de comércio por grosso e a retalho de alimentos para animais abrangidos pelo Regulamento (CE) nº 183/2005, do Parlamento Europeu e do Conselho, de 12 de janeiro – Decreto-Lei nº 370/99, de 18 de setembro, alterado pelos Decretos-Leis nºs 9/2002, de 24 de janeiro, e 259/2007, de 17 de julho.

5 – Requisitos a observar em estabelecimentos de prestação de serviços especializados:

a) Estabelecimentos de serviços de bronzeamento artificial:

Decreto-Lei nº 205/2005, de 28 de novembro;

Portaria nº 1301/2005, de 20 de dezembro.

6 – Outros requisitos específicos:

a) Medidas de prevenção da poluição atmosférica:

Decreto-Lei nº 78/2004, de 3 de abril, alterado pelo

Decreto-Lei nº 126/2006, de 3 de julho;

Decreto-Lei nº 242/2001, de 31 de agosto, alterado pelos Decretos-Leis nºs 181/2006, de 6 de setembro, e 98/2010, de 11 de agosto;

b) Estabelecimentos onde estejam presentes substâncias perigosas – Decreto-Lei nº 254/2007, de 12 de julho;

c) Acessibilidade aos edifícios e estabelecimentos que recebem público – Decreto-Lei nº 163/2006, de 8 de agosto.

7 – Outras disposições legais e regulamentares publicitadas no «Balcão do empreendedor».

ANEXO IV

[a que referem os nºs 4 do artigo 11º e 6 do artigo 1º
da Lei nº 97/88, de 17 de agosto]

Critérios subsidiários a observar na ocupação do espaço público e na afixação, inscrição e difusão de mensagens publicitárias de natureza comercial

CAPÍTULO I – Disposições gerais

Artigo 1º – Objeto

O presente anexo estabelece os critérios subsidiários a que está sujeita a ocupação do espaço público e a afixação, inscrição e difusão de mensagens publicitárias de natureza comercial não sujeitas a licenciamento, nos termos previstos no nº 3 do artigo 1º da Lei nº 97/88, de 17 de agosto.

Artigo 2º – Princípios gerais de ocupação do espaço público

Sem prejuízo das regras contidas no nº 2 do artigo 11º do presente Decreto-Lei, a ocupação do espaço público não pode prejudicar:

a) A saúde e o bem-estar de pessoas, designadamente por ultrapassar níveis de ruído acima dos admissíveis por lei;

b) O acesso a edifícios, jardins e praças;

c) A circulação rodoviária e pedonal, designadamente de pessoas com mobilidade reduzida;

d) A qualidade das áreas verdes, designadamente por contribuir para a sua degradação ou por dificultar a sua conservação;

e) A eficácia da iluminação pública;

f) A eficácia da sinalização de trânsito;

g) A utilização de outro mobiliário urbano;

h) A ação dos concessionários que operam à superfície ou no subsolo;

i) O acesso ou a visibilidade de imóveis classificados ou em vias de classificação ou onde funcionem hospitais, estabelecimentos de saúde, de ensino ou outros serviços públicos, locais de culto, cemitérios, elementos de estatuária e arte pública, fontes, fontanários e chafarizes;

j) Os direitos de terceiros.

Artigo 3º – Princípios gerais de inscrição e afixação de publicidade

1 – Salvo se a mensagem publicitária se circunscrever à identificação da atividade exercida no imóvel ou daquele que a exerce, não é permitida afixação ou inscrição de mensagens publicitárias em edifícios ou monumentos de interesse histórico, cultural, arquitetónico ou paisagístico, designadamente:

a) Os imóveis classificados ou em vias de classificação, nomeadamente os de interesse público, nacional ou municipal;

b) Os imóveis contemplados com prémios de arquitetura.

2 – A afixação ou inscrição de mensagens publicitárias não é permitida sempre que possa causar danos irreparáveis nos materiais de revestimento exterior dos edifícios e que os suportes utilizados prejudiquem o ambiente, afetem a estética ou a salubridade dos lugares ou causem danos a terceiros, nomeadamente quando se trate de:

a) Faixas de pano, plástico, papel ou outro material semelhante;

b) Pintura e colagem ou afixação de cartazes nas fachadas dos edifícios ou em qualquer outro mobiliário urbano;

c) Suportes que excedam a frente do estabelecimento.

3 – A publicidade sonora deve respeitar os limites impostos pela legislação aplicável a atividades ruidosas.

4 – A afixação ou a inscrição de mensagens publicitárias não pode prejudicar a segurança de pessoas e bens, designadamente:

a) Afetar a iluminação pública;

b) Prejudicar a visibilidade de placas toponímicas, semáforos e sinais de trânsito;

c) Afetar a circulação de peões, especialmente dos cidadãos com mobilidade reduzida.

Artigo 4º – Deveres dos titulares dos suportes publicitários

Constituem deveres do titular do suporte publicitário:

a) Cumprir as condições gerais e específicas a que a afixação e a inscrição de mensagens publicitárias estão sujeitas;

b) Conservar o suporte, bem como a mensagem, em boas condições de conservação e segurança;

c) Eliminar quaisquer danos em bens públicos resultantes da afixação ou inscrição da mensagem publicitária.

CAPÍTULO II – Condições de instalação de mobiliário urbano

Artigo 5º – Condições de instalação e manutenção de um toldo e da respetiva sanefa

1 – A instalação de um toldo e da respetiva sanefa deve respeitar as seguintes condições:

a) Em passeio de largura superior a 2 m, deixar livre um espaço igual ou superior a 0,80 m em relação ao limite externo do passeio;

b) Em passeio de largura inferior a 2 m, deixar livre um espaço igual ou superior a 0,40 m em relação ao limite externo do passeio;

c) Observar uma distância do solo igual ou superior a 2,50 m, mas nunca acima do nível do teto do estabelecimento comercial a que pertença;

d) Não exceder um avanço superior a 3 m;

e) Não exceder os limites laterais das instalações pertencentes ao respetivo estabelecimento;

f) O limite inferior de uma sanefa deve observar uma distância do solo igual ou superior a 2,50m;

g) Não se sobrepor a cunhais, pilastras, cornijas, emolduramentos de vãos de portas e janelas e outros elementos com interesse arquitetónico ou decorativo.

2 – O toldo e a respetiva sanefa não podem ser utilizados para pendurar ou afixar qualquer tipo de objetos.

3 – O titular do estabelecimento é responsável pelo bom estado de conservação e limpeza do toldo e da respetiva sanefa.

Artigo 6º – Condições de instalação e manutenção de uma esplanada aberta

1 – Na instalação de uma esplanada aberta devem respeitar-se as seguintes condições:

a) Ser contígua à fachada do respetivo estabelecimento;

b) A ocupação transversal não pode exceder a largura da fachada do respetivo estabelecimento;

c) Deixar um espaço igual ou superior a 0,90 m em toda a largura do vão de porta, para garantir o acesso livre e direto à entrada do estabelecimento;

d) Não alterar a superfície do passeio onde é instalada, sem prejuízo do disposto no artigo 8º;

e) Não ocupar mais de 50% da largura do passeio onde é instalada;

f) Garantir um corredor para peões de largura igual ou superior a 2 m contados:

i) A partir do limite externo do passeio, em passeio sem caldeiras;

ii) A partir do limite interior ou balanço do respetivo elemento mais próximo da fachada do estabelecimento, em passeios com caldeiras ou outros elementos ou tipos de equipamento urbano.

2 – Os proprietários, os concessionários ou os exploradores de estabelecimentos são responsáveis pelo estado de limpeza dos passeios e das esplanadas abertas na parte ocupada e na faixa contígua de 3 m.

Artigo 7º – Restrições de instalação de uma esplanada aberta

1 – O mobiliário urbano utilizado como componente de uma esplanada aberta deve cumprir os seguintes requisitos:

a) Ser instalado exclusivamente na área comunicada de ocupação da esplanada;

b) Ser próprio para uso no exterior e de uma cor adequada ao ambiente urbano em que a esplanada está inserida;

c) Os guarda-sóis serem instalados exclusivamente durante o período de funcionamento da esplanada e suportados por uma base que garanta a segurança dos utentes;

d) Os aquecedores verticais serem próprios para uso no exterior e respeitarem as condições de segurança.

2 – Nos passeios com paragens de veículos de transportes coletivos de passageiros não é permitida a instalação de esplanada aberta numa zona de 5 m para cada lado da paragem.

Artigo 8º – Condições de instalação de estrados

1 – É permitida a instalação de estrados como apoio a uma esplanada, quando o desnível do pavimento ocupado pela esplanada for superior a 5% de inclinação.

2 – Os estrados devem ser amovíveis e construídos, preferencialmente, em módulos de madeira.

3 – Os estrados devem garantir a acessibilidade de pessoas com mobilidade reduzida, nos termos do Decreto-Lei nº 163/2006, de 8 de agosto.

4 – Os estrados não podem exceder a cota máxima da soleira da porta do estabelecimento respetivo ou 0,25 m de altura face ao pavimento.

5 – Sem prejuízo da observância das regras estipuladas no nº 2 do artigo 11º do presente Decreto-Lei e do artigo 2º do presente anexo, na instalação de estrados são salvaguardadas as condições de segurança da circulação pedonal, sobretudo a acessibilidade dos cidadãos com mobilidade reduzida, nos termos da legislação em vigor.

Artigo 9º – Condições de instalação de um guarda-vento

1 – O guarda-vento deve ser amovível e instalado exclusivamente durante o horário de funcionamento do respetivo estabelecimento.

2 – A instalação de um guarda-vento deve ser feita nas seguintes condições:

a) Junto de esplanadas, perpendicularmente ao plano marginal da fachada;

b) Não ocultar referências de interesse público, nem prejudicar a segurança, salubridade e boa visibilidade local ou as árvores porventura existentes;

c) Não exceder 2 m de altura contados a partir do solo;

d) Sem exceder 3,50 m de avanço, nunca podendo exceder o avanço da esplanada junto da qual está instalado;

e) Garantir no mínimo 0,05 m de distância do seu plano inferior ao pavimento, desde que não tenha ressaltos superiores a 0,02 m;

f) Utilizar vidros inquebráveis, lisos e transparentes, que não excedam as seguintes dimensões:

i) Altura: 1,35 m;

ii) Largura: 1 m;

g) A parte opaca do guarda-vento, quando exista, não pode exceder 0,60 m contados a partir do solo.

3 – Na instalação de um guarda-vento deve ainda respeitar-se uma distância igual ou superior a:

a) 0,80 m entre o guarda-vento e outros estabelecimentos, montras e acessos;

b) 2 m entre o guarda-vento e outro mobiliário urbano.

Artigo 10º – Condições de instalação de uma vitrina

Na instalação de uma vitrina devem respeitar-se as seguintes condições:

a) Não se sobrepor a cunhais, pilastras, cornijas, emolduramentos de vãos de portas e janelas ou a outros elementos com interesse arquitetónico e decorativo;

b) A altura da vitrina em relação ao solo deve ser igual ou superior a 1,40 m;

c) Não exceder 0,15 m de balanço em relação ao plano da fachada do edifício.

Artigo 11º – Condições de instalação de um expositor

1 – Por cada estabelecimento é permitido apenas um expositor, instalado exclusivamente durante o seu horário de funcionamento.

2 – O expositor apenas pode ser instalado em passeios com largura igual ou superior a 2 m, devendo respeitar as seguintes condições de instalação:

a) Ser contíguo ao respetivo estabelecimento;

b) Reservar um corredor de circulação de peões igual ou superior a 1,50 m entre o limite exterior do passeio e o prédio;

c) Não prejudicar o acesso aos edifícios contíguos;

d) Não exceder 1,50 m de altura a partir do solo;

e) Reservar uma altura mínima de 0,20 m contados a partir do plano inferior do expositor ao solo ou 0,40 m quando se trate de um expositor de produtos alimentares.

Artigo 12º – Condições de instalação de uma arca ou máquina de gelados

1 – Na instalação de uma arca ou máquina de gelados devem respeitar-se as seguintes condições de instalação:

a) Ser contígua à fachada do estabelecimento, preferencialmente junto à sua entrada;

b) Não exceder 1 m de avanço, contado a partir do plano da fachada do edifício;

c) Deixar livre um corredor no passeio com uma largura não inferior a 1,50 m.

Artigo 13º – Condições de instalação de um brinquedo mecânico e equipamento similar

1 – Por cada estabelecimento é permitido apenas um brinquedo mecânico e equipamento similar, servindo exclusivamente como apoio ao estabelecimento.

2 – A instalação de um brinquedo mecânico ou de um equipamento similar deve ainda respeitar as seguintes condições:

a) Ser contígua à fachada do estabelecimento, preferencialmente junto à sua entrada;

b) Não exceder 1 m de avanço, contado a partir do plano da fachada do edifício;

c) Deixar livre um corredor no passeio com uma largura não inferior a 1,50 m.

Artigo 14º – Condições de instalação e manutenção de uma floreira

1 – A floreira deve ser instalada junto à fachada do respetivo estabelecimento.

2 – As plantas utilizadas nas floreiras não podem ter espinhos ou bagas venenosas.

3 – O titular do estabelecimento a que a floreira pertença deve proceder à sua limpeza, rega e substituição das plantas, sempre que necessário.

Artigo 15º – Condições de instalação e manutenção de um contentor para resíduos

1 – O contentor para resíduos deve ser instalado contiguamente ao respetivo estabelecimento, servindo exclusivamente para seu apoio.

2 – Sempre que o contentor para resíduos se encontre cheio deve ser imediatamente limpo ou substituído.

3 – A instalação de um contentor para resíduos no espaço público não pode causar qualquer perigo para a higiene e limpeza do espaço.

4 – O contentor para resíduos deve estar sempre em bom estado de conservação, nomeadamente no que respeita a pintura, higiene e limpeza.

CAPÍTULO III – Condições de instalação de suportes publicitários e de afixação, inscrição e difusão de mensagens publicitárias

SECÇÃO I – Regras gerais

Artigo 16º – Condições de instalação de um suporte publicitário

1 – A instalação de um suporte publicitário deve respeitar as seguintes condições:

a) Em passeio de largura superior a 1,20 m, deixar livre um espaço igual ou superior a 0,80 m em relação ao limite externo do passeio;

b) Em passeio de largura inferior a 1,20 m, deixar livre um espaço igual ou superior a 0,40 m em relação ao limite externo do passeio.

2 – Em passeios com largura igual ou inferior a 1 m não é permitida a afixação ou inscrição de mensagens publicitárias.

Artigo 17º – Condições de afixação ou inscrição de mensagens publicitárias de natureza comercial em mobiliário urbano

1 – É permitida a afixação ou inscrição de mensagens publicitárias de natureza comercial em mobiliário urbano.

2 – A afixação ou inscrição de mensagens publicitárias de natureza comercial numa esplanada deve limitar-se ao nome comercial do estabelecimento, a mensagem comercial relacionada com bens ou serviços comercializados no estabelecimento ou ao logótipo da marca comercial, desde que afixados ou inscritos nas costas das cadeiras e nas abas pendentes dos guarda-sóis, com as dimensões máximas de 0,20 m × 0,10 m por cada nome ou logótipo.

Artigo 18º – Condições e restrições de difusão de mensagens publicitárias sonoras

1 – É permitida a difusão de mensagens publicitárias sonoras de natureza comercial que possam ser ouvidas dentro dos respetivos estabelecimentos ou na via pública, cujo objetivo imediato seja atrair ou reter a atenção do público.

2 – A difusão sonora de mensagens publicitárias de natureza comercial apenas pode ocorrer:

a) No período compreendido entre as 9 e as 20 horas;

b) A uma distância mínima de 300 m de edifícios escolares, durante o seu horário de funcionamento, de hospitais, cemitérios e locais de culto.

SECÇÃO II – Regras especiais

Artigo 19º – Condições e restrições de aplicação de chapas, placas e tabuletas

1 – Em cada edifício, as chapas, placas ou tabuletas devem apresentar dimensão, cores, materiais e alinhamentos adequados à estética do edifício.

2 – A instalação das chapas deve fazer-se a uma distância do solo igual ou superior ao nível do piso do 1º andar dos edifícios.

3 – A instalação de uma placa deve respeitar as seguintes condições:

a) Não se sobrepor a gradeamentos ou zonas vazadas em varandas;

b) Não ocultar elementos decorativos ou outros com interesse na composição arquitetónica das fachadas.

4 – As placas só podem ser instaladas ao nível do rés do chão dos edifícios.

5 – Não é permitida a instalação de mais de uma placa por cada fração autónoma ou fogo, não se considerando para o efeito as placas de proibição de afixação de publicidade.

6 – A instalação de uma tabuleta deve respeitar as seguintes condições:

a) O limite inferior da tabuleta deve ficar a uma distância do solo igual ou superior a 2,60 m;

b) Não exceder o balanço de 1,50 m em relação ao plano marginal do edifício, exceto no caso de ruas sem passeios, em que o balanço não excede 0,20 m;

c) Deixar uma distância igual ou superior a 3 m entre tabuletas.

Artigo 20º – Condições de instalação de bandeirolas

1 – As bandeirolas não podem ser afixadas em áreas de proteção das localidades.

2 – As bandeirolas devem permanecer oscilantes, só podendo ser colocadas em posição perpendicular à via mais próxima e afixadas do lado interior do poste.

3 – A dimensão máxima das bandeirolas deve ser de 0,60 m de comprimento e 1 m de altura.

4 – A distância entre a fachada do edifício mais próximo e a parte mais saliente da bandeirola deve ser igual ou superior a 2 m.

5 – A distância entre a parte inferior da bandeirola e o solo deve ser igual ou superior a 3 m.

6 – A distância entre bandeirolas afixadas ao longo das vias deve ser igual ou superior a 50 m.

Artigo 21º – Condições de aplicação de letras soltas ou símbolos

A aplicação de letras soltas ou símbolos deve respeitar as seguintes condições:

a) Não exceder 0,50 m de altura e 0,15 m de saliência;

b) Não ocultar elementos decorativos ou outros com interesse na composição arquitetónica das fachadas, sendo aplicados diretamente sobre o paramento das paredes;

c) Ter em atenção a forma e a escala, de modo a respeitar a integridade estética dos próprios edifícios.

Artigo 22º – Condições de instalação de anúncios luminosos, iluminados, eletrónicos e semelhantes

1 – Os anúncios luminosos, iluminados, eletrónicos e semelhantes devem ser colocados sobre as saliências das fachadas e respeitar as seguintes condições:

a) O balanço total não pode exceder 2 m;

b) A distância entre o solo e a parte inferior do anúncio não pode ser menor do que 2,60 m nem superior a 4 m;

c) Caso o balanço não exceda 0,15 m, a distância entre a parte inferior do anúncio e o solo não pode ser menor do que 2 nem superior a 4 m.

2 – As estruturas dos anúncios luminosos, iluminados, sistemas eletrónicos ou semelhantes instalados nas fachadas de edifícios e em espaço público devem ficar, tanto quanto possível, encobertas e ser pintadas com a cor que lhes dê o menor destaque.

ANEXO V

[a que refere o artigo 43º]
Republicação do Decreto-Lei nº 48/96, de 15 de maio

Artigo 1º

1 – Sem prejuízo do regime especial em vigor para atividades não especificadas no presente diploma, os estabelecimentos de venda ao público e de prestação de serviços, incluindo os localizados em centros comerciais, podem estar abertos entre as 6 e as 24 horas de todos os dias da semana.

2 – Os cafés, cervejarias, casas de chá, restaurantes, *snack-bars* e *self-services* poderão estar abertos até às 2 horas de todos os dias da semana.

3 – As lojas de conveniência poderão estar abertas até às 2 horas de todos os dias da semana.

4 – Os clubes, *cabarets, boîtes, dancings*, casas de fado e estabelecimentos análogos poderão estar abertos até às 4 horas de todos os dias da semana.

5 – São excetuados dos limites fixados nos nºs 1 e 2 os estabelecimentos situados em estações e terminais rodoviários, ferroviários, aéreos ou marítimos, bem como em postos abastecedores de combustível de funcionamento permanente.

6 – *(Revogado pelo Decreto-Lei nº 111/2010, de 15 de outubro.)*

7 – *(Revogado pelo Decreto-Lei nº 111/2010, de 15 de outubro.)*

Artigo 2º

A duração semanal e diária do trabalho estabelecida na lei, em instrumento de regulamentação coletiva de trabalho ou no contrato individual de trabalho será observada, sem prejuízo do período de abertura dos estabelecimentos.

Artigo 3º

As câmaras municipais, ouvidos os sindicatos, as associações patronais, as associações de consumidores e a junta de freguesia onde o estabelecimento se situe, podem:

a) Restringir os limites fixados no artigo 1º, a vigorar em todas as épocas do ano ou apenas em épocas determinadas, em casos devidamente justificados e que se prendam com razões de segurança ou de proteção da qualidade de vida dos cidadãos;

b) Alargar os limites fixados no artigo 1º, a vigorar em todas as épocas do ano ou apenas em épocas determinadas, em localidades em que os interesses de certas atividades profissionais, nomeadamente ligadas ao turismo, o justifiquem.

Artigo 4º

1 – No prazo máximo de 120 dias a contar da data de entrada em vigor do presente diploma, deverão os órgãos autárquicos municipais elaborar ou rever os regulamentos municipais sobre horários de funcionamento dos estabelecimentos comerciais, de acordo com os critérios estabelecidos no artigo 1º.

2 – Após a entrada em vigor do presente diploma, e até que se verifique o disposto no número anterior, devem os titulares dos estabelecimentos comerciais adaptar os respetivos períodos de abertura aos previstos no artigo 1º ou manter o período de abertura que vinha sendo praticado com base no regulamento municipal existente para o efeito, comunicando esse facto à câmara municipal da área em que se situa o estabelecimento.

3 – O disposto no número anterior não prejudica a competência dos órgãos autárquicos municipais para, nos termos do disposto no artigo 3º, restringirem ou alargarem os limites fixados no artigo 1º.

Artigo 4º-A

1 – O titular da exploração do estabelecimento, ou quem o represente, deve proceder à mera comunicação prévia, no «Balcão do empreendedor», do horário de funcionamento, bem como das suas alterações.

2 – Cada estabelecimento deve afixar o mapa de horário de funcionamento em local bem visível do exterior.

3 – O horário de funcionamento de cada estabelecimento, as suas alterações e o mapa referido no número anterior não estão sujeitos a licenciamento, a autorização, a autenticação, a validação, a certificação, a atos emitidos na sequência de comunicações prévias com prazo, a registo ou a qualquer outro ato permissivo.

Artigo 5º

1 – *(Revogado.)*

2 – Constitui contraordenação punível com coima:

a) De € 150 a € 450, para pessoas singulares, e de € 450 a € 1500, para pessoas coletivas, a falta de mera comunicação prévia do horário de funcionamento, bem como das suas alterações e a falta da afixação do mapa de horário de funcionamento, em violação do disposto nos n.os 1 e 2 do artigo 4º-A;

b) De € 250 a € 3740, para pessoas singulares, e de € 2500 a € 25 000, para pessoas coletivas, o funcionamento fora do horário estabelecido.

3 – *(Revogado pelo Decreto-Lei nº 111/2010, de 15 de outubro.)*

4 – A fiscalização do cumprimento do disposto no presente Decreto-Lei, a instrução dos processos de contraordenação, bem como a aplicação das coimas e de sanções acessórias, competem ao presidente da câmara municipal da área em que se situa o estabelecimento.

5 – O produto das coimas reverte para a câmara municipal da área em que se situa o estabelecimento.

6 – Em caso de reincidência e quando a culpa do agente e a gravidade da infração o justifique, para além das coimas previstas no nº 2, pode ser aplicada a sanção acessória de encerramento do estabelecimento durante um período não inferior a três meses e não superior a dois anos.

Artigo 6º

O conceito relativo ao estabelecimento designado como loja de conveniência, no âmbito do nº 3 do artigo 1º, será definido, para todos os efeitos legais, por portaria do Ministro da Economia.

Artigo 7º

É revogado o Decreto-Lei nº 417/83, de 25 de novembro, com as alterações introduzidas pelos Decretos-Leis n.os 72/94, de 3 de março, e 86/95, de 28 de abril.

Artigo 8º

(Revogado.)

CENTRO JURÍDICO

Declaração de Retificação nº 10/2011

Ao abrigo da alínea *h*) do nº 1 do artigo 4º do Decreto-Lei nº 162/2007, de 3 de maio, declara-se que a Portaria nº 62/2011, de 2 de fevereiro, publicada no *Diário da República,* 1ª série, nº 23, de 2 de fevereiro de 2011, saiu com a seguinte inexatidão, que, mediante declaração da entidade emitente, assim se retifica:

Na alínea *f)* do artigo 2º, onde se lê:

«*f)* Artigo 37º e artigos 39º a 43º do regulamento anexo ao Decreto Regulamentar nº 16/2007, de 28 de março, que aprova o PROF do Nordeste;» deve ler-se:

«*f)* Artigo 37º e artigos 39º a 43º do regulamento anexo ao Decreto Regulamentar nº 2/2007, de 17 de janeiro, que aprova o PROF do Nordeste;»

Diplomas Anexos ao Comentário

Decreto-Lei nº 92/2010, de 26 de julho

O programa do XVIII Governo Constitucional estabelece como prioridade, para aumentar a competitividade do País, a simplificação e a agilização dos regimes de licenciamento e de condicionamentos prévios ao acesso e ao exercício de atividades. Desta forma, garante-se a necessária celeridade dos procedimentos e permite-se a redução dos custos administrativos que se revelem desproporcionados.

Menos burocracia, procedimentos mais rápidos e acesso mais fácil ao exercício de atividades tornam o mercado de serviços mais competitivo, contribuindo para o crescimento económico e para a criação de emprego.

Nesse sentido, o presente decreto-lei estabelece os princípios e as regras necessárias para simplificar, no território nacional, o livre acesso e exercício à atividade de serviços com contrapartida económica.

A simplificação e a desburocratização são conseguidas através de vários mecanismos que visam facilitar a vida às pessoas e às empresas prestadoras de serviços. Assim, em primeiro lugar, é criado o balcão único dos serviços que passa a disponibilizar toda a informação necessária para o desenvolvimento da atividade em Portugal, bem como informação relevante para os destinatários dos serviços. Ou seja, a partir de um único portal passa a ser possível, para qualquer pessoa ou empresa que pretenda prestar serviços em território nacional, saber quais os requisitos que tem de cumprir para o exercício da sua atividade e quais os atos e permissões administrativas de que necessita.

O balcão único dos serviços permite ainda que os procedimentos e as formalidades necessárias sejam tramitados eletronicamente, de um modo simples e célere. O balcão único dos serviços disponibiliza também informação relevante para os destinatários dos serviços, para além de permitir a apresentação de reclamações ou de pedidos de informação específica.

Em segundo lugar, são limitados os casos em que é possível exigir-se uma licença ou autorização para a prestação de serviços em território nacional. Desta forma, as licenças ou as autorizações que correspondem a procedimentos administrativos mais complexos e demorados passam agora a ser exigidas apenas em situações excecionais, em que imperiosas razões de interesse público assim o justifiquem. A agilização dos procedimentos é acompanhada do necessário reforço dos meios e modos de fiscalização. A simplificação introduzida tem, assim, no seu reverso, por um lado, a responsabilização dos agentes económicos e, por outro lado, o reforço da fiscalização.

Em terceiro lugar, são eliminadas formalidades consideradas desnecessárias, como, por exemplo, a necessidade de obter certos pareceres prévios ou de realizar vistorias, no âmbito dos procedimentos administrativos.

Finalmente, em quarto lugar, é reconhecida a liberdade de prestação de serviços e de estabelecimento de qualquer pessoa ou empresa da União Europeia no território nacional. Com esta medida, é aprofundado o processo de integração europeia e de consolidação do mercado único.

Com estas medidas, para além da competitividade do mercado dos serviços, garante-se ainda aos consumidores uma maior transparência e informação, proporcionando-lhes uma oferta mais ampla, diversificada e de qualidade superior, a preços mais reduzidos.

Ficam excluídos do âmbito do presente regime os serviços de interesse geral sem contrapartida económica. Estão igualmente excluídos os regimes legais, regulamentares ou convencionais de natureza laboral e da segurança social e de natureza fiscal e penal, bem como todos os que não regulem ou afetem especificamente atividades de serviços, mas que têm de ser cumpridas pelos prestadores no decurso de outras atividades económicas, como é o caso da indústria.

O presente decreto-lei transpõe ainda para a ordem jurídica interna a Diretiva nº 2006/123/CE, do Parlamento Europeu e do Conselho, de

12 de dezembro, relativa aos serviços no mercado interno. Esta diretiva representa uma das prioridades da Estratégia de Lisboa, que fixa como objetivos a melhoria dos níveis de emprego, de coesão social e de crescimento económico sustentável.

Foram ouvidas a Comissão Nacional de Proteção de Dados e a Autoridade da Concorrência.

Assim:

Nos termos da alínea *a*) do nº 1 do artigo 198º da Constituição, o Governo decreta o seguinte:

CAPÍTULO I – Disposições gerais

Artigo 1º – Objeto

1 – O presente Decreto-Lei estabelece os princípios e as regras para simplificar o livre acesso e exercício das atividades de serviços realizadas em território nacional.

2 – O presente Decreto-Lei transpõe para a ordem jurídica interna a Diretiva nº 2006/123/CE, do Parlamento Europeu e do Conselho, de 12 de dezembro, relativa aos serviços no mercado interno.

Artigo 2º – Âmbito subjetivo

1 – O presente decreto-lei aplica-se aos prestadores de serviços estabelecidos em território nacional ou noutros Estados membros da União Europeia ou do Espaço Económico Europeu, adiante designados por Estados membros.

2 – O disposto nos artigos 5º, 6º, no nº 4 do artigo 7º e nos artigos 8º, 16º, 20º e 22º aplica-se igualmente a prestadores de serviços de Estados que não façam parte da União Europeia ou do Espaço Económico Europeu.

3 – Entende-se por «prestador de serviços» qualquer pessoa singular nacional de um Estado membro ou pessoa coletiva estabelecida em território nacional ou noutro Estado membro que ofereça ou que preste um serviço.

Artigo 3º – Âmbito objetivo

1 – O presente Decreto-Lei aplica-se às atividades de serviços que se realizem mediante contraprestação económica e que sejam oferecidos ou

prestados no território nacional, incluindo, designadamente, os serviços referidos no anexo ao presente Decreto-Lei, do qual faz parte integrante.

2 – Entende-se por «serviço» qualquer atividade económica não assalariada, prestada normalmente mediante remuneração, tal como referida no artigo 57º do Tratado sobre o Funcionamento da União Europeia (TFUE).

3 – Excetuam-se do âmbito de aplicação do presente decreto-lei:

a) Os serviços financeiros, nomeadamente os prestados por instituições de crédito e sociedades financeiras, os serviços de seguros, de resseguros e os regimes de pensões profissionais ou individuais;

b) Os serviços e as redes de comunicações eletrónicas, bem como os recursos e os serviços conexos regulados pela legislação aplicável às comunicações eletrónicas;

c) Os serviços no domínio dos transportes e de navegação marítima e aérea, incluindo os serviços portuários e aeroportuários, na medida em que estejam abrangidos pelo âmbito do título VI do TFUE;

d) Os serviços de empresas ou agências de trabalho temporário;

e) Os serviços de cuidados de saúde, prestados ou não no âmbito de uma estrutura de saúde e independentemente do seu modo de organização e financiamento e do seu caráter público ou privado;

f) As atividades cinematográficas, de rádio e audiovisuais, incluindo os serviços de programas de televisão e os serviços audiovisuais a pedido, independentemente do seu modo de produção, de distribuição e de transmissão;

g) As atividades de jogo a dinheiro que impliquem uma aposta com valor monetário em jogos de fortuna ou azar, incluindo lotarias, bingos e atividades de jogo em casinos e apostas;

h) Os serviços sociais no setor da habitação, da assistência à infância e serviços dispensados às famílias e às pessoas permanente ou temporariamente necessitadas, prestados pelo Estado, ou por sua conta, ou por instituições particulares de solidariedade social reconhecidas pelo Estado;

i) Os serviços de segurança privada;

j) Os serviços prestados por qualquer entidade no exercício de autoridade pública, como previsto no artigo 51º do TFUE;

l) Os serviços prestados por notários.

4 – O presente Decreto-Lei não prejudica a aplicação das leis fiscais, quanto aos serviços e prestadores abrangidos no seu âmbito de aplicação.

5 – Sempre que exista um regime de permissão administrativa de uma atividade de serviços especificamente estabelecido em regulamento comunitário ou lei ou decreto-lei que transponha para a ordem jurídica interna uma diretiva comunitária, o presente decreto-lei apenas se aplica aos aspetos do regime de permissão administrativa não previstos nesse regime específico.

Artigo 4º – Liberdade de estabelecimento e livre prestação de serviços

1 – Os prestadores de serviços podem livremente estabelecer-se e exercer a sua atividade em território nacional, nomeadamente através da criação de sociedades, sucursais, filiais, agências ou escritórios sem necessidade de qualquer permissão administrativa ou mera comunicação prévia, exceto nos casos em que a lei preveja tal permissão administrativa e a mesma possa ser estabelecida, nos termos e nas condições previstos no capítulo III.

2 – Para os efeitos do presente decreto-lei, entende-se por «estabelecimento» o exercício efetivo pelo prestador de uma atividade económica não assalariada, na aceção do artigo 49º do TFUE, assim como a constituição e gestão de empresas e especialmente de sociedades comerciais, por um período indeterminado e através de uma infraestrutura estável a partir da qual a prestação de serviços é efetivamente assegurada.

3 – Os prestadores de serviços estabelecidos noutro Estado membro podem livremente exercer a sua atividade e prestar os seus serviços no território nacional, sem necessidade de qualquer permissão administrativa ou mera comunicação prévia, exceto nos casos em que a lei preveja tal permissão administrativa e que a mesma possa ser estabelecida, nos termos e nas condições previstos no capítulo III.

CAPÍTULO II – Simplificação administrativa

Artigo 5º – Desburocratização e simplificação

Os procedimentos administrativos abrangidos pelo presente decreto-lei e os procedimentos administrativos conexos com os mesmos devem realizar-se de forma a reduzir ao mínimo indispensável os encargos sobre os prestadores de serviços e seus destinatários de todos os Estados, bem como os procedimentos, os documentos e os atos que tenham de praticar ou enviar às autoridades administrativas competentes e a necessidade de deslocações físicas, incluindo, designadamente, o seguinte:

a) Todos os pedidos, comunicações e notificações entre os prestadores de serviços e outros intervenientes e as autoridades administrativas competentes nos procedimentos necessários à obtenção de permissões administrativas devem poder ser efetuados por meios eletrónicos através do balcão único eletrónico;

b) Todos os procedimentos devem ser centralizados no balcão único eletrónico a fim de evitar duplicação de pedidos e de entrega de documentação;

c) Por opção dos prestadores de serviços, os procedimentos tendentes à obtenção de uma permissão administrativa podem decorrer em simultâneo com outros procedimentos necessários para o exercício da atividade de serviços pretendida;

d) Os prestadores de serviços podem requerer que a apresentação dos documentos em posse de qualquer autoridade administrativa pública nacional seja dispensada, cabendo à autoridade administrativa pública responsável pelo procedimento a sua obtenção;

e) O incumprimento dos prazos previstos para a emissão de pareceres ou prática de atos não impede que o procedimento prossiga e seja decidido.

Artigo 6º – Balcão único e desmaterialização de procedimentos

1 – É criado um balcão único eletrónico que permite a qualquer prestador ou destinatário de serviços, de todos os Estados, o acesso por via eletrónica às autoridades administrativas competentes.

2 – O balcão único eletrónico é disponibilizado em sítio na Internet através do Portal da Empresa.

3 – O balcão único eletrónico disponibiliza aos prestadores e aos destinatários de serviços de todos os Estados informação, pelo menos em português, inglês e castelhano, clara, inequívoca e atualizada sobre:

a) Os requisitos aplicáveis à prestação de serviços, nomeadamente os respeitantes aos procedimentos e formalidades de condições de acesso à atividade e respetivo exercício;

b) Os endereços e os contactos das autoridades administrativas competentes;

c) Os meios e as condições de acesso às bases de dados públicas, designadamente de registos e notariado;

d) Os meios de reação judiciais ou extrajudiciais de resolução de litígios entre prestadores de serviços, entre as autoridades administrativas competentes e os prestadores de serviços ou entre um prestador e o destinatário do serviço;

e) Os endereços e os contactos de quaisquer entidades que prestem assistência a prestadores ou a destinatários;

f) Lista exemplificativa dos documentos que as autoridades administrativas competentes aceitam em substituição dos documentos legalmente exigidos, para efeitos do disposto nos n.ºs 1 e 4 do artigo seguinte;

g) Lista dos documentos que devem ser apresentados sob a forma original, autêntica, autenticada, cópia ou tradução certificadas ou com reconhecimento de letra e assinatura, ou só de assinatura, fundamentada em imperiosa razão de interesse público, para efeitos do disposto nos n.ºs 2 e 4 do artigo seguinte.

4 – O balcão único eletrónico disponibiliza ainda aos prestadores e destinatários de serviços de todos os Estados a possibilidade de cumprimento direto e imediato de todos os atos e formalidades necessários para aceder e exercer uma atividade de serviços, incluindo meios de pagamento eletrónico, bem como o acompanhamento e consulta dos respetivos procedimentos.

5 – Todos os pedidos, comunicações e notificações entre os prestadores de serviços e outros intervenientes nos procedimentos, incluindo as autoridades administrativas competentes, devem poder ser efetuados por meios eletrónicos, através do balcão único eletrónico.

Artigo 7º – Documentos

1 – Quando a prova de um facto relativo a um requisito para o acesso ou o exercício de uma atividade de serviço depender da apresentação de um documento, as autoridades administrativas competentes devem aceitar os documentos que tenham uma finalidade equivalente ou que evidenciem a verificação daquele facto emitidos em território nacional ou noutro Estado membro.

2 – As autoridades administrativas competentes não podem exigir que os documentos emitidos noutro Estado membro sejam apresentados sob a forma original, autêntica, autenticada ou cópia ou tradução certificadas,

exceto quando tal se encontre previsto em instrumentos jurídicos comunitários ou se encontre previsto na lei por imperiosa razão de interesse público, na aceção do nº 1 do artigo 30º

3 – O número anterior não se aplica aos seguintes documentos:

a) Documentos referidos no nº 1 do artigo 5º e no artigo 47º da Lei nº 9/2009, de 4 de março, que transpõe para a ordem jurídica interna o nº 2 do artigo 7º e o artigo 50º da Diretiva nº 2005/36/CE, do Parlamento Europeu e do Conselho, de 7 de setembro, relativa ao reconhecimento das qualificações profissionais;

b) Documentos referidos na alínea *b*) do nº 1, na alínea *b*) do nº 5 e no nº 6 do artigo 81º, nos nºs 2 e 3 do artigo 164º e no artigo 246º do Código dos Contratos Públicos, que transpõe para a ordem jurídica interna o nº 3 do artigo 45º e os artigos 46º, 49º e 50º da Diretiva nº 2004/18/CE, do Parlamento Europeu e do Conselho, de 31 de março, relativa à coordenação dos processos de adjudicação dos contratos de empreitada de obras públicas, dos contratos públicos de fornecimento e dos contratos públicos de serviços;

c) Documentos referidos no nº 3 do artigo 198º do Estatuto da Ordem dos Advogados, aprovado pela Lei nº 15/2005, de 26 de janeiro, alterado pelo Decreto-Lei nº 226/2008, de 20 de novembro, e pela Lei nº 12/2010, de 25 de junho, que transpõem para a ordem jurídica interna o nº 2 do artigo 3º da Diretiva nº 98/5/CE, do Parlamento Europeu e do Conselho, de 16 de fevereiro, tendente a facilitar o exercício permanente da profissão de advogado num Estado membro diferente daquele em que foi adquirida a qualificação profissional;

d) Documentos referidos no Decreto-Lei nº 257/96, de 31 de dezembro, na parte em que transpõe para a ordem jurídica interna a Primeira Diretiva nº 68/151/CEE, do Conselho, de 9 de março, relativa à coordenação das garantias que, para proteção dos interesses dos sócios e de terceiros, são exigidas nos Estados membros às sociedades, na aceção do segundo parágrafo do artigo 58º do Tratado, a fim de tornar equivalentes essas garantias em toda a Comunidade;

e) Documentos referidos no Decreto-Lei nº 225/92, de 21 de outubro, que transpõe para a ordem jurídica interna a Décima Primeira Diretiva nº 89/666/CEE, do Conselho, de 21 de dezembro, relativa à publicidade das sucursais criadas num Estado membro por certas formas de sociedades reguladas pelo direito de outro Estado.

4 – Os nºs 1 e 2 aplicam-se igualmente aos documentos, emitidos noutros Estados, elencados em portaria dos membros do Governo responsáveis pela área da modernização administrativa e pelo responsável do procedimento em causa.

5 – As autoridades administrativas competentes podem solicitar a tradução não certificada para português de qualquer dos documentos referidos no presente artigo, exceto quando os mesmos se encontrem redigidos em língua inglesa.

CAPÍTULO III – Permissões administrativas para acesso ou exercício de atividades de serviços

Artigo 8º – Permissões administrativas

1 – As permissões administrativas são atos ou contratos administrativos que visam possibilitar o acesso ou o exercício de uma atividade de serviços nos casos em que essa atividade não possa ser prestada livremente ou através de uma mera comunicação prévia e consubstanciam-se, designadamente, em licenças, autorizações, validações, autenticações, certificações, atos emitidos na sequência de comunicações prévias com prazo e registos.

2 – Para os efeitos do presente decreto-lei entende-se por:

a) «Comunicação prévia com prazo» uma declaração efetuada pelo prestador de serviços necessária ao início da atividade, que permita o exercício da mesma quando a autoridade administrativa não se pronuncie após o decurso de um determinado prazo;

b) «Mera comunicação prévia» uma declaração efetuada pelo prestador de serviços necessária ao início da atividade, que permita o exercício da mesma imediatamente após a sua comunicação à autoridade administrativa.

3 – O regime jurídico das permissões administrativas para o acesso ou o exercício de uma atividade de serviços está sujeito aos seguintes princípios previstos no Código do Procedimento Administrativo (CPA):

a) Princípio da legalidade;

b) Princípio da prossecução do interesse público e da proteção dos direitos e interesses dos cidadãos;

c) Princípio da igualdade;

d) Princípio da proporcionalidade, incluindo os princípios da adequação, da necessidade e da proporcionalidade em sentido restrito;

e) Princípio da justiça;

f) Princípio da imparcialidade, incluindo a objetividade;

g) Princípio da boa-fé;

h) Princípio da colaboração da administração com os particulares, incluindo a publicidade;

i) Princípio da participação, incluindo a transparência;

j) Princípio da decisão;

l) Princípio da desburocratização e da eficiência, incluindo a simplicidade, celeridade e decisão final no mais curto prazo possível, clareza e transparência;

m) Princípio da gratuitidade, excecionando-se os casos em que, atento o princípio da proporcionalidade, por lei, o prestador de serviços possa ser sujeito à cobrança de uma taxa pelo custo do procedimento;

n) Princípio do acesso à justiça.

Artigo 9º – Condições para estabelecer uma permissão administrativa

1 – A criação de um regime jurídico que estabeleça uma permissão administrativa para o acesso ou o exercício de uma atividade de serviços depende das seguintes condições:

a) O objetivo visado com essa permissão administrativa não possa ser alcançado através de um meio administrativo menos restritivo, nomeadamente um regime de mera comunicação prévia para o exercício da atividade em causa, com possibilidade de início imediato dessa atividade após o cumprimento dessa formalidade;

b) A sua existência e as suas formalidades se encontrem previstas na lei de forma clara e inequívoca;

c) Seja absolutamente indispensável a existência dessa permissão administrativa; e

d) A sua adoção se encontre justificada, de forma proporcional, por uma imperiosa razão de interesse público, na aceção do nº 1 do artigo 30º

2 – Quando, nos termos do número anterior, possa ser adotado um regime jurídico que estabeleça uma permissão administrativa para o acesso e o exercício de uma atividade de serviços, devem ser observadas as seguintes regras:

a) A autoridade administrativa competente deve notificar o requerente da receção do pedido de permissão administrativa, informando-o do prazo estabelecido por lei para a decisão final, dos efeitos resultantes da falta de decisão final nesse prazo e das vias de reação administrativa ou contenciosa;

b) Deve adotar-se a regra do deferimento tácito previsto no artigo 108º do CPA ou atribuir-se efeitos positivos ao silêncio da autoridade administrativa competente quando essa autoridade administrativa não se pronuncie no prazo legal, exceto se o contrário for justificado por uma imperiosa razão de interesse público, na aceção do nº 1 do artigo 30º, incluindo os interesses legítimos de terceiros.

Artigo 10º – Igualdade e não discriminação de prestadores de serviços

1 – O acesso ou o exercício de uma atividade de serviços por parte de um prestador de serviços não pode ser condicionado à verificação de pressupostos, de requisitos ou de condições discriminatórias baseadas na nacionalidade, no local de residência ou no local da sede.

2 – Entende-se por «pressuposto, requisito ou condição», qualquer obrigação, proibição, condição ou limite imposto especificamente ao acesso ou ao exercício de uma atividade de serviços previsto na legislação ou nos estatutos de associações públicas profissionais, excecionando-se as normas constantes de convenções coletivas negociadas pelos parceiros sociais.

3 – O disposto no nº 1 abrange o prestador de serviços, os trabalhadores, as pessoas que detenham o capital social e os membros dos órgãos de pessoas coletivas desses prestadores de serviços.

Artigo 11º – Pressupostos, requisitos e condições proibidas

1 – Os pressupostos, os requisitos ou as condições para o acesso e o exercício de uma atividade de serviços não podem:

a) Determinar a verificação de outras permissões administrativas, de pressupostos, de requisitos, de condições, de obrigações ou de controlos equivalentes ou que visem essencialmente a mesma finalidade a que o prestador de serviços já tenha sido submetido em território nacional ou noutro Estado membro;

b) Vedar o acesso ou o exercício da atividade de serviços aos prestadores que tenham, em mais que um Estado membro, estabelecimento, inscrição registral ou uma inscrição em ordem ou associações públicas profissionais;

c) Estabelecer restrições à liberdade de o prestador de serviços poder escolher estabelecer-se no território nacional a título principal ou secundário ou, nesse caso, à liberdade de escolher a forma de sucursal, agência ou filial;

d) Estar condicionados por condições de reciprocidade com o Estado membro onde o prestador de serviços já possua o seu estabelecimento;

e) Determinar a apresentação de uma avaliação económica que sujeite a permissão administrativa à comprovação da existência de uma necessidade económica ou de uma procura no mercado, de uma avaliação dos efeitos económicos potenciais ou atuais da atividade ou de uma apreciação da adequação da atividade a objetivos de programação económica;

f) Depender da intervenção direta ou indireta de prestadores de serviços concorrentes, nomeadamente através de órgãos consultivos, com exceção da intervenção de associações públicas profissionais e de outras pessoas coletivas que exerçam poderes de autoridade administrativa, nos termos da lei;

g) Determinar a prestação de uma garantia financeira ou a subscrição de um seguro junto de pessoa estabelecida no território nacional, sem prejuízo do disposto no artigo 13º;

h) Exigir a inscrição em qualquer registo nacional ou o prévio exercício da atividade de serviços durante um período temporal prévio ao exercício da atividade em território nacional;

i) Fixar restrições quantitativas ou territoriais, nomeadamente sob a forma de limites fixados em função da população ou uma distância geográfica mínima entre prestadores de serviços;

j) Determinar a obrigação de o prestador se constituir de acordo com uma forma jurídica específica;

l) Estabelecer condições relativas à detenção do capital de uma sociedade;

m) Restringir a determinados prestadores de serviços o acesso a uma atividade de serviços em razão da natureza específica da mesma, excluindo os requisitos referentes às qualificações profissionais, nomeadamente os referidos na Lei nº 9/2009, de 4 de março;

n) Determinar a proibição de o prestador de serviços deter mais de um estabelecimento em território nacional;

o) Impor um número mínimo de trabalhadores;

p) Fixar tarifas, preços ou honorários obrigatórios, mínimos ou máximos;

q) Determinar, para a prestação da atividade de um serviço, a prestação de outros.

2 – No tocante à livre prestação de serviços por parte de prestadores de serviços estabelecidos noutro Estado membro, os pressupostos, os requisitos ou as condições para o acesso ou exercício de uma atividade de serviços não podem:

a) Obrigar o prestador de serviços a estabelecer-se em território nacional;

b) Determinar a obtenção de uma permissão administrativa concedida pelas autoridades administrativas competentes, exceto nos casos previstos no presente decreto-lei e em instrumentos comunitários;

c) Determinar a inscrição numa associação pública profissional;

d) Impedir que o prestador de serviços se possa dotar de uma infraestrutura necessária ao cumprimento da sua atividade de serviços;

e) Impedir ou limitar o acesso ou o exercício de uma atividade de prestador de serviços pelo prestador como trabalhador por conta própria;

f) Obrigar o prestador de serviços a possuir ou obter um documento de identidade especificamente destinado ao exercício de uma atividade de serviços emitido por autoridades administrativas;

g) Afetar ou limitar a utilização de equipamento e material necessários ao serviço prestado, exceto quando tal seja indispensável para a proteção da saúde e da segurança no trabalho;

h) Impor limites discriminatórios aos destinatários dos serviços no que respeita à concessão de auxílios financeiros pelo facto do prestador de serviços não se encontrar estabelecido em território nacional ou em razão do local onde o serviço seja prestado;

i) Obrigar o destinatário dos serviços a obter uma permissão administrativa ou a apresentar uma declaração ou uma comunicação prévia para aceder a determinada atividade de serviços.

Artigo 12º – Exceções à livre prestação de serviços

Excetuam-se do disposto no nº 3 do artigo 4º e no nº 2 do artigo anterior as seguintes atividades de serviços e matérias:

a) Os serviços de interesse económico geral, nomeadamente:

i) No setor postal, os serviços abrangidos pela Lei nº 102/99, de 26 de julho, alterada pelo Decreto-Lei nº 116/2003, de 12 de junho, que define as bases gerais a que obedece o estabelecimento, gestão e exploração de serviços postais no território nacional, bem como os serviços internacionais com origem ou destino no território nacional, e pelo Decreto-Lei nº 448/99, de 4 de novembro, alterado pelo Decreto-Lei nº 150/2001, de 7 de maio, pelo Decreto-Lei nº 116/2003, de 12 de junho, e pelo Decreto-Lei nº 112/2006, de 9 de junho, que aprova as bases da concessão do serviço postal universal, a outorgar entre o Estado português e os CTT Correios de Portugal, S. A.;

ii) No setor da eletricidade, os serviços abrangidos pelo Decreto-Lei nº 29/2006, de 15 de fevereiro, e pelo Decreto-Lei nº 172/2006, de 23 de agosto, alterado pelo Decreto-Lei nº 237-B/2006, de 18 de dezembro, pelo Decreto-Lei nº 199/2007, de 18 de maio, pelo Decreto-Lei nº 264/2007, de 24 de julho, e pelo Decreto-Lei nº 23/2009, de 20 de janeiro, relativos à organização e ao funcionamento do sistema elétrico nacional (SEN);

iii) No setor do gás, os serviços abrangidos pelo Decreto-Lei nº 30/2006, de 15 de fevereiro, e pelo Decreto-Lei nº 140/2006, de 26 de junho, alterado pelo Decreto-Lei nº 65/2008, de 9 de abril, relativos à organização e ao funcionamento do Sistema Nacional de Gás Natural (SNGN), bem como ao exercício das atividades de receção, armazenamento, transporte, distribuição e comercialização de gás natural, e à organização dos mercados de gás natural;

iv) Os serviços de distribuição e de abastecimento de água e os serviços de tratamento de águas residuais;

v) Os serviços de tratamento de resíduos;

b) As matérias previstas nos artigos 6º a 8º e 108º do Código do Trabalho, aprovado pela Lei nº 7/2009, de 12 de fevereiro, alterado pela Lei nº 105/2009, de 14 de

Setembro, relativas ao destacamento de trabalhadores no âmbito de uma prestação de serviços;

c) As matérias abrangidas pela Lei nº 67/98, de 26 de outubro, relativa à proteção das pessoas singulares no que diz respeito aos serviços do tratamento de dados pessoais e à livre circulação desses dados;

d) As matérias referentes ao exercício efetivo da livre prestação de serviços pelos advogados, constantes do capítulo V do Estatuto da Ordem dos Advogados, aprovado pela

Lei nº 15/2005, de 26 de janeiro, alterada pelo Decreto-Lei nº 226/2008, de 20 de novembro;

e) A atividade de cobrança judicial de dívidas;

f) As matérias abrangidas pelo capítulo II da Lei nº 9/2009, de 4 de março, relativa ao reconhecimento das qualificações profissionais, bem como as disposições que reservam certas atividades a uma profissão determinada;

g) As matérias abrangidas pelo Regulamento (CE) nº 883/2004, do Parlamento Europeu e do Conselho, de 29 de abril, alterado pelo Regulamento (CE) nº 988/2009, do Parlamento Europeu e do Conselho, de 16 de setembro, relativo à coordenação dos sistemas de segurança social;

h) No que diz respeito aos serviços de verificação das formalidades administrativas relativas à livre circulação de pessoas e à sua residência, as matérias abrangidas pelas disposições da Lei nº 37/2006, de 9 de agosto, que estabelecem formalidades administrativas das autoridades administrativas competentes que devem ser cumpridas pelos beneficiários;

i) No que diz respeito às transferências de resíduos, as matérias abrangidas pelo Regulamento (CE) nº 1013/2006, do Parlamento Europeu e do Conselho, de 14 de junho de, relativo aos serviços de fiscalização e de controlo das transferências de resíduos no interior, à entrada e à saída da Comunidade Europeia;

j) As matérias relativas aos direitos de autor e direitos conexos e os direitos relativos à proteção jurídica das topografias de produtos semicondutores, nos termos do Código da Propriedade Industrial, aprovado pelo Decreto-Lei nº 36/2003, de 5 de março, e os direitos constantes do Decreto-Lei nº 122/2000, de 4 de julho, relativo à proteção jurídica das bases de dados, bem como os direitos de propriedade industrial;

l) Os atos que, nos termos da lei, carecem da intervenção de um notário, sem prejuízo do disposto no artigo 7º;

m) As matérias relativas à revisão legal das contas anuais e consolidadas, constantes do Estatuto da Ordem dos Revisores Oficiais de Contas, aprovado pelo Decreto-Lei nº 487/99, de 16 de novembro, alterado e republicado pelo Decreto-Lei nº 224/2008, de 20 de novembro, e posteriormente alterado pelo Decreto-Lei nº 185/2009, de 12 de agosto, do

Código das Sociedades Comerciais e do Decreto-Lei nº 225/2008, de 20 de novembro;

n) O registo dos veículos em regime de locação financeira noutro Estado membro;

o) As matérias relativas às obrigações contratuais e extracontratuais, incluindo a forma dos contratos, determinadas nos termos das disposições de direito internacional privado.

Artigo 13º – Seguros de responsabilidade profissional

1 – O exercício da atividade por prestadores de serviços estabelecido em território nacional, cujo serviço apresente risco direto e específico para a saúde, para a segurança do destinatário do serviço ou de terceiro, ou para a segurança financeira do destinatário, pode ser condicionado à subscrição de um seguro obrigatório de responsabilidade civil profissional, adequado à natureza e à dimensão do risco, ou à prestação de garantia ou instrumento equivalente.

2 – Não pode ser imposta a um prestador de serviços estabelecido noutro Estado membro a subscrição de um seguro de responsabilidade profissional pela atividade desenvolvida em território nacional, desde que o mesmo tenha essa atividade, total ou parcialmente, coberta por seguro, garantia ou instrumento equivalente subscrito ou prestado no Estado membro onde se encontre estabelecido.

3 – Caso o seguro, a garantia ou o instrumento equivalente subscrito noutro Estado membro cubra apenas parcialmente os riscos, o prestador de serviços deve complementá-lo de forma a abranger os elementos não cobertos.

4 – A apresentação de uma certidão emitida por instituição de crédito ou empresa de seguros estabelecida em qualquer Estado membro é suficiente para demonstração do cumprimento do requisito de cobertura da atividade por seguro, garantia ou instrumento equivalente subscrito ou prestada no Estado membro onde se encontre estabelecido.

Artigo 14º – Condições que proíbam publicidade comercial

1 – Não são permitidas condições que imponham uma proibição absoluta de publicidade comercial relativa a profissões regulamentadas.

2 – Entende-se por «publicidade comercial» qualquer forma de publicidade destinada a promover, direta ou indiretamente, bens, serviços ou a

imagem de uma empresa, organização ou pessoa que exerça uma profissão regulamentada ou uma atividade comercial, industrial ou artesanal.

3 – Entende-se por «profissão regulamentada» a atividade ou o conjunto de atividades profissionais em que o acesso, o exercício ou uma das modalidades de exercício dependem, direta ou indiretamente, da titularidade de determinadas qualificações profissionais, na aceção da Lei nº 9/2009, de 4 de março.

Artigo 15º – Condições relativas ao exercício da atividade em exclusivo, em conjunto ou em parceria

1 – Não são permitidas condições que imponham aos prestadores de serviços o exercício exclusivo de uma atividade de serviços específica ou que limitem o exercício conjunto ou em parceria de diferentes atividades de serviços.

2 – Podem ser impostas condições que imponham aos prestadores de serviços o exercício exclusivo de uma atividade de serviços específica ou que limitem o exercício conjunto ou em parceria de diferentes atividades de serviços, nas seguintes situações:

a) Quanto aos prestadores de serviços que exerçam profissões regulamentadas, quando tal seja necessário para garantir a sua independência e imparcialidade e as condições sejam justificadas pelas suas regras deontológicas;

b) Quanto aos prestadores de serviços que forneçam serviços de certificação, acreditação, inspeção técnica, testes e ensaios, na medida em que tal seja necessário para garantir a sua independência e imparcialidade.

Artigo 16º – Duração

1 – As permissões administrativas para o acesso e o exercício de uma atividade devem ser concedidas por tempo indeterminado, sem prejuízo da sua caducidade, revogação, alteração ou substituição.

2 – As permissões administrativas para o acesso e o exercício de uma atividade podem ter um prazo de duração determinado quando respeitem uma das seguintes condições:

a) Quando sejam permissões automaticamente renováveis;

b) Quando estejam apenas sujeitas ao cumprimento permanente dos requisitos que justificam a sua atribuição;

c) Quando estejam limitadas, por imperiosas razões de interesse público, na aceção do nº 1 do artigo 30º, quanto ao seu número ou à sua duração.

Artigo 17º – Âmbito territorial e limitação de permissões administrativas

1 – As permissões administrativas devem permitir ao prestador do serviço o exercício da sua atividade de serviços em todo o território nacional.

2 – Quando o regime de permissão administrativa de uma atividade assim o exija, o prestador de serviços deve informar a autoridade administrativa competente, através do balcão único, da criação de sucursais, filiais, agências ou escritórios.

3 – Quando a escassez de recursos naturais ou das capacidades técnicas disponíveis o justifiquem, a lei pode limitar o número de permissões administrativas a conceder para uma atividade de serviços, através de um procedimento de seleção entre os potenciais candidatos, nos termos do Código dos Contratos Públicos.

4 – As permissões administrativas concedidas nos termos do número anterior devem vigorar por um prazo de duração limitado e adequado ao serviço a prestar e à escassez de recursos ou das capacidades técnicas disponíveis, não sendo passíveis de renovação automática.

5 – Expirado o prazo de duração das permissões administrativas, os prestadores de serviços que delas beneficiaram ou quaisquer pessoas que com estes mantenham vínculos de parentesco ou de afinidade, bem como vínculos societários e de trabalho, não devem poder beneficiar de condições mais vantajosas decorrentes dessa circunstância para o efeito de obter nova permissão administrativa.

Artigo 18º – Caducidade

1 – As permissões administrativas caducam quando se deixem de verificar os pressupostos, os requisitos ou as condições de que depende a sua concessão.

2 – A caducidade deve ser declarada pela autoridade administrativa competente.

3 – O prestador de serviços deve informar a autoridade administrativa competente, através do balcão único eletrónico, das alterações dos pressupostos, dos requisitos ou das condições que impliquem a caducidade da permissão administrativa de que beneficia.

CAPÍTULO IV – Direitos dos destinatários dos serviços

Artigo 19º – Não discriminação dos destinatários

1 – Os destinatários dos serviços não podem ser discriminados em virtude da sua nacionalidade, do seu local de residência ou da sua sede.

2 – As condições gerais de prestação do serviço definidas pelo prestador de serviços não podem ser discriminatórias em função da nacionalidade ou do local de residência ou da sede do destinatário dos serviços, exceto se a diferenciação for diretamente justificada por critérios objetivos.

3 – A lei não pode sujeitar os destinatários a quaisquer condições, limitações, proibições ou outras medidas que restrinjam a utilização de um serviço fornecido por um prestador de serviços pelo facto de este se encontrar estabelecido noutro Estado membro.

4 – Entende-se por «destinatário dos serviços» qualquer pessoa singular nacional de um Estado membro ou que beneficie dos direitos que lhe são conferidos por atos comunitários, ou qualquer pessoa coletiva estabelecida em território nacional ou noutro Estado membro que contrate ou pretenda contratar, para fins profissionais ou não, um serviço.

Artigo 20º – Informações sobre os prestadores e respetivos serviços

1 – Para além de outros elementos legalmente exigíveis, o prestador de serviços deve fornecer ao destinatário, de forma simples, sintética, facilmente percetível e acessível, preferencialmente por via eletrónica ou através de endereço previamente comunicado:

a) O seu nome, firma, estatuto e forma jurídica;

b) O endereço do seu estabelecimento e os contactos diretos, incluindo os eletrónicos;

c) Os elementos que permitam o acesso aos dados do registo comercial onde se encontre inscrito, nomeadamente, o número de pessoa coletiva;

d) O endereço e os contactos da autoridade administrativa competente ou do balcão único, caso a sua atividade esteja sujeita a um regime de permissão administrativa ou mera comunicação prévia;

e) O número de identificação fiscal, se o prestador exercer uma atividade sujeita a imposto sobre o valor acrescentado;

f) A associação pública profissional em que esteja inscrito, o seu título profissional e o Estado membro que o atribuiu, no que respeita a profissões regulamentadas;

g) As cláusulas gerais e as condições gerais utilizadas pelo prestador de serviços, caso existam;

h) As cláusulas contratuais relativas à lei aplicável ao contrato e ao tribunal competente, quando existam;

i) As informações sobre a existência de garantias pós-venda não imposta por lei;

j) O preço do serviço, sempre que este seja pré-determinado;

l) Informação sobre as principais características do serviço, no caso de não resultarem do contexto comercial;

m) Informações sobre o seguro referido no artigo 13º, nomeadamente o endereço e contactos da seguradora ou do fiador e a sua cobertura geográfica.

2 – A obrigação prevista no número anterior pode igualmente ser cumprida através da disponibilização da informação no local de prestação do serviço ou no local da celebração do contrato.

3 – O prestador de serviços faculta, igualmente, ao destinatário, a pedido deste:

a) Sempre que o preço não seja pré-determinado, o preço do serviço ou, quando não seja possível indicá-lo com precisão, o seu método de cálculo, podendo, em alternativa, fornecer um orçamento pormenorizado;

b) A identificação das regras profissionais aplicáveis no Estado de origem e indicação dos modos através dos quais é possível ter acesso às mesmas;

c) Informações sobre as atividades pluridisciplinares e as parcerias que mantenha e que se encontrem diretamente relacionadas com o serviço a prestar, assim como sobre as medidas tomadas para evitar conflitos de interesse;

d) Os códigos de conduta a que se submete, as línguas nas quais estes são disponibilizados e o endereço onde possam ser consultados eletronicamente;

e) Sempre que o prestador de serviços tenha aderido, se encontre sujeito a um código de conduta ou seja membro de uma associação comercial ou de uma associação pública profissional que preveja o recurso a meios extrajudiciais de resolução de litígios, informações sobre tais meios, especificando o modo de acesso a dados pormenorizados sobre as suas características e condições de acesso.

4 – Os elementos referidos nos nºs 1 e 3 devem ser disponibilizados ao destinatário do serviço, de forma clara e inequívoca, antes da celebração do contrato ou, caso não seja utilizada a forma escrita, antes da prestação do serviço, com a antecedência necessária para que este possa apreender o seu conteúdo, atendendo à natureza do serviço.

5 – Os elementos indicados no nº 1 e na alínea *c*) do nº 3 devem constar de todos os documentos onde o prestador de serviços descreva com detalhe os seus serviços, independentemente do suporte que seja utilizado.

Artigo 21º – Assistência aos destinatários dos serviços

1 – O balcão único, o Centro Europeu do Consumidor e a Rede Europeia de Empresas prestam aos destinatários dos serviços, a seu pedido, à distância, nomeadamente por via eletrónica, informações gerais, claras, inequívocas e atualizadas sobre:

a) As condições aplicáveis pelos outros Estados membros quanto ao acesso e ao exercício das atividades de serviços, em especial as que dizem respeito à defesa dos consumidores;

b) Os meios judiciais ou extrajudiciais de resolução de litígios entre um prestador e um destinatário;

c) Os contactos de quaisquer entidades que lhes possam prestar assistência prática.

2 – Quando a complexidade da matéria o justifique, a assistência prestada deve incluir a disponibilização de um guia explicativo simples.

3 – O balcão único, o Centro Europeu do Consumidor e a Rede Europeia de Empresas prestam aos organismos de outros Estados membros, que detenham funções idênticas às definidas no número anterior, as informações que estes lhes solicitem, com a maior brevidade possível.

Artigo 22º – Pedidos de informação e reclamações

1 – Sem prejuízo do regime jurídico previsto no Decreto-Lei nº 156/2005, de 15 de setembro, relativo ao Livro de Reclamações, alterado e republicado pelo Decreto-Lei nº 371/2007, de 6 de novembro, pelo Decreto-Lei nº 118/2009, de 19 de maio, e pelo Decreto-Lei nº 317/2009, de 30 de outubro, os destinatários dos serviços podem dirigir direta-

mente reclamações aos prestadores de serviços ou solicitar informações sobre os serviços prestados.

2 – Caso os destinatários dos serviços dirijam diretamente aos prestadores de serviços um pedido de informação ou reclamação, os prestadores de serviços devem responder num prazo máximo de dez dias úteis ou, quando a simplicidade da questão o justifique, num prazo não superior a cinco dias úteis, identificando as diligências levadas a cabo no tratamento da questão.

3 – Os prestadores de serviços devem fornecer aos destinatários o endereço postal, o endereço de correio eletrónico, o número de telefone e o número de telecópia utilizáveis para exercer os direitos previstos no nº 1.

CAPÍTULO V – Fiscalização e regime contraordenacional

Artigo 23º – Fiscalização

1 – Às autoridades administrativas nacionais compete realizar as seguintes fiscalizações:

a) Fiscalização do cumprimento dos deveres impostos aos prestadores de serviços no território nacional, independentemente do seu estabelecimento;

b) Fiscalização do cumprimento das exigências impostas aos prestadores de serviços estabelecidos em território nacional, ainda que os prejuízos sejam causados noutro Estado membro ou que os serviços sejam prestados noutro Estado membro.

2 – Os prestadores de serviços estabelecidos em território nacional devem fornecer às autoridades administrativas competentes todas as informações necessárias para a fiscalização da sua atividade.

Artigo 24º – Contraordenações

1 – Constitui contra-ordenação grave a violação dos nºs 1 e 2 do artigo 19º, dos artigos 20º e 22º e do nº 2 do artigo 23º, assim como a não prestação de quaisquer informações às autoridades administrativas competentes ou ao ponto de contacto nacional que sejam obrigatórias nos termos do presente decreto-lei.

2 – Constitui contraordenação leve a prestação não atempada de quaisquer informações obrigatórias solicitadas pelas autoridades administrativas competentes ou pelo ponto de contacto nacional.

Artigo 25º – Coimas

1 – As contra-ordenações previstas no nº 1 do artigo anterior são punidas com coima de € 250 a € 3000 ou de € 500 a € 25 000, consoante o agente seja pessoa singular ou coletiva.

2 – A contra-ordenação prevista no nº 2 do artigo anterior é punida com coima de € 50 a € 1500 ou de € 100 a € 5000, consoante o agente seja pessoa singular ou coletiva.

3 – Em caso de negligência os montantes mínimos e máximos das coimas previstas nos números anteriores são reduzidos para metade.

4 – Sempre que o ilícito de mera ordenação social resulte da omissão de um dever, a aplicação da sanção e o pagamento da coima não dispensam o infrator do seu cumprimento, se este ainda for possível.

5 – Pode haver lugar ao pagamento voluntário da coima pelo seu valor mínimo.

6 – A deteção da infração e levantamento do auto e a instrução do processo competem à Autoridade para a Segurança Alimentar e Económica, bem como às autoridades administrativas a que tenham sido atribuídas competências de fiscalização por regimes jurídicos específicos de atividades de serviços relativamente aos prestadores desses serviços.

7 – A aplicação das sanções previstas nos nºs 1 e 2 compete à Comissão de Aplicação de Coimas em Matéria Económica e Publicidade (CACMEP).

8 – O produto das coimas apreendido nos processos de contraordenação reverte:

a) 60% para o Estado ou para as Regiões Autónomas, consoante o local de ocorrência da ação que consubstancia a infração;

b) 30% para a autoridade administrativa que faz a instrução do processo;

c) 10% para a CACMEP.

9 – O produto das coimas apreendido nos processos de contraordenação que sejam da responsabilidade das autoridades administrativas municipais reverte:

a) 60% para o Estado ou para as Regiões Autónomas, consoante o local de ocorrência da ação que consubstancia a infração;

b) 40% para os municípios.

CAPÍTULO VI – Cooperação entre Estados membros

Artigo 26º – Cooperação entre autoridades administrativas

1 – As autoridades administrativas competentes prestam e solicitam às autoridades administrativas dos outros Estados membros e à Comissão Europeia, no mais curto lapso temporal possível, assistência mútua e tomam as medidas necessárias para cooperar eficazmente, a fim de assegurar a fiscalização dos prestadores e dos seus serviços, designadamente através de:

a) Troca de informação necessária;

b) Realização de verificações, de inspeções e de inquéritos aos prestadores de serviços, quando tal seja fundamentadamente solicitado.

2 – Os resultados das verificações, das inspeções e dos inquéritos são imediatamente transmitidos à autoridade administrativa competente solicitante, por via eletrónica, assim como as medidas tomadas em consequência das diligências efetivadas e as dificuldades na satisfação do pedido de informação.

3 – As autoridades administrativas competentes asseguram a proteção dos dados pessoais a que tenham acesso no exercício das obrigações que lhes são atribuídas no presente capítulo, nos termos da lei e, em especial, da Decisão nº 2008/49/CE, da Comissão, de 12 de dezembro de 2007.

4 – As comunicações entre autoridades administrativas de Estados membros diferentes e entre estas e a Comissão Europeia processam-se por via eletrónica, através do Sistema de Informação do Mercado Interno.

5 – O ministério responsável pela área da economia indica à Comissão Europeia e aos Estados membros o nome e endereço de um ponto de contacto, para efeitos de assegurar as funções de coordenação da assistência mútua e cooperação entre autoridades administrativas competentes, que lhe são atribuídas no quadro do Sistema de Informação do Mercado Interno.

6 – O ponto de contacto nacional informa a Comissão Europeia das situações em que as autoridades administrativas competentes de outro Estado membro não tenham cumprido as suas obrigações de cooperação administrativa.

Artigo 27º – Idoneidade dos prestadores de serviços

1 – Mediante pedido fundamentado das autoridades administrativas competentes de outros Estados membros, as autoridades administrativas competentes comunicam, nos termos legalmente admissíveis:

a) As medidas sancionatórias penais, administrativas ou disciplinares não passíveis de recurso;

b) As sentenças de declaração de insolvência culposa que tenha tomado contra um prestador de serviços e que tenham relevância direta na sua idoneidade profissional, bem como as normas ao abrigo das quais foram tomadas.

2 – As informações fornecidas ao abrigo do número anterior são igualmente comunicadas ao prestador de serviços.

3 – Caso tenham sido comunicadas sentenças de declaração de insolvência culposa, a autoridade administrativa competente indica se estas foram objeto de recurso ou se são definitivas e, no primeiro caso, a data provável para o conhecimento da decisão.

Artigo 28º – Medidas concretas de restrição da liberdade de prestação de serviços

1 – Se os Estados membros não procederem à harmonização dos seus regimes jurídicos, relativos à segurança dos serviços, as autoridades administrativas competentes podem excecionalmente tomar contra um prestador de serviços estabelecido noutro Estado membro medidas concretas relativas à segurança dos serviços por si prestados, atendendo aos seguintes pressupostos:

a) A autoridade administrativa competente deve, previamente, solicitar ao Estado membro da União Europeia (EU) onde o prestador de serviços se encontre estabelecido que tome as medidas necessárias para garantir a segurança dos serviços prestados pelo mesmo;

b) O Estado membro onde o prestador de serviços se encontre estabelecido deve comunicar à autoridade administrativa competente as medidas tomadas ou a tomar ou, caso não o faça, as razões para a sua não adoção;

c) A autoridade administrativa competente notifica a Comissão Europeia, o ponto de contacto nacional e a autoridade administrativa competente do Estado membro da UE onde o prestador de serviços se encontra estabelecido das medidas que pretende adotar, enunciando as razões pelas quais considera que as medidas tomadas ou previstas pelo Estado membro de estabelecimento são inadequadas e que justificam a adoção das medidas nacionais;

d) A aplicação das medidas de segurança contra um prestador de serviços estabelecido noutro Estado membro só pode ocorrer 15 dias úteis após a notificação a que se refere a alínea anterior;

e) A aplicação das medidas de segurança obedece aos princípios enumerados no nº 3 do artigo 8º;

f) As medidas de segurança devem ser mais protetoras para os destinatários dos serviços do que as medidas que o Estado membro onde o prestador de serviços se encontra estabelecido adotaria de acordo com a sua legislação.

2 – O disposto nas alíneas *a*) a *d*) do número anterior não é aplicável em situações de urgência, devendo, neste caso, as autoridades administrativas competentes notificar imediatamente a Comissão Europeia e o Estado membro onde o prestador de serviços se encontra estabelecido das razões da aplicação urgente de tais medidas.

3 – O disposto no presente artigo não prejudica a eventual responsabilidade penal, contraordenacional, disciplinar e civil do prestador de serviços em território nacional.

Artigo 29º – Mecanismo de alerta

As autoridades administrativas competentes devem alertar, no mais curto prazo possível, os Estados membros envolvidos, em especial o Estado membro de estabelecimento, a Comissão e o respetivo ponto de contacto de qualquer conduta ou ato concreto praticado por um prestador de serviços, estabelecido ou não em território nacional, que possam prejudicar gravemente a saúde ou a segurança das pessoas, bem como o ambiente.

CAPÍTULO VII – Imperiosa razão de interesse público

Artigo 30º – Imperiosa razão de interesse público

1 – Entende-se por «imperiosa razão de interesse público» uma circunstância excecional que, fundada designadamente em motivos de ordem pública, segurança pública, proteção civil, segurança das pessoas,

saúde pública, preservação do equilíbrio financeiro do regime de segurança social, defesa dos consumidores, dos destinatários dos serviços e dos trabalhadores, lealdade das transações comerciais, combate à fraude, proteção do ambiente e do ambiente urbano, saúde animal, propriedade intelectual e industrial, conservação do património histórico e artístico nacional, objetivos de política social ou cultural, justifique de forma proporcionada e não discriminatória, a adoção de um regime jurídico diferente do previsto no presente Decreto-Lei quanto a algum dos seguintes aspetos:

a) A possibilidade de as autoridades administrativas competentes exigirem a apresentação de documentos emitidos noutros Estados sob a forma original, autêntica, autenticada, cópia ou tradução certificadas, nos termos dos nºs 2 e 4 do artigo 7º;

b) O estabelecimento de uma permissão administrativa, nos termos da alínea *d*) do nº 1 do artigo 9º;

c) O afastamento da regra do deferimento tácito previsto no artigo 108º do CPA ou a atribuição dos efeitos positivos ao silêncio, nos termos da alínea *b*) do nº 2 do artigo 9º;

d) A possibilidade de estabelecimento de alguma das condições previstas nas alíneas *i*) a *q*) do nº 1 do artigo 11º;

e) A possibilidade de fixação de restrições em matéria de publicidade comercial, sem prejuízo do disposto no artigo 14º;

f) A possibilidade de fixação de um prazo de duração determinada ou de um número limitado de permissões administrativas, nos termos da alínea *c*) do nº 2 do artigo 16º;

g) A possibilidade de impor uma permissão administrativa específica para cada estabelecimento ou limitar territorialmente a permissão administrativa, excecionando o nº 1 do artigo 17º

2 – Podem ser impostas algumas das condições elencadas no nº 2 do artigo 11º aos prestadores de serviços estabelecidos noutro Estado membro, desde que fundamentadas em imperiosas razões de interesse público exclusivamente relativas à ordem pública, segurança pública, saúde pública e proteção do ambiente e observados os princípios da não discriminação e da proporcionalidade.

CAPÍTULO VIII – Regimes sectoriais

SECÇÃO I – Regime jurídico da atividade termal

Artigo 31º – Alteração ao Decreto-Lei nº 142/2004, de 11 de junho

O artigo 1º do Decreto-Lei nº 142/2004, de 11 de junho, passa a ter a seguinte redação:

«Artigo 1º

[...]

1 – ....

2 – ....

3 – ....

4 – Sem prejuízo do disposto no artigo 4º, os estabelecimentos que não têm fins de prevenção da doença, terapêutica, reabilitação e manutenção da saúde, dedicando-se exclusivamente à prossecução de fins ligados à estética, à beleza e ao relaxamento, são considerados equipamentos de animação turística, sendo-lhes aplicável o regime previsto no Decreto-Lei nº 108/2009, de 15 de maio.»

SECÇÃO II – Regulamento da Atividade de Observação de Cetáceos nas Águas de Portugal Continental

Artigo 32º – Alteração ao Decreto-Lei nº 9/2006, de 6 de janeiro

Os artigos 10º,12º, 13º, 15º, 16º, 17º, 20º, 24º, 25º, 27º e 28º do Regulamento da Atividade de Observação de Cetáceos nas Águas de Portugal Continental, aprovado em anexo ao Decreto-Lei nº 9/2006, de 6 de janeiro, passam a ter a seguinte redação:

«Artigo 10º

[...]

1 – ....

2 – ....

3 – O pedido de autorização é realizado mediante formulário eletrónico devidamente preenchido e instruído com todos os documentos exigidos nos termos do presente regulamento.

4 – ....

5 – ....

Artigo 12º

[...]

1 – A autorização é válida por um prazo de três anos, renovável por iguais períodos.

2 – A renovação da autorização depende da aferição da inexistência de riscos significativos para o bem-estar dos cetáceos e da verificação dos requisitos de que dependeu a emissão da autorização.

3 – *(Anterior nº 2.)*

Artigo 13º

[...]

1 – *(Anterior corpo do artigo.)*

2 – Quando for atingido o limite previsto no número anterior, a emissão ou a renovação de autorizações é efetuada por concurso público, nos termos do Código dos Contratos Públicos, com as adaptações constantes de portaria aprovada pelo membro do Governo responsável pelo ambiente que deve estabelecer as condições de admissão ao concurso e os critérios de seleção.

3 – Sem prejuízo de outros critérios a definir na portaria referida no número anterior, a adjudicação de autorizações deve ser realizada em função dos recursos técnicos e humanos, bem como dos programas de exploração turística e de proteção dos cetáceos apresentados pelos concorrentes.

Artigo 15º

[...]

No âmbito do presente regulamento, são deveres do operador:

a) ....

b) ....

c) ....

d) ....

e) ....

f) Fornecer eletronicamente ao Instituto da Conservação da Natureza e da Biodiversidade, I. P. (ICNB, I. P.), em janeiro de cada ano, as estatísticas mensais do número de participantes nos programas da empresa, as quais têm caráter confidencial e são utilizadas exclusivamente para fins estatísticos, bem como dos avistamentos de cetáceos em termos de número, espécie e localização, relativos ao ano anterior;

g) ....

h) ....

Artigo 16º

[...]

1 –

2 – O requerimento deve ser apresentado através de formulário eletrónico, com a antecedência mínima de 30 dias úteis, especificando:

a) ....

b) ....

c) ....

d) ....

e) ....

f) ....

g) ....

h) ....

3 – ....

4 – ....

Artigo 17º

[...]

O observador deve remeter eletronicamente ao ICNB, I. P., um relatório detalhado das operações desenvolvidas e da adequação dos métodos utilizados, bem como uma cópia dos trabalhos resultantes:

a) ....

b) ....

Artigo 20º

[...]

1 – ....

2 – O requerimento deve ser apresentado através de formulário eletrónico e enviado com a antecedência mínima de 30 dias úteis, especificando:

a) ....
b) ....
c) ....
d) ....
e) ....
f) ....
g) ....
h) ....
3 – ....

Artigo 24º
[...]

1 – Constitui contraordenação ambiental muito grave, punível nos termos da Lei nº 50/2006, de 29 de agosto, alterada pela Lei nº 89/2009, de 31 de agosto, a prática dos seguintes atos:

a) A violação das proibições constantes do nº 3 do artigo 5º;

b) A observação de cetáceos durante o período de suspensão da atividade previsto no artigo 9º;

c) O exercício de operações turísticas de observação de cetáceos sem a autorização exigida no artigo 10º

2 – Constitui contra-ordenação ambiental grave, punível nos termos da Lei nº 50/2006, de 29 de agosto, alterada pela Lei nº 89/2009, de 31 de agosto, a prática dos seguintes atos:

a) A violação das normas de observação estabelecidas no nº 2 do artigo 5º e no artigo 7º;

b) A violação das normas de aproximação estabelecidas no nº 2 do artigo 6º;

c) A violação das proibições constantes do nº 4 do artigo 5º, do nº 3 do artigo 6º e do nº 1 do artigo 8º;

d) A observação de cetáceos para fins científicos sem a autorização exigida no artigo 16º;

e) A inobservância das regras gerais de conduta previstas na alínea *b*) do artigo 21º

3 – Constitui contra-ordenação ambiental leve, punível nos termos da Lei nº 50/2006, de 29 de agosto, alterada pela Lei nº 89/2009, de 31 de agosto, a prática dos seguintes atos:

a) O incumprimento do disposto no artigo 14º;

b) A violação dos deveres previstos no artigo 15º;

c) A violação da regra especial de conduta prevista no artigo 19º;

d) A violação da norma específica de operações de registo audiovisual constante da alínea *a*) do artigo 21º

4 – A tentativa e a negligência são puníveis.

Artigo 25º

Sanções acessórias e apreensão cautelar

1 – Sempre que a gravidade da infração o justifique, pode a autoridade competente, simultaneamente com a coima, determinar a aplicação das sanções acessórias que se mostrem adequadas, nos termos previstos na Lei nº 50/2006, de 29 de agosto, alterada pela Lei nº 89/2009, de 31 de agosto.

2 – Pode ser objeto de publicidade, nos termos do disposto no artigo 38º da Lei nº 50/2006, de 29 de agosto, alterada pela Lei nº 89/2009, de 31 de agosto, a condenação pela prática das infrações muito graves e graves previstas no artigo anterior, quando a medida concreta da coima aplicada ultrapasse metade do montante máximo da coima abstratamente aplicável.

3 – A autoridade administrativa pode ainda, sempre que necessário, determinar a apreensão provisória de bens e documentos, nos termos previstos no artigo 42º da Lei nº 50/2006, de 29 de agosto, alterada pela Lei nº 89/2009, de 31 de agosto.

Artigo 27º

[...]

A distribuição do produto das coimas previstas no presente decreto-lei efetua-se nos termos do artigo 73º da Lei nº 50/2006, de 29 de agosto, alterada pela Lei nº 89/2009, de 31 de agosto.

Artigo 28º

[...]

1 – A autoridade administrativa pode, sempre que necessário, determinar a aplicação de medidas cautelares, nos termos previstos no artigo

41º da Lei nº 50/2006, de 29 de agosto, alterada pela Lei nº 89/2009, de 31 de agosto.

2 – *(Revogado.)*»

Artigo 33º – Aditamento ao Decreto-Lei nº 9/2006, de 6 de janeiro

É aditado ao Regulamento da Atividade de Observação de Cetáceos nas Águas de Portugal Continental, aprovado em anexo ao Decreto-Lei nº 9/2006, de 6 de janeiro, o artigo 30º, com a seguinte redação:

«Artigo 30º
Balcão único e registos informáticos

1 – Todas as comunicações e as notificações previstas no presente decreto-lei, bem como o envio de documentos, de requerimentos ou de informações, são realizadas por via eletrónica, através do balcão único eletrónico dos serviços.

2 – Os registos que os operadores estão obrigados a manter ao abrigo do presente Decreto-Lei devem estar disponíveis em suporte informático.

3 – Quando, por motivos de indisponibilidade das plataformas eletrónicas, não for possível o cumprimento do disposto no nº 1, a transmissão da informação em causa pode ser efetuada por outros meios previstos na lei.»

Artigo 34º – Revogação ao Decreto-Lei nº 9/2006, de 6 de janeiro

É revogado o nº 2 do artigo 28º do Regulamento da Atividade de Observação de Cetáceos nas Águas de Portugal Continental, aprovado em anexo ao Decreto-Lei nº 9/2006, de 6 de janeiro.

SECÇÃO III – Regime jurídico da qualidade da água para consumo humano

Artigo 35º – Alteração ao Decreto-Lei nº 306/2007, de 27 de agosto

Os artigos 26º, 27º, 31º e 37º do Decreto-Lei nº 306/2007, de 27 de agosto, passam a ter a seguinte redação:

«Artigo 26º
[...]

1 – Apenas se consideram aptos para a realização dos ensaios de controlo da qualidade da água nos pontos de amostragem referidos no nº 2 do

artigo 10º, relativos à verificação do cumprimento do presente decreto-lei, os laboratórios de ensaios acreditados para o efeito.

2 – A colheita de amostras deve ser realizada por laboratórios acreditados para o efeito, ou, em alternativa, ser da responsabilidade da entidade gestora e, neste caso, realizada por técnicos de amostragem de água devidamente certificados para o efeito por um organismo de certificação acreditado.

3 – A acreditação deve ser concedida por um organismo nacional de acreditação, na aceção dada pelo Regulamento (CE) nº 765/2008, de 9 de julho, do Parlamento Europeu e do Conselho, signatário do Acordo de Reconhecimento Mútuo relevante da infraestrutura europeia de acreditação prevista no referido regulamento.

Artigo 27º
Prova de acreditação

1 – De forma a permitir a submissão do PCQA-*online*, nos termos do nº 3 do artigo 14º, pelas entidades gestoras que os contratem, os laboratórios que preencham os requisitos previstos no artigo anterior submetem à autoridade competente, por meios eletrónicos, a cópia do documento comprovativo da sua acreditação, emitido por organismo de acreditação competente nos termos do nº 3 do artigo anterior.

2 – Sem prejuízo do disposto no artigo anterior, a autoridade competente pode recusar a realização de determinados ensaios por um laboratório acreditado quando verifique que o mesmo não cumpre os requisitos técnicos necessários para garantir a fiabilidade dos resultados analíticos, nomeadamente pelo incumprimento dos prazos de análise especificados nas normas de ensaio aplicáveis.

3 – A decisão de recusa da autoridade competente, tomada nos termos do número anterior, deve ser comunicada ao laboratório no prazo máximo de 10 dias úteis contados da receção da comunicação prevista no nº 1.

4 – Os laboratórios de ensaios devem assegurar a atualização do documento comprovativo da sua acreditação junto da autoridade competente sempre que existam alterações que tenham impacto sobre o âmbito de atuação neste Decreto-Lei ou sobre a vigência da sua acreditação.

5 – A autoridade competente divulga a lista atualizada dos laboratórios de ensaios referidos no nº 1 através do seu sítio na Internet, acessível através do Portal do Cidadão e do Portal da Empresa.

6 – Sem prejuízo da possibilidade de recurso a outras formas de comunicação, a tramitação dos procedimentos previstos no presente artigo é realizada igualmente por via eletrónica, através do balcão único eletrónico dos serviços.

7 – A atividade dos laboratórios no âmbito do presente decreto-lei está sujeita a ações de supervisão pela autoridade competente, designadamente para controlo do disposto no artigo 18º e da subcontratação de ensaios a outros laboratórios acreditados para o efeito.

8 – Os laboratórios cooperam com a autoridade competente para o esclarecimento das atividades prestadas no âmbito do presente decreto-lei.

Artigo 31º

[...]

1 – ....

2 – ....

a) ....

b) ....

c) ....

d) ....

e) ....

f) ....

g) ....

h) ....

i) A não atualização do documento comprovativo de acreditação, nos termos do nº 4 do artigo 27º

3 – ....

4 – ....

Artigo 37º

[...]

1 – ....

2 – ....

3 – O estudo referido no número anterior é objeto de divulgação no sítio da Internet da autoridade competente, acessível através do Portal do Cidadão e do Portal da Empresa.

4 – ....

5 – ....

6 – ....

7 – ....

8 – *(Revogado.)*

9 – *(Revogado.)*»

Artigo 36º – Aditamento ao Decreto-Lei nº 306/2007, de 27 de agosto

É aditado ao Decreto-Lei nº 306/2007, de 27 de agosto, o artigo 37º-A, com a seguinte redação:

«Artigo 37º-A

Balcão único e registos informáticos

1 – Todas as comunicações e as notificações previstas no presente decreto-lei, bem como o envio de documentos, de requerimentos ou de informações, são realizadas por via eletrónica, através do balcão único eletrónico dos serviços.

2 – Os registos que as entidades gestoras estão obrigadas a manter ao abrigo do presente Decreto-Lei devem estar disponíveis em suporte informático.

3 – Quando, por motivos de indisponibilidade das plataformas eletrónicas, não for possível o cumprimento do disposto no nº 1, a transmissão da informação em causa pode ser efetuada por outros meios previstos na lei.»

Artigo 37º – Revogação ao Decreto-Lei nº 306/2007, de 27 de agosto

São revogados os nºs 8 e 9 do artigo 37º do Decreto-Lei nº 306/2007, de 27 de agosto.

SECÇÃO IV – Regime jurídico dos serviços municipais de abastecimento público de água, de saneamento de águas residuais e de gestão de resíduos urbanos

Artigo 38º – Alteração ao Decreto-Lei nº 194/2009, de 20 de agosto

Os artigos 27º e 36º do Decreto-Lei nº 194/2009, de 20 de agosto, passam a ter a seguinte redação:

«Artigo 27º

[...]

1 – ....

2 – ....

3 – ....

4 – ....

5 – ....

6 – ....

7 – Na verificação do preenchimento de requisitos ou condições impostos aos concorrentes devem ser atendidos os requisitos, condições ou controlos equivalentes ou comparáveis quanto à finalidade a que os concorrentes já tenham sido submetidos em Portugal ou noutro Estado membro.

Artigo 36º

[...]

1 – ....

2 – ....

3 – Na verificação do preenchimento de requisitos ou condições impostos aos concorrentes devem ser atendidos os requisitos, condições ou controlos equivalentes ou comparáveis quanto à finalidade a que os concorrentes já tenham sido submetidos em Portugal ou noutro Estado membro.»

SECÇÃO V – Regime jurídico dos serviços de âmbito multimunicipal de abastecimento público de água, de saneamento de águas residuais e de gestão de resíduos urbanos

Artigo 39º – Alteração ao Decreto-Lei nº 379/93, de 5 de novembro

O artigo 4º-A do Decreto-Lei nº 379/93, de 5 de novembro, alterado pela Lei nº 176/99, de 25 de outubro, pelo Decreto-Lei nº 439-A/99, de 29 de outubro, pelo Decreto-Lei nº 14/2002, de 26 de janeiro, pelo Decreto-Lei nº 103/2003, de 23 de maio, pelo Decreto-Lei nº 194/2009, de 20 de agosto, e pelo Decreto-Lei nº 195/2009, de 20 de agosto, passa a ter a seguinte redação:

«Artigo 4º-A
[...]

1 – ....

2 – ....

3 – ....

4 – ....

5 – ....

6 – ....

7 – A participação de entidades privadas, em posição obrigatoriamente minoritária, no capital social de entidades gestoras de sistemas multimunicipais é precedida dos procedimentos legais aplicáveis.

8 – Na verificação do preenchimento de requisitos ou condições impostos aos concorrentes devem ser atendidos os requisitos, condições ou controlos equivalentes ou comparáveis quanto à finalidade a que os concorrentes já tenham sido submetidos em Portugal ou noutro Estado membro.

9 – *(Anterior nº 8.)*

10 – *(Anterior nº 9.)*

11 – *(Anterior nº 10.)*»

SECÇÃO VI – Regime legal da incineração e co-incineração de resíduos

Artigo 40º – Alteração ao Decreto-Lei nº 85/2005, de 28 de abril

Os artigos 6º, 7º, 8º, 9º, 10º, 13º, 14º, 15º, 18º, 41º, 42º e 44º do Decreto-Lei nº 85/2005, de 28 de abril, alterado pelo Decreto-Lei nº 178/2006, de 5 de setembro, passam a ter a seguinte redação:

«Artigo 6º

[...]

1 – O pedido de licença para uma instalação de incineração ou coincineração de resíduos é apresentado à autoridade competente em suporte informático e por meios eletrónicos, podendo as peças desenhadas ser apresentadas em suporte papel.

2 – ....

3 – ....

4 – *(Revogado.)*

5 – ....

Artigo 7º

[...]

1)

a) Identificação do requerente: nome, número de identificação fiscal, código da atividade económica, endereço, telefone, fax e endereço eletrónico, podendo estes dados ser substituídos pelo código de acesso à certidão permanente do registo comercial e do endereço eletrónico;

b) ....

c) *(Revogada.)*

2) ....

3) ....

4) O pedido de licença da instalação deve, ainda, incluir um resumo não técnico dos dados enumerados nos números anteriores, com vista a facilitar a consulta do público, que pode ser disponibilizado por via eletrónica;

5) Sempre que o operador disponha de dados ou informações fornecidos à administração em cumprimento de legislação em vigor no domínio do ambiente, incluindo em matéria de segurança, tais dados ou informa-

ções podem ser usados para efeitos de instrução do pedido devendo o operador indicar quais os dados ou informações já disponibilizadas e em que âmbito.

Artigo 8º
[...]

1 – ....
2 – ....
3 – ....
4 – Para efeito do disposto nos n.ºs 1 e 2 do artigo 36º, a autoridade competente envia eletronicamente o processo à comissão de coordenação e desenvolvimento regional territorialmente competente.

Artigo 9º
[...]

1 – ....
2 – ....
3 – Para os efeitos do número anterior, nos casos previstos nas alíneas *a*) e *b*) do artigo 4º, a concessão da licença de instalação depende de parecer favorável da Agência Portuguesa do Ambiente (APA), emitido nos termos do presente diploma no prazo de 30 dias úteis contados da data da solicitação.
4 – No caso previsto na alínea *c*) do artigo 4º, a concessão da licença de instalação depende de parecer favorável da comissão de coordenação e desenvolvimento regional territorialmente competente e da Direção-Geral de Veterinária, emitidos nos termos do presente diploma, no prazo de 30 dias úteis contados da data da solicitação.
5 – ....
6 – ....
7 – ....
8 – ....
9 – A autoridade competente dá conhecimento da decisão final relativa à licença de instalação à Inspeção-Geral do Ambiente e do Ordenamento do Território (IGAOT) e aos demais organismos consultados, por meios eletrónicos.
10 – ....

Artigo 10º

[...]

1 – Sem prejuízo do disposto quanto a requisitos legalmente aplicáveis, no respeito pelo disposto no Decreto-Lei nº 236/98, de 1 de agosto, alterado pelo Decreto-Lei nº 243/2001, de 5 de setembro, e pelo Decreto-Lei nº 135/2009, de 3 de junho, na Lei nº 58/2005, de 29 de dezembro, alterada pelo Decreto-Lei nº 245/2009, de 22 de setembro, no Decreto-Lei nº 276/99, de 23 de julho, alterado pelo Decreto-Lei nº 279/2007, de 6 de agosto, no Decreto-Lei nº 173/2008, de 26 de agosto, e no Decreto-Lei nº 183/2009, de 10 de agosto, a licença de instalação estabelece as condições em que, nos termos do presente decreto-lei, a instalação de incineração ou de coincineração pode ser licenciada, nomeadamente:

a) ....

b) ....

c) ....

d) ....

e) ....

f) ....

g) ....

h) O prazo de validade da licença, o qual, por razões de segurança das populações e de proteção do ambiente, não pode exceder o prazo de cinco anos.

2 – ....

3 – ....

4 – ....

Artigo 13º

[...]

1 – ....

2 – A vistoria deve ser solicitada pelo requerente com a antecedência mínima de 30 dias relativamente à data prevista para o início do funcionamento da instalação e efetua-se no prazo de 20 dias a contar da data da apresentação do pedido, sendo o requerente notificado pela entidade licenciadora para o efeito com uma antecedência mínima de 10 dias.

3 – ....

4 – ....

Artigo 14º
[...]

1 – O operador obriga-se a subscrever um seguro de responsabilidade civil extracontratual, contratado com uma empresa legalmente habilitada a exercer a atividade no território da União Europeia ou do Espaço Económico Europeu, com efeitos a partir do início do funcionamento da instalação de incineração ou coincineração de resíduos, nos termos e condições que lhe forem exigidos pela autoridade competente, adequado à natureza e dimensão dos riscos a assegurar.

2 – ....

3 – ....

4 – Sempre que se justifique por razões de interesse público, designadamente segurança das populações e proteção do ambiente, a autoridade competente notifica o operador para que este atualize, em prazo razoável, as condições contratuais da apólice de seguro.

Artigo 15º
[...]

1 – ....

2 – ....

3 – ....

4 – A autoridade competente dá conhecimento por meios eletrónicos à APA das licenças de exploração emitidas nos termos do disposto no presente artigo, nos casos em que aquela não participe no procedimento, bem como à IGAOT.

Artigo 18º
[...]

1 – ....

a) ....

b) ....

c) ....

d) ....

e) ....

f) Entregar anualmente à APA, até ao dia 31 de janeiro, um relatório sobre o funcionamento e o controlo da instalação reportado ao ano anterior, em suporte informático, no caso de instalações de incineração ou de coincineração com uma capacidade nominal igual ou superior a 2 t/h.

2 – ....

Artigo 41º

[...]

1 – Constitui contraordenação ambiental muito grave, punível nos termos da Lei nº 50/2006, de 29 de agosto, alterada e republicada pela Lei nº 89/2009, de 31 de agosto, a prática dos seguintes atos:

a) ....

b) ....

c) A violação pelo operador das condições excecionais de funcionamento fixadas na licença nos termos do artigo 11º;

d) *(Revogada.)*

e) *(Revogada.)*

f) *(Revogada.)*

g) *(Revogada.)*

h) *(Revogada.)*

i) ....

j) ....

l) ....

m) *(Revogada.)*

n) A violação das condições de entrega e de receção de resíduos definidas nos artigos 22º e 23º;

o) ....

p) *(Revogada.)*

q) *(Revogada.)*

r) *(Revogada.)*

s) *(Revogada.)*

t) *(Revogada.)*

u) ....

v) ....

2 – Constitui contraordenação ambiental grave, punível nos termos da Lei nº 50/2006, de 29 de agosto, alterada pela Lei nº 89/2009, de 31 de agosto, a prática dos seguintes atos:

a) O incumprimento do disposto no nº 1 do artigo 14º;

b) A violação da obrigação contida no nº 1 do artigo 17º;

c) A violação das regras de gestão de resíduos definidas no artigo 28º;

d) O incumprimento do dever de controlar e monitorizar as emissões nos termos do artigo 29º;

e) O incumprimento dos critérios de monitorização de poluentes atmosféricos estabelecidos nos nºs 1 a 3 e 10 do artigo 30º;

f) O incumprimento dos valores limites de emissão previstos no nº 1 do artigo 32º;

g) O incumprimento dos critérios de medição das descargas de águas residuais estabelecidos nos nºs 1 e 3 do artigo 33º

3 – Constitui contra-ordenação ambiental leve, punível nos termos da Lei nº 50/2006, de 29 de agosto, alterada pela Lei nº 89/2009, de 31 de agosto, a prática dos seguintes atos:

a) O incumprimento do disposto no nº 3 do artigo 14º;

b) A inobservância do disposto no nº 5 do artigo 31º

4 – A tentativa e a negligência são puníveis.

Artigo 42º

[...]

1 – Sempre que a gravidade da infração o justifique, pode a autoridade competente, simultaneamente com a coima, determinar a aplicação das sanções acessórias que se mostrem adequadas, nos termos previstos na Lei nº 50/2006, de 29 de agosto, alterada pela Lei nº 89/2009, de 31 de agosto.

2 – Pode ser objeto de publicidade, nos termos do disposto no artigo 38º da Lei nº 50/2006, de 29 de agosto, alterada pela Lei nº 89/2009, de 31 de agosto, a condenação pela prática das infrações muito graves previstas no nº 1 do artigo 41º, bem como a condenação pela prática das infrações graves previstas no nº 2 do mesmo artigo, quando a medida concreta da coima aplicada ultrapasse metade do montante máximo da coima abstratamente aplicável.

3 – A autoridade administrativa pode ainda, sempre que necessário, determinar a apreensão provisória de bens e documentos, nos termos previstos no artigo 42º da Lei nº 50/2006, dc 29 de agosto, alterada pela Lei nº 89/2009, de 31 de agosto.

Artigo 44º

[...]

A distribuição do produto das coimas previstas no presente decreto-lei efetua-se nos termos do artigo 73º da Lei nº 50/2006, de 29 de agosto, alterada pela Lei nº 89/2009, de 31 de agosto.»

Artigo 41º – Aditamento ao Decreto-Lei nº 85/2005, de 28 de abril

É aditado ao Decreto-Lei nº 85/2005, de 28 de abril, alterado pelo Decreto-Lei nº 178/2006, de 5 de setembro, o artigo 35º-A, com a seguinte redação:

«Artigo 35º-A

Balcão único e registos informáticos

1 – Todas as comunicações e as notificações previstas no presente decreto-lei, bem como o envio de documentos, de requerimentos ou de informações, são realizadas por via eletrónica, através do balcão único eletrónico dos serviços.

2 – Os registos que os operadores estão obrigados a manter ao abrigo do presente Decreto-Lei devem estar disponíveis em suporte informático.

3 – Quando, por motivos de indisponibilidade das plataformas eletrónicas, não for possível o cumprimento do disposto no nº 1, a transmissão da informação em causa pode ser efetuada por outros meios previstos na lei.»

Artigo 42º – Revogação ao Decreto-Lei nº 85/2005, de 28 de abril

São revogados o nº 4 do artigo 6º, a alínea *c*) do nº 1) do artigo 7º e as alíneas *d*) a *h*), *m*) e *p*) a *t*) do nº 1 do artigo 41º do Decreto-Lei nº 85/2005, de 28 de abril, alterado pelo Decreto-Lei nº 178/2006, de 5 de setembro.

CAPÍTULO IX – Disposições finais e transitórias

Artigo 43º – Entrada, permanência, saída e afastamento de cidadãos estrangeiros do território nacional

Os regimes de liberdade de estabelecimento e de livre prestação de serviços fixados no presente decreto-lei não obstam à aplicação da Lei nº 23/2007, de 4 de julho, e demais legislação complementar.

Artigo 44º – Aplicação da lei no tempo e direito transitório sobre o balcão único e a desmaterialização de atos e procedimentos

1 – O disposto nos artigos 5º e 6º produz efeitos a partir de 1 de janeiro de 2011, devendo até essa data assegurar-se a possibilidade de os pedidos, as comunicações e as notificações aí previstos se realizarem através de endereço de correio eletrónico único, criado para o efeito pelas autoridades administrativas competentes, a indicar nos respetivos sítios da Internet e ainda no Portal do Cidadão e no Portal da Empresa.

2 – A disponibilização da informação através do balcão único eletrónico dos serviços, prevista nos artigos 5º e 6º, é regulada por portaria dos membros do Governo responsáveis pela área da modernização administrativa e da respetiva matéria.

Artigo 45º – Entrada em vigor

O presente Decreto-Lei entra em vigor no 1º dia do 3º mês seguinte ao da sua publicação.

ANEXO

Lista exemplificativa de atividades de serviços a que se refere o nº 1 do artigo 3º

Agências de viagens de turismo;
Agências privadas de colocação de candidatos a emprego;
Agentes de propriedade industrial e seus adjuntos;
Aluguer de veículos automóveis sem condutor;
Angariação imobiliária e mediação imobiliária;
Animação turística e de operadores marítimo-turísticos;
Audiotexto e serviços de alto valor acrescentado baseados no envio de mensagem;
Auditores energéticos de co-geração;
Auditorias energéticas e planos de racionalização dos consumos de energia e elaboração de relatórios de execução e progresso;
Bronzeamento artificial;
Classificação de espetáculos não audiovisuais;
Comercialização de eletricidade em regime de mercado livre;
Comercialização de gás natural em regime de mercado livre;
Comércio não sedentário (feirantes e venda ambulante) e realização de feiras;
Comércio por grosso não sedentário e realização de feiras grossistas;
Construção civil;
Controlo analítico da qualidade da água para consumo humano;
Cursos de formação profissional de profissionais de gás;
Cursos de formação profissional em segurança, higiene e saúde no trabalho;
Cursos de instaladores;
Cursos de instrutores e subdiretores de condução;
Diretor técnico de instalações desportivas abertas ao público;
Distribuição, venda e aplicação de produtos fitofarmacêuticos, aérea e não aérea, bem como os serviços dos aplicadores e técnicos responsáveis;
Entidades instaladoras de redes de gás;
Equipamentos de diversões aquáticas;
Escolas de condução;
Espetáculos de natureza artística;
Estabelecimento de *sex shop;*

Estabelecimentos de apoio social;
Estabelecimentos de comércio;
Exploração de aterro para resíduos;
Exploração de recintos artísticos fixos;
Exploração de redes e ramais de distribuição de gás, nas classes I e II;
Formação de técnicos de apoio técnico em proteção integrada, produção integrada e modo de produção biológica;
Funerárias;
Inspeção de ascensores, monta-cargas, escadas mecânicas e tapetes rolantes;
Inspeção de instalação de combustíveis derivados de petróleo;
Inspeção de redes e ramais de distribuição e instalação de gás em edifícios;
Instalações de combustíveis derivados de petróleo;
Instalações de telecomunicações;
Instalações desportivas abertas ao público;
Licença de representação;
Manutenção de ascensores, monta-cargas, escadas mecânicas e tapetes rolantes;
Mergulho amador;
Montagem e ou reparação de aparelhos de gás;
Operações turísticas de observação de cetáceos;
Pesquisa, captação e montagem de equipamento de extração de águas subterrâneas;
Produção de cartografia topográfica ou temática de base;
Promoção e organização de campos de férias;
Realização de espetáculos tauromáquicos;
Restaurantes e bares;
Serviços das entidades formadoras e seus cursos, em matéria agrícola;
Serviços externos de segurança, de higiene e de saúde no trabalho;
Técnicos responsáveis por instalações elétricas de serviço particular;
Trabalho aéreo;
Treinador de desporto.

Decreto-Lei nº 141/2012, de 11 de julho

O Decreto-Lei nº 48/2011, de 1 de abril, que visa a simplificação do regime de exercício de diversas atividades económicas e a desmaterialização dos respetivos procedimentos administrativos no âmbito de um novo balcão eletrónico acessível através do Portal da Empresa, o «Balcão do empreendedor», embora tenha iniciado a sua vigência no dia 2 de maio de 2011, estabeleceu, no seu artigo 42º, uma produção de efeitos faseada das disposições que pressupõem a implementação do referido balcão, a decorrer durante um período de um ano a contar da sua entrada em vigor, em termos a fixar por portaria dos membros do Governo responsáveis pelas áreas da modernização administrativa, das autarquias locais e da economia.

No artigo 5º da Portaria nº 131/2011, de 4 de abril, previu-se ainda a implementação de uma fase experimental aplicável a um conjunto limitado de municípios e aos estabelecimentos e atividades de restauração e bebidas, a decorrer até 31 de dezembro de 2011.

Para o efeito, a Agência para a Modernização Administrativa, I. P., concebeu e preparou os requisitos funcionais e tecnológicos necessários à implementação de uma plataforma de atendimento eletrónico multicanal, na qual se integra o «Balcão do empreendedor», dotada dos mecanismos necessários para dar resposta às exigências do Decreto-Lei nº 48/2011, de 1 de abril, bem como do Decreto-Lei nº 92/2010, de 26 de julho, que transpôs para a ordem jurídica interna a Diretiva nº 2006/123/CE, do Parlamento Europeu e do Conselho, de 12 de dezembro, relativa aos serviços no mercado interno. Iniciou-se também a fase experimental de aplicação do novo regime, à qual aderiram os municípios de Abrantes,

Águeda, Palmela, Portalegre e Porto e que se encontra em curso.

Atendendo ao planeamento definido, encontram-se concluídas as seguintes tarefas:

a) Disponibilização dos meios de autenticação com certificados digitais e do mecanismo de tradução no «Balcão do empreendedor»;

b) Desenvolvimento da ferramenta de construção de formulários eletrónicos;

c) Desenvolvimento das soluções integradoras dos formulários eletrónicos;

d) Desenvolvimento da solução de acesso mediado ao «Balcão do empreendedor»;

e) Definição de modelos de estruturação da informação sobre cada uma das formalidades que compõe os diferentes regimes de horário de funcionamento, ocupação do espaço público e publicidade e definição dos respetivos fluxos;

f) Especificação dos critérios e obrigações aplicáveis às diferentes formalidades do regime de horário de funcionamento;

g) Definição das especificações funcionais dos formulários eletrónicos dos regimes de horário de funcionamento e ocupação do espaço público e documentos complementares;

h) Inserção no «Balcão do empreendedor» da informação geral sobre as formalidades dos diferentes regimes de horário de funcionamento, ocupação do espaço público e publicidade.

Contudo, o planeamento definido foi seriamente prejudicado pelo despacho n.º 154/2011, do Ministro de Estado e das Finanças, de 28 de abril de 2011, que impediu a assunção de novos compromissos no Capítulo 50 do Orçamento do Estado para 2011, uma proibição que se manteve até 31 de dezembro de 2011, impossibilitando o lançamento do procedimento de aquisição dos serviços de desenvolvimento de software de que dependia a implementação de uma parte importante das funções do «Balcão do empreendedor» identificadas no artigo 2º da Portaria atrás referida.

Só no corrente ano, depois de visado o correspondente projeto de investimento, que beneficia de financiamento no âmbito do Sistema de Apoios à Modernização Administrativa, foi possível lançar o referido procedimento de aquisição de serviços, o qual se encontra ainda na sua fase pré-contratual.

Perante estes constrangimentos e considerando outrossim as cominações previstas para a não disponibilização, pelos municípios, da informação relevante no «Balcão do empreendedor», nomeadamente no nº 4 do artigo 11º e no nº 3 do artigo 18º do Decreto-Lei nº 48/2011, de 1 de abril, torna-se imprescindível prorrogar a duração da referida fase experimental e diferir, por um ano, o prazo limite para a plena produção de efeitos das disposições que pressupõem a integral implementação daquele balcão.

Por se tratar de uma matéria prevista no Acordo de Concertação Social sobre Crescimento, Competitividade e Emprego, assinado em 18 de janeiro de 2012, a elaboração do presente diploma contou com a intervenção dos parceiros sociais signatários do referido acordo.

Assim:

Nos termos da alínea *a*) do nº 1 do artigo 198.º da Constituição, o Governo decreta o seguinte:

Artigo 1º – Objeto

O presente diploma procede à primeira alteração ao Decreto-Lei nº 48/2011, de 1 de abril, que simplifica o regime de acesso e de exercício de diversas atividades económicas no âmbito da iniciativa «Licenciamento zero», prorrogando a duração da fase experimental e diferindo, por um ano, o prazo limite para a plena produção de efeitos das disposições que pressupõem a integral implementação do «Balcão do empreendedor».

Artigo 2º – Alteração ao Decreto-Lei nº 48/2011, de 1 de abril

O artigo 42º do Decreto-Lei nº 48/2011, de 1 de abril, passa a ter a seguinte redação:

«Artigo 42.º

[...]

1 – ....

2 – A aplicação das disposições do presente decreto-lei que pressupõem a existência do «Balcão do empreendedor» a todos os estabelecimentos e atividades referidas nos nºs 1 a 3 e 5 do artigo 2º e no artigo 6º deve ocorrer até ao termo do prazo de dois anos, a contar da data da sua entrada em vigor.

3 – ....

4 – ....»

Artigo 3º – Entrada em vigor

O presente diploma entra em vigor no dia seguinte ao da sua publicação.

Visto e aprovado em Conselho de Ministros de 17 de maio de 2012. – *Pedro Passos Coelho – Miguel Fernando Cassola de Miranda Relvas.*

Promulgado em 2 de julho de 2012.

Publique -se.

O Presidente da República, Aníbal Cavaco Silva.

Referendado em 5 de julho de 2012.

O Primeiro-Ministro, *Pedro Passos Coelho.*

Portaria nº 131/2011, de 4 de abril

O programa do XVIII Governo Constitucional estabelece como prioridade a continuação das reformas de modernização do Estado, com o objetivo de simplificar a vida dos cidadãos e das empresas. A iniciativa «Licenciamento zero» visa dar cumprimento a esta prioridade e é um compromisso do Programa SIMPLEX de 2010 e uma das medidas emblemáticas da Agenda Digital 2015.

Ao longo de cinco anos, o Programa SIMPLEX demonstrou que é possível melhorar a capacidade de resposta da Administração pública, satisfazendo as necessidades dos cidadãos e das empresas de forma mais célere, eficaz e com menos custos, sem com isso desproteger outros valores, como a segurança dos negócios ou a proteção dos consumidores.

Entre muitas medidas que reduziram custos de contexto para as empresas, destaca-se a iniciativa «Licenciamento zero», destinada a reduzir encargos administrativos suportados pelos cidadãos e pelas empresas, por via da eliminação de licenças, autorizações, vistorias e condicionamentos prévios para atividades específicas, substituindo-os por ações sistemáticas de fiscalização *a posteriori* e mecanismos de responsabilização efetiva dos promotores.

A iniciativa «Licenciamento zero» teve como primeiros passos a aprovação do Decreto-Lei nº 48/2011, de 1 de abril, ao abrigo das autorizações legislativas concedidas pela Lei nº 49/2010, de 12 de novembro, e pelo artigo 147º da Lei nº 55-A/2010, de 31 de dezembro.

O referido decreto-lei remetia para portaria dos membros do Governo responsáveis pelas áreas da modernização administrativa, das autarquias locais e da economia a regulamentação da criação de um balcão único eletrónico, designado «Balcão do empreendedor», e os termos da produção faseada de efeitos das disposições legais que pressuponham a existência desse balcão. É essa regulamentação que agora se aprova pela presente portaria.

Assim, por um lado, estabelece-se a criação do «Balcão do empreendedor» e determinam-se as suas funcionalidades mínimas, o modo de autenticação no balcão e as formas de acesso, prevendo-se um acesso direto, via Internet, e igualmente um acesso presencial, mediado por um intermediário, que poderá estar disponível nos municípios ou em outros balcões públicos ou privados.

Por outro lado, estabelece-se que a produção faseada de efeitos do Decreto-Lei nº 48/2011, de 1 de abril, começará por uma fase experimental, limitada a alguns municípios e aos estabelecimentos e atividades de restauração ou de bebidas. Esta fase experimental durará até ao final de 2011. Após o termo da fase experimental, os municípios podem aderir livremente a esta iniciativa, devendo essa adesão estar concluída até ao dia 2 de maio de 2012, data em que o regime do «Licenciamento zero» se aplicará integralmente em todo o território do continente.

Assim:

Ao abrigo do disposto no artigo 3º e no nº 1 do artigo 42º do Decreto-Lei nº 48/2011, de 1 de abril:

Manda o Governo, pelos Ministros da Presidência e da Economia, da Inovação e do Desenvolvimento, o seguinte:

Artigo 1º – Objeto

A presente portaria cria um balcão único eletrónico, designado «Balcão do empreendedor».

Artigo 2º – Âmbito

O «Balcão do empreendedor» é desenvolvido e gerido pela Agência para a Modernização Administrativa, I. P. (AMA, I. P.), e deve permitir, designadamente, as seguintes funções:

a) A autenticação dos utilizadores através de certificados digitais, designadamente através do cartão de cidadão;

b) A consulta dos requisitos aplicáveis às instalações e aos equipamentos dos estabelecimentos comerciais, de prestação de serviços e armazéns para o seu funcionamento, resultantes da legislação e dos atos regulamentares elencados no anexo III do Decreto-Lei nº 48/2011, os quais devem ser redigidos em linguagem simples e clara;

c) A consulta dos critérios de ocupação do espaço público e de afixação e inscrição de mensagens publicitárias de natureza comercial;

d) A consulta do montante das taxas devidas, ou a respetiva fórmula de cálculo;

e) O preenchimento eletrónico da informação necessária à realização das comunicações previstas no Decreto-Lei nº 48/2011;

f) Assegurar a ligação às bases de dados referidas no artigo 20º do Decreto-Lei nº 48/2011 para a verificação automática da informação referida na alínea anterior, designadamente a relativa à classificação das atividades económicas (CAE) e dados das pessoas coletivas e singulares;

g) A atualização da informação relativa à atividade económica quando se verifique desconformidade entre o declarado nas comunicações e os dados constantes da base de dados referida na alínea anterior;

h) A recolha de informação que permita o contacto entre os serviços competentes, designadamente os municípios e os interessados ou os seus representantes;

i) A entrega dos documentos necessários à apreciação das comunicações prévias com prazo previstas no Decreto-Lei nº 48/2011;

j) A submissão eletrónica das comunicações previstas no Decreto-Lei nº 48/2011;

l) O pagamento das taxas por via eletrónica;

m) A disponibilização do comprovativo eletrónico das comunicações previstas no Decreto-Lei nº 48/2011;

n) O acompanhamento do estado dos processos, designadamente, no caso das comunicações prévias com prazo submetidas ao abrigo do disposto no Decreto-Lei nº 48/2011, e a receção de notificações eletrónicas, em área reservada do interessado.

Artigo 3º – Acesso ao «Balcão do empreendedor»

1 – É possível aceder ao «Balcão do empreendedor» diretamente ou de forma mediada.

2 – O acesso direto é efetuado através do Portal da Empresa, em www.portaldaempresa.pt.

3 – O acesso mediado é efetuado por pessoa acreditada no sistema informático, que procede à identificação dos interessados e à submissão no «Balcão do empreendedor» da informação solicitada.

4 – O acesso mediado é disponibilizado nas Lojas da Empresa e em outros locais públicos, designadamente nos municípios que o pretendam, ou privados, nos termos a definir por protocolo com a AMA, I. P.

Artigo 4º – Autenticação no acesso direto

1 – A autenticação eletrónica das pessoas singulares no «Balcão do empreendedor» faz-se mediante a utilização do certificado digital associado ao cartão de cidadão.

2 – A autenticação eletrónica dos membros dos órgãos sociais de uma sociedade no «Balcão do empreendedor» faz-se mediante a utilização do certificado digital associado ao cartão de cidadão e a indicação do código de acesso à certidão permanente do registo comercial.

3 – A autenticação eletrónica de advogados, solicitadores e notários faz-se, nomeadamente, mediante certificado digital que comprove a qualidade profissional do utilizador.

4 – Para efeitos do disposto no número anterior, apenas são admitidos os certificados digitais de advogados, solicitadores e notários cuja utilização para fins profissionais seja confirmada através de listas eletrónicas de certificados, disponibilizadas, respetivamente, pela Ordem dos Advogados, pela Câmara dos Solicitadores e pela Ordem dos Notários.

5 – A prova da qualidade de representante voluntário faz-se mediante a indicação do código de acesso à procuração *online*.

Artigo 5º – Fase experimental

1 – A produção de efeitos de forma faseada do Decreto-Lei nº 48/2011, nos termos do nº 1 do artigo 42º, inicia-se por uma experiência limitada aos estabelecimentos e atividades de restauração ou de bebidas.

2 – A adesão de municípios na fase experimental é formalizada através de protocolo a celebrar com a AMA, I. P., ouvida a Direção-Geral das Atividades Económicas (DGAE).

3 – A fase experimental termina em 31 de dezembro de 2011.

Artigo 6º – Adesão dos municípios ao «Balcão do empreendedor»

1 – Os municípios podem aderir ao «Balcão do empreendedor» após o termo da fase experimental.

2 – A adesão deve ser comunicada à AMA, I. P., para que sejam criadas as condições necessárias à sua efetivação, designadamente a criação de

utilizadores para acederem ao «Balcão do empreendedor» e procederem à inserção da informação específica do município.

3 – A efetivação da adesão deve ocorrer no prazo máximo de 30 dias após a referida comunicação.

4 – A adesão dos restantes municípios deve realizar-se até ao dia 2 de maio de 2012.

Artigo 7º – Produção de efeitos do Decreto-Lei nº 48/2011

1 – Sem prejuízo do disposto nos artigos 5º e 6º da presente portaria, o Decreto-Lei nº 48/2011 aplica-se aos estabelecimentos e às atividades referidas nos nºs 1 a 3 e 5 do artigo 2º e no artigo 6º do referido decreto-lei a partir do dia 2 de maio de 2012.

2 – O disposto no número anterior não prejudica a imediata aplicação das disposições do Decreto-Lei nº 48/2011 que pressuponham a existência do «Balcão do empreendedor» aos estabelecimentos e às atividades localizadas nos municípios que participem na fase experimental ou que adiram ao «Balcão do empreendedor» nos termos dos artigos 5º e 6º da presente portaria.

3 – As disposições do Decreto-Lei nº 48/2011, que não pressuponham a existência do «Balcão do empreendedor», designadamente aquelas que preveem a eliminação do licenciamento da atividade das agências de venda de bilhetes para espetáculos públicos e do licenciamento do exercício da atividade de realização de leilões, produzem efeitos a partir de 2 de maio de 2011.

4 – A utilização de um edifício ou de suas frações para efeitos de instalação de um estabelecimento e as respetivas alterações de uso podem ser solicitadas ao município no «Balcão do empreendedor» a partir de 2 de maio de 2012.

5 – A verificação da informação referida no artigo 20º do Decreto-Lei nº 48/2011 está disponível no «Balcão do empreendedor» a partir de 9 de janeiro de 2012.

Artigo 8º – Entrada em vigor

A presente portaria entra em vigor no dia 2 de maio de 2011.

Portaria nº 215/2011, de 31 de maio

O Programa do XVIII Governo Constitucional estabelece como prioridade a continuação das reformas de modernização do Estado, com o objetivo de simplificar a vida aos cidadãos e às empresas. A iniciativa «Licenciamento zero» visa dar cumprimento a esta prioridade e é um compromisso do Programa SIMPLEX de 2010 e uma das medidas emblemáticas da «Agenda Digital 2015».

O Programa SIMPLEX demonstrou que é possível melhorar a capacidade de resposta da Administração Pública, satisfazendo as necessidades dos cidadãos e das empresas de forma mais célere, eficaz e com menos custos, sem com isso desproteger outros valores, como a segurança dos negócios ou a proteção dos consumidores.

É neste contexto que se insere a iniciativa «Licenciamento zero», aprovada pelo Decreto-Lei nº 48/2011, de 1 de abril, destinada a reduzir encargos administrativos, vistorias e condicionamentos prévios para atividades específicas, substituindo-os por ações sistemáticas de fiscalização *a posteriori* e mecanismos de responsabilização efetiva dos promotores.

O referido decreto-lei remeteu para portaria conjunta dos membros do Governo responsáveis pelas áreas do turismo e da modernização administrativa a definição dos requisitos específicos relativos a instalações, funcionamento e regime de classificação de estabelecimentos de restauração ou de bebidas. É essa regulamentação que agora se aprova pela presente portaria.

Assim:

Ao abrigo do artigo 40º do Decreto-Lei nº 48/2011, de 1 de abril:

Manda o Governo, pelos Secretários de Estado da Modernização Administrativa e do Turismo, o seguinte:

Artigo 1º – Âmbito

1 – A presente portaria estabelece os requisitos específicos relativos a instalações, funcionamento e regime de classificação aplicáveis aos estabelecimentos de restauração ou de bebidas, incluindo aos integrados em empreendimentos turísticos e às secções acessórias de restauração ou de bebidas instaladas em estabelecimentos comerciais com outra atividade principal.

2 – Os requisitos exigidos para cada tipo de estabelecimento podem ser dispensados observando-se, para o efeito, o disposto nos artigos 5º e 15º do Decreto-Lei nº 48/2011, de 1 de abril.

Artigo 2º – Tipologia dos estabelecimentos

1 – São estabelecimentos de bebidas os estabelecimentos destinados a prestar, mediante remuneração, serviços de bebidas e cafetaria no próprio estabelecimento ou fora dele.

2 – São estabelecimentos de restauração os estabelecimentos destinados a prestar, mediante remuneração, serviços de alimentação e de bebidas no próprio estabelecimento ou fora dele, incluindo outros locais de prestação daqueles serviços através da atividade de *catering* e a oferta de serviços de banquetes ou outras, desde que habitualmente efetuados, entendendo-se como tal a execução de, pelo menos, 10 eventos anuais.

3 – Só os estabelecimentos de restauração ou as unidades e instalações providas de zonas de fabrico podem confecionar alimentos.

Artigo 3º – Requisitos específicos dos estabelecimentos

1 – Os requisitos específicos dos estabelecimentos de restauração ou de bebidas aplicam-se às instalações e ao funcionamento do estabelecimento.

2 – Os requisitos específicos relativos às instalações abrangem:

a) Infra-estruturas;

b) Área de serviço;

c) Zonas integradas;

d) Cozinhas, copas e zonas de fabrico;

e) Vestiários e instalações sanitárias destinadas ao uso pessoal;

f) Área destinada aos clientes;

g) Instalações sanitárias destinadas aos clientes.

3 – Os requisitos específicos relativos ao funcionamento do estabelecimento abrangem:

a) Designação e tipologia dos estabelecimentos;

b) Regras de acesso aos estabelecimentos;

c) Capacidade do estabelecimento;

d) Informações a disponibilizar ao público;

e) Lista de preços;

f) Regras de higiene e segurança alimentar.

4 – Sem prejuízo do disposto nos números anteriores, a entidade titular da exploração dos estabelecimentos de restauração ou de bebidas deve:

a) Manter em permanente bom estado de conservação e de higiene as instalações, equipamentos, mobiliário e utensílios do estabelecimento;

b) Cumprir e fazer cumprir as normas legais e regulamentares aplicáveis ao manuseamento, preparação, acondicionamento e venda de produtos alimentares;

c) Cumprir e fazer cumprir as demais regras legais e regulamentares aplicáveis à atividade;

d) Facultar às autoridades fiscalizadoras competentes o acesso ao estabelecimento e o exame de documentos, livros e registos diretamente relacionados com a respetiva atividade.

Artigo 4º – Infraestruturas

1 – Os estabelecimentos de restauração ou de bebidas devem possuir infra-estruturas básicas de fornecimento de água, gás, eletricidade e rede de esgotos com as respetivas ligações às redes gerais.

2 – Sempre que não exista rede pública de abastecimento de água, os estabelecimentos de restauração ou de bebidas devem dispor de reservatórios de água próprios com capacidade suficiente para satisfazer as necessidades correntes dos serviços que prestam.

3 – Para efeitos do número anterior, a captação e a reserva de água devem possuir adequadas condições de proteção sanitária e o sistema ser dotado dos processos de tratamento requeridos para potabilização da água ou para a manutenção dessa potabilização, de acordo com as normas de qualidade da água para consumo humano definidas na legislação aplicável, devendo para o efeito ser efetuadas análises físico-químicas e

microbiológicas por entidade devidamente credenciada, de acordo com o disposto no Decreto-Lei nº 306/2007, de 27 de agosto, com as alterações introduzidas pelo Decreto-Lei nº 92/2010, de 26 de julho.

Artigo 5º – Área de serviço

1 – A área de serviço compreende as zonas de receção e armazenagem de géneros alimentícios, cozinha, copa e zona de fabrico, bem como os vestiários e instalações sanitárias destinadas ao uso do pessoal.

2 – A área de serviço é de acesso reservado ao pessoal do estabelecimento, sendo estritamente proibida a entrada e permanência de animais vivos nas zonas que a integram.

3 – A área de serviço deve estar completamente separada da área destinada ao público e instalada de forma a evitar-se a propagação de fumos e cheiros.

4 – Os fornecimentos devem fazer-se pela entrada de serviço e, quando esta não exista, devem efetuar-se fora dos períodos em que o estabelecimento esteja aberto ao público ou, não sendo possível, nos períodos de menor frequência.

5 – Os estabelecimentos de restauração ou de bebidas devem adotar métodos ou equipamentos que permitam assegurar a separação dos resíduos de forma a promover a sua valorização por fluxos e fileiras.

6 – As zonas integrantes da área de serviço devem obrigatoriamente observar os requisitos gerais e específicos aplicáveis às instalações do setor alimentar nos termos previstos na legislação em vigor.

Artigo 6º – Zonas integradas

1 – Nos estabelecimentos de restauração ou de bebidas as zonas que compõem a área de serviço podem estar integradas, desde que o circuito adotado e equipamentos utilizados garantam o fim específico a que se destina cada zona, não seja posta em causa a higiene e segurança alimentar e se evite a propagação de fumos e cheiros.

2 – Nas salas de refeição dos estabelecimentos de restauração podem existir zonas destinadas à confeção de alimentos, desde que o tipo de equipamentos utilizados e a qualidade da solução adotada não ponha em causa a segurança e a higiene alimentar.

3 – Os estabelecimentos de bebidas podem servir produtos confecionados, pré-confecionados ou pré-preparados que necessitem apenas de

aquecimento ou conclusão de confeção desde que disponham de equipamentos adequados a esse efeito, tais como micro-ondas, forno, chapa, fritadeira, tostadeira, máquina de sumos ou equiparados.

Artigo 7º – Cozinhas, copas e zonas de fabrico

1 – A «zona de cozinha» corresponde à zona destinada à preparação e confeção de alimentos, podendo também destinar-se ao respetivo empratamento e distribuição.

2 – A «copa limpa» corresponde à zona destinada ao empratamento e distribuição do serviço, podendo também dar apoio na preparação de alimentos, e a «copa suja» corresponde à zona destinada à lavagem de louças e de utensílios.

3 – A «zona de fabrico» corresponde ao local destinado à preparação, confeção e embalagem de produtos de pastelaria, padaria ou de gelados.

4 – Os estabelecimentos de bebidas que não disponham de zona de fabrico apenas podem operar com produtos confecionados ou pré-confecionados, acabados ou que possam ser acabados no estabelecimento, através de equipamentos adequados, designadamente o previsto no nº 3 do artigo anterior.

5 – As cozinhas, as copas e as zonas de fabrico devem estar equipadas com lavatórios e torneiras com sistema de acionamento não manual destinadas à higienização das mãos, podendo existir apenas uma torneira com aquele sistema na cuba de lavagem da copa suja, quando se trate de zonas contíguas ou integradas.

6 – As prateleiras, mesas, balcões e bancadas das cozinhas e zonas de fabrico devem ser de material liso, resistente, lavável e impermeável, e os talheres e todos os utensílios para a preparação dos alimentos devem ser de fácil lavagem e ser mantidos em bom estado de higiene e conservação.

7 – Nas cozinhas deve, preferencialmente, existir uma zona de preparação distinta da zona da confeção.

8 – A cozinha deve ser próxima das copas, devendo ambas ser instaladas de forma a permitir uma comunicação rápida com as salas de refeição e com trajetos diferenciados para sujos e limpos, sempre que possível.

9 – Na copa suja deve existir, pelo menos, uma cuba de lavagem equipada com água quente e fria e máquina de lavar a louça.

Artigo 8º – Vestiários e instalações sanitárias destinadas ao uso do pessoal

1 – Na área de serviço devem existir armários ou locais reservados para guarda de roupa e bens pessoais dos trabalhadores.

2 – Os estabelecimentos de restauração ou de bebidas devem dispor de instalações sanitárias destinadas ao uso do pessoal, separadas das zonas de manuseamento de alimentos, dotadas de lavatórios com sistema de acionamento de água não manual e, sempre que possível, com sanitários separados por sexos.

3 – A existência de instalações sanitárias destinadas ao uso do pessoal não é obrigatória:

a) Nos estabelecimentos integrados em área comercial, empreendimento turístico ou habitacional que disponha de instalações reservadas, equipadas e adequadas ao uso do pessoal do estabelecimento;

b) Nos estabelecimentos com área total igual ou inferior a 100 m^2, desde que as instalações sanitárias destinadas ao público observem os requisitos exigidos para as instalações do pessoal, previstos no número anterior.

Artigo 9º – Área destinada aos clientes

A área destinada aos clientes do estabelecimento corresponde ao espaço reservado ao público que compreende as salas de refeição, zona de acolhimento e de receção, bar, balcão, bengaleiro, instalações sanitárias e, quando existentes, as esplanadas e as salas ou espaços destinados a dança e ou espetáculo.

Artigo 10º – Instalações sanitárias destinadas a clientes

1 – As instalações sanitárias destinadas aos clientes devem encontrar-se no interior do estabelecimento, separadas das salas de refeição e das zonas de manuseamento de alimentos.

2 – As instalações sanitárias destinadas aos clientes devem dispor dos equipamentos e utensílios necessários à sua cómoda e eficiente utilização e ser mantidas em permanente bom estado de higiene e conservação.

3 – As instalações sanitárias não podem ter acesso direto com as zonas de serviço, salas de refeição ou salas destinadas ao serviço de bebidas, devendo ser instaladas de forma a garantir o seu necessário isolamento do exterior.

4 – Nos estabelecimentos com capacidade igual ou superior a 25 lugares, as instalações sanitárias são obrigatoriamente separadas por sexo e devem dispor de retretes em cabines individualizadas.

5 – A existência de instalações sanitárias destinadas aos clientes não é exigível:

a) Aos estabelecimentos integrados em área comercial ou empreendimento turístico que disponha de instalações sanitárias comuns que preencham os requisitos previstos nos nºs 1 e 2;

b) Aos estabelecimentos que confecionem refeições para consumo exclusivo fora do estabelecimento.

Artigo 11º – Designação e tipologia dos estabelecimentos

1 – Os estabelecimentos de restauração ou de bebidas podem usar qualquer designação consagrada nacional ou internacionalmente pelos usos da atividade que exerçam, em função do serviço ou serviços que prestem.

2 – Em toda a publicidade, correspondência, *merchandising* e documen-tação do estabelecimento não podem ser sugeridas designações, características, tipologia ou classificação que este não possua, sendo obrigatória a referência ao nome e tipo de estabelecimento.

Artigo 12º – Regras de acesso aos estabelecimentos

1 – É livre o acesso aos estabelecimentos de restauração ou de bebidas, salvo o disposto nos números seguintes.

2 – Pode ser recusado o acesso ou permanência nos estabelecimentos a quem perturbe o seu funcionamento normal, designadamente por se recusar a cumprir as normas de funcionamento impostas por disposições legais ou privativas do estabelecimento, desde que essas restrições sejam devidamente publicitadas.

3 – Desde que devidamente publicitado, os estabelecimentos de restauração ou de bebidas podem:

a) Ser afetos, total ou parcialmente, à utilização exclusiva por associados, beneficiários ou clientes das entidades proprietária ou exploradora;

b) Ser objeto de reserva temporária de parte ou da totalidade dos estabelecimentos.

4 – Não é permitida a entrada de animais, salvo quando se tratar de cães de assistência e desde que cumpridas as obrigações legais por parte dos portadores destes animais.

5 – As entidades exploradoras dos estabelecimentos de restauração ou de bebidas não podem permitir o acesso a um número de clientes superior ao da respetiva capacidade.

Artigo 13º – Capacidade do estabelecimento

O número máximo de lugares dos estabelecimentos é calculado em função da área destinada ao serviço dos clientes, deduzida da área correspondente aos corredores de circulação obrigatórios, nos termos seguintes:

a) Nos estabelecimentos com lugares sentados, 0,75 m^2 por lugar;

b) Nos estabelecimentos com lugares de pé, 0,50 m^2 por lugar;

c) Não se considera área destinada aos clientes, para efeitos exclusivos do disposto nas alíneas anteriores, as zonas de receção, incluindo sala de espera;

d) Nos estabelecimentos que disponham de salas ou espaços destinados a dança, estas não podem exceder 90% da área destinada aos clientes.

Artigo 14º – Informações

1 – A entidade titular da exploração deve afixar, em local destacado, junto à entrada do estabelecimento de restauração ou de bebidas as seguintes indicações:

a) O nome, a entidade exploradora, o tipo e a capacidade máxima do estabelecimento;

b) Qualquer restrição de acesso ou permanência no estabelecimento decorrente de imposição legal ou normas de funcionamento do próprio estabelecimento, designadamente relativas à admissão de menores e fumadores;

c) A restrição à admissão de animais, excetuando os cães de assistência;

d) O símbolo internacional de acessibilidades, quando aplicável;

e) A lista de produtos disponíveis no estabelecimento e respetivos preços;

f) O tipo de serviço prestado, designadamente, serviço de mesa, *self-service* ou misto;

g) A exigência de consumo ou despesa mínima obrigatória, quando existente, nos estabelecimentos com salas ou espaços destinados a dança ou espetáculo;

h) A existência de livro de reclamações nos termos da legislação específica aplicável.

2 – O disposto no número anterior não prejudica o cumprimento de normas específicas que obriguem a informação a ser visível do exterior.

3 – A informação referida na alínea *g*) do nº 1 é obrigatoriamente visível do exterior do estabelecimento.

4 – Em local bem visível do estabelecimento deve ser afixada informação esclarecendo os utentes que os produtos alimentares não embalados, uma vez escolhidos e entregues se consideram comprados, não sendo permitidas trocas ou devoluções.

5 – Sem prejuízo do disposto nos números anteriores, podem ser afixadas nos estabelecimentos outras informações consideradas relevantes para o público em geral, designadamente línguas faladas, existência de sistema de climatização, especialidades da casa, classificação ou distinções atribuídas ao estabelecimento.

Artigo 15º – Lista de preços

1 – Nos estabelecimentos de restauração ou de bebidas deve existir ao dispor dos clientes uma lista de preços, obrigatoriamente redigida em português, com as indicações seguintes:

a) Composição e preço do *couvert* quando existente;

b) Todos os pratos, produtos alimentares e bebidas que o estabelecimento forneça e respetivos preços.

2 – Para efeitos do disposto na alínea *a*) do número anterior, entende-se por *couvert* o conjunto de alimentos ou aperitivos identificados na lista de produtos como *couvert*, fornecidos antes da refeição, só podendo ser cobrado quando consumido ou inutilizado pelo cliente.

3 – Nas zonas turísticas, designadamente nos centros históricos das cidades, marinas e apoios de praia, a lista de preços deve ser redigida também em língua inglesa ou noutra língua oficial da União Europeia.

4 – Quando o estabelecimento dispuser de equipamento adequado para o efeito, a lista referida no nº 1 deve ser redigida em braille de modo a facilitar informação a clientes cegos e amblíopes.

Artigo 16º – Regras de higiene e segurança alimentar

A comercialização de produtos alimentares em estabelecimentos está sujeita ao cumprimento do disposto nos Decretos-Leis nºˢ 111/2006, de 9 de junho, 113/2006, de 12 de junho, alterado pelo Decreto-Lei nº 223/2008, de 18 de novembro, 306/2007, de 27 de agosto, alterado pelo Decreto-Lei nº 92/2010, de 26 de julho, e nos Regulamentos (CE) nºˢ 852/2004 e 853/2004, do Parlamento

Europeu e do Conselho, de 29 de abril, relativos à higiene dos géneros alimentícios, sem prejuízo do cumprimento de outra legislação específica aplicável.

Artigo 17º – Classificação dos estabelecimentos

A adoção de uma classificação com vista à diferenciação dos estabelecimentos de restauração ou de bebidas é voluntária e da responsabilidade exclusiva das associações e agentes do setor turístico.

Artigo 18º – Fiscalização

A fiscalização do cumprimento do disposto na presente portaria é efetuada nos termos das disposições conjugadas dos artigos 40º, 25º e 28º do Decreto-Lei n. 48/2011, de 1 de abril.

Artigo 19º – Disposições transitórias

Os estabelecimentos em funcionamento que, à data da entrada em vigor do Decreto Regulamentar nº 20/2008, de 27 de novembro, estavam classificados como restaurantes típicos ou estabelecimentos de luxo e que mantiveram as respetivas classificações, podem, querendo, mantê-las até ao ano 2013, findo o qual deixam de poder ostentar e ou publicitar a classificação atribuída ao abrigo do regime anterior.

Artigo 20º – Norma revogatória

São revogadas:

a) A Portaria nº 329/75, de 28 de maio;

b) A Portaria nº 262/2000, de 13 de maio.

Artigo 21º – Entrada em vigor

A presente portaria entra em vigor no dia seguinte ao da sua publicação.

Portaria nº 239/2011, de 21 de junho

O Programa SIMPLEX demonstrou que é possível melhorar a capacidade de resposta da Administração Pública, satisfazendo as necessidades dos cidadãos e das empresas de forma mais célere, eficaz e com menos custos, sem com isso desproteger outros valores, como a segurança dos negócios ou a proteção dos consumidores.

É neste contexto que se insere a iniciativa «Licenciamento zero», destinada a reduzir encargos administrativos sobre os cidadãos e as empresas, por via da eliminação de licenças, autorizações, vistorias e condicionamentos prévios para atividades específicas, substituindo-os por ações sistemáticas de fiscalização *a posteriori* e mecanismos de responsabilização efetiva dos promotores.

Com a iniciativa «Licenciamento zero» visa-se também desmaterializar procedimentos administrativos e modernizar a forma de relacionamento da Administração com os cidadãos e empresas, concretizando desse modo as obrigações decorrentes da Diretiva nº 2006/123/CE, do Parlamento Europeu e do Conselho, de 12 de dezembro, relativa aos serviços no mercado interno, que foi transposta para a ordem jurídica interna pelo Decreto-Lei nº 92/2010, de 26 de julho.

Por um lado, contribui-se para a adaptação do regime jurídico das atividades de prestação de serviços aos princípios e regras previstos na diretiva e, por outro, concretiza-se o princípio do balcão único eletrónico, de forma que seja possível num só ponto cumprir todos os atos e formalidades necessárias para aceder e exercer uma atividade de serviços, incluindo a disponibilização de meios de pagamento eletrónico.

O Decreto-Lei nº 48/2011, de 1 de abril, que simplifica o regime de exercício de diversas atividades económicas no âmbito da iniciativa «Licenciamento zero», remeteu para portaria conjunta dos membros do Governo responsáveis pelas áreas da administração local, da modernização administrativa e da economia a identificação dos elementos que as meras comunicações prévias e as comunicações prévias com prazo devem conter. É essa regulamentação que agora se aprova pela presente portaria.

Assim:

Ao abrigo do disposto nos artigos 4º e 15º do Decreto-Lei nº 48/2011, de 1 de abril, e do artigo 4º-A do Decreto-Lei nº 48/96, de 15 de maio, alterado pelos Decretos-Leis nºs 126/96, de 10 de agosto, 111/2010, de 15 de outubro, e 48/2011, de 1 de abril, manda o Governo, pelos Secretários de Estado da Modernização Administrativa, da Administração Local, do Comércio, Serviços e Defesa do Consumidor e do Turismo, o seguinte:

Artigo 1º – Objeto

A presente portaria identifica os elementos que as meras comunicações prévias e as comunicações prévias com prazo previstas no Decreto-Lei nº 48/2011, de 1 de abril, devem conter.

Artigo 2º – Mera comunicação prévia

1 – A mera comunicação prévia efetuada ao abrigo do artigo 4º do Decreto-Lei nº 48/2011, de 1 de abril, deve conter os seguintes elementos:

a) Os referidos no nº 3 do artigo 4º do Decreto-Lei nº 48/2011, de 1 de abril;

b) O código de acesso à certidão permanente do registo comercial, caso se trate de pessoa coletiva sujeita a registo comercial;

c) Consentimento de consulta da declaração de início ou de alteração de atividade, caso se trate de pessoa singular;

d) O horário de funcionamento;

e) A declaração do interessado de que tomou conhecimento da necessidade do edifício ou fração onde vai instalar o estabelecimento possuir título de autorização de utilização compatível com a atividade a exercer.

2 – A mera comunicação prévia efetuada ao abrigo do artigo 12º do Decreto-Lei nº 48/2011, de 1 de abril, deve conter os seguintes elementos:

a) Os referidos no nº 3 do artigo 12º do Decreto-Lei nº 48/2011, de 1 de abril;

b) O código de acesso à certidão permanente do registo comercial, caso se trate de pessoa coletiva sujeita a registo comercial;

c) Consentimento de consulta da declaração de início ou de alteração de atividade, caso se trate de pessoa singular.

3 – A mera comunicação prévia das alterações ao horário de funcionamento, efetuada ao abrigo do artigo 4º-A do Decreto-Lei nº 48/96, de 15 de maio, dos estabelecimentos sujeitos ao regime de instalação e funcionamento previsto no artigo 2º do Decreto-Lei nº 48/2011, de 1 de abril, deve conter os seguintes elementos:

a) Os referidos nas alíneas *a*), *b*), *c*) e *f*) do nº 3 do artigo 4º do Decreto-Lei nº 48/2011, de 1 de abril;

b) Os referidos nas alíneas *b*) a *d*) do nº 1 do presente artigo.

4 – A mera comunicação prévia do horário de funcionamento e suas alterações, efetuadas ao abrigo do artigo 4.-A do Decreto-Lei nº 48/96, de 15 de maio, dos estabelecimentos não sujeitos ao regime de instalação e funcionamento previsto no artigo 2º do Decreto-Lei nº 48/2011, de 1 de abril, devem conter os seguintes elementos:

a) Os referidos nas alíneas *a*), *b*), *c*) e *f*) do nº 3 do artigo 4º do Decreto-Lei nº 48/2011, de 1 de abril;

b) Os referidos nas alíneas *b*) a *d*) do nº 1 do presente artigo.

Artigo 3º – Comunicação prévia com prazo

1 – As comunicações prévias com prazo efetuadas ao abrigo do Decreto-Lei nº 48/2011, de 1 de abril, devem conter os seguintes elementos:

a) A identificação do titular da exploração do estabelecimento ou do prestador de serviços com menção do nome ou firma e do número de identificação fiscal;

b) O endereço da sede da pessoa coletiva ou do empresário em nome individual;

c) O endereço do estabelecimento ou armazém e o respetivo nome ou insígnia, quando aplicável;

d) O código de acesso à certidão permanente do registo comercial, caso se trate de pessoa coletiva sujeita a registo comercial;

e) Consentimento de consulta da declaração de início ou de alteração de atividade, caso se trate de pessoa singular.

2 – A comunicação prévia com prazo efetuada ao abrigo do artigo 5º do Decreto-Lei nº 48/2011, de 1 de abril, deve conter os seguintes elementos adicionais:

a) Termo de responsabilidade subscrito por pessoa habilitada a ser autor de projeto, segundo o regime da qualificação profissional dos técnicos responsáveis pela elaboração e subscrição de projetos, quanto ao cumprimento de todos os requisitos legais e regulamentares não identificados nos termos da alínea *b*) do presente número, nas situações identificadas no «Balcão do empreendedor»;

b) A identificação dos requisitos legais ou regulamentares a dispensar, aplicáveis às instalações, aos equipamentos e ao funcionamento das atividades económicas a exercer no estabelecimento, e a fundamentação das razões do seu não cumprimento;

c) Planta e corte do edifício, da fração ou da área objeto da comunicação à escala de 1:100 ou superior, contendo as dimensões, áreas e usos de todos os compartimentos, bem como a representação do mobiliário fixo e equipamento sanitário, nas situações identificadas no «Balcão do empreendedor»;

d) A CAE das atividades que são desenvolvidas no estabelecimento, bem como outra informação relevante para a caracterização dessas atividades, designadamente a área de venda e de armazenagem do estabelecimento ou armazém, as secções acessórias existentes, o número de pessoas ao serviço, o tipo de localização e o método de venda;

e) A data de abertura ao público do estabelecimento ou de início de exploração do armazém;

f) A declaração do titular da exploração do estabelecimento de que tomou conhecimento e que respeita integralmente as obrigações legais e regulamentares identificadas no anexo III do Decreto-Lei nº 48/2011, de 1 de abril, com exceção das relativas aos requisitos a que se refere a alínea *b*) do presente número;

g) O horário de funcionamento.

3 – A comunicação prévia com prazo efetuada ao abrigo do artigo 6º do Decreto-Lei nº 48/2011, de 1 de abril, deve ser acompanhada dos seguintes elementos adicionais:

a) A CAE das atividades que são desenvolvidas, bem como outra informação relevante para a caracterização dessas atividades, designadamente características da unidade ou da instalação e da prestação de serviços;

b) A declaração do interessado de que cumpre as obrigações legais e regulamentares relativas às instalações e equipamentos, bem como as regras de segurança, saúde pública e os requisitos de higiene dos géneros alimentícios;

c) Termo de responsabilidade subscrito por pessoa habilitada a ser autor de projeto, segundo o regime da qualificação profissional dos técnicos responsáveis pela elaboração e subscrição de projetos, quanto ao cumprimento de todos os requisitos legais e regulamentares relativos à instalação e à segurança contra incêndios, nas situações identificadas no «Balcão do empreendedor».

4 – A comunicação prévia com prazo efetuada ao abrigo do artigo 12º do Decreto-Lei nº 48/2011, de 1 de abril, deve ser acompanhada dos seguintes elementos adicionais:

a) A indicação do fim pretendido com a ocupação do espaço público;

b) A identificação das características e da localização do mobiliário urbano a colocar;

c) A declaração do titular da exploração de que respeita integralmente as obrigações legais e regulamentares sobre a ocupação do espaço público.

Artigo 4º – Entrada em vigor

A presente portaria entra em vigor no dia seguinte ao da sua publicação.

Portaria nº 284/2012, de 20 de setembro

O Decreto-Lei nº 48/2011, de 1 de abril, insere-se no âmbito da iniciativa «Licenciamento zero» e visa a simplificação do regime de exercício de diversas atividades económicas e a desmaterialização dos respetivos procedimentos administrativos no «Balcão do empreendedor».

Não obstante o diploma ter entrado em vigor no dia 2 de maio de 2011, este estabelece uma produção de efeitos faseada, a decorrer durante um período de um ano, determinando a plena produção de efeitos do diploma no dia 2 de maio de 2012.

Desde maio de 2011, a Agência para a Modernização Administrativa, I. P., e os Municípios têm vindo a preparar os conteúdos e serviços do «Balcão do empreendedor», tendo em vista a sua disponibilização numa nova plataforma tecnológica que dê resposta às exigências do diploma e permita a melhoria dos serviços prestados aos cidadãos e às empresas.

O despacho nº 154/2011, do Ministro de Estado e das Finanças, de 28 de abril de 2011, veio impedir a assunção de novos compromissos no Capítulo 50 do Orçamento do Estado, proibição que se veio a manter até 31 de dezembro de 2011.

Assim, apenas no corrente ano foi possível proceder à aquisição dos serviços de desenvolvimento da plataforma tecnológica, da qual depende a plena disponibilização do «Balcão do empreendedor», não obstante terem sido dados passos importantes, quer ao nível da definição dos conteúdos, quer dos serviços a disponibilizar na plataforma.

Perante os constrangimentos descritos, e apesar da expectativa inicial da Agência para a Modernização Administrativa, I. P., de lançamento do «Balcão do empreendedor» até ao final do 1º semestre de 2012, tornou-se incontornável proceder à prorrogação, por mais um ano, do prazo para a plena produção de efeitos do diploma até 2 de maio de 2013, o que veio a ser estabelecido pelo Decreto-Lei nº 141/2012, de 11 de julho.

Torna-se ainda necessário proceder à alteração da Portaria nº 131/2011, de 4 de abril, que estabelece a produção de efeitos faseada de tal diploma, por forma a conformar a portaria com a prorrogação de prazo referida.

Assim, por um lado estabelecem-se prazos concretos para a produção de efeitos das diferentes matérias reguladas no Decreto-Lei nº 48/2011, de 1 de abril, que dependem do «Balcão do empreendedor», visando não só salvaguardar e satisfazer as necessidades dos cidadãos e das empresas no acesso e no exercício da sua atividade, mas também realizar um trabalho concertado e calendarizado com os Municípios.

Por outro lado, visa -se ainda adaptar os prazos referentes à fase experimental à prorrogação de prazo acima referida permitindo o seu pleno desenvolvimento e conclusão.

Assim:

Ao abrigo do disposto no artigo 3º e no nº 1 do artigo 42º do Decreto-Lei nº 48/2001, de 1 de abril, manda o Governo, pelos Secretários de Estado Adjunto do Ministro-Adjunto e dos Assuntos Parlamentares e do Empreendedorismo, Competitividade e Inovação, o seguinte:

Artigo 1º – Alteração à Portaria n.º 131/2011, de 4 de abril

Os artigos 5º a 7º da Portaria nº 131/2011, de 4 de abril, passam a ter a seguinte redação:

«Artigo 5.º

[...]

1 – ....

2 – ....

3 – A fase experimental termina em 31 de dezembro de 2012.

Artigo 6.º

[...]

1 – ....

2 – ....

3 – ....

4 – A adesão dos restantes municípios deve realizar-se até ao dia 2 de maio de 2013.

Artigo 7.º

[...]

1 – Sem prejuízo do disposto nos artigos 5º e 6º da presente portaria, o Decreto-Lei nº 48/2011, de 1 de abril, produz efeitos a partir de 2 de maio de 2013, nomeadamente para as seguintes matérias:

a) Instalação e modificação de estabelecimentos, cadastro comercial e ocupação do espaço público e operações urbanísticas referidas nos nºs 1 a 3 e 5 do artigo 2º e no artigo 6º do Decreto-Lei nº 48/2011, de 1 de abril;

b) Eliminação do licenciamento das mensagens publicitárias referidas nas alíneas *b*) e *c*) do nº 3 do artigo 1º da Lei nº 97/88, de 17 de agosto, na redação conferida pelo artigo 31º do Decreto-Lei n.º 48/2011, de 1 de abril;

c) Mapa de horário de funcionamento dos estabelecimentos referidas no artigo 4º-A do Decreto-Lei nº 48/96, de 15 de maio, na redação conferida pelo artigo 34º do Decreto-Lei nº 48/2011, de 1 de abril.

2 – ....

3 – As disposições do Decreto-Lei nº 48/2011, de 1 de abril, que não pressuponham a existência do «Balcão do empreendedor», produzem efeitos a partir de 2 de maio de 2011, designadamente aquelas que preveem:

a) A eliminação do licenciamento da atividade das agências de venda de bilhetes para espetáculos públicos;

b) O licenciamento do exercício da atividade de realização de leilões;

c) A eliminação do licenciamento das mensagens publicitárias referidas na alínea *a*) do nº 3 do artigo 1º da Lei nº 97/88, de 17 de agosto, na redação conferida pelo artigo 31º do Decreto-Lei nº 48/2011, de 1 de abril;

d) A revogação do nº 2 do artigo 3º do Decreto-Lei nº 309/2002, de 16 de dezembro, referida na alínea *f*) do artigo 41º do Decreto-Lei nº 48/2011, de 1 de abril;

e) A necessidade da entidade exploradora de estabelecimento de restauração ou de bebidas que disponha de espaços ou salas destinados a dança ou onde habitualmente se dance ou que disponha de recinto de diversão provisório, dar cumprimento ao regime previsto no Decreto-Lei n.º 309/2002, de 16 de dezembro, alterado pelo Decreto-Lei nº 268/2009, de 29 de setembro;

f) As definições constantes do Anexo II do Decreto-Lei nº 48/2011, de 1 de abril.

4 – A utilização de um edifício ou de suas frações para efeitos de instalação de um estabelecimento e as respetivas alterações de uso podem ser solicitadas ao município no «Balcão do empreendedor» a partir de 2 de maio de 2013.

5 – A verificação da informação referida no artigo 20º do Decreto-Lei nº 48/2011, de 1 de abril, está disponível no «Balcão do empreendedor» a partir de 9 de janeiro de 2013.»

Artigo 2º – Entrada em vigor

A presente portaria entra em vigor no dia seguinte à sua publicação.

O Secretário de Estado Adjunto do Ministro Adjunto e dos Assuntos Parlamentares, *Feliciano José Barreiras Duarte*, em 14 de setembro de 2012. – O Secretário de Estado do Empreendedorismo, Competitividade e Inovação, *Carlos Nuno Alves de Oliveira*, em 13 de setembro de 2012.

ÍNDICE DE QUADROS

ÍNDICE DOS ANEXOS AO COMENTÁRIO

ÍNDICE-SUMÁRIO